AF249502

LE BON CONSEILLER EN AFFAIRES

OU MANUEL DE LÉGISLATION PRATIQUE,

En matière civile, commerciale, industrielle, rurale et municipale,

CONTENANT LE TARIF DES DROITS DE TIMBRE ET D'ENREGISTREMENT.

La Taxe exacte des frais dus aux Notaires, Huissiers, Avoués, Avocats, Greffiers, Experts, etc.

OUVRAGE ESSENTIELLEMENT UTILE

A TOUS LES NÉGOCIANTS, INDUSTRIELS, PROPRIÉTAIRES, LOCATAIRES, CULTIVATEURS, INSTITUTEURS, ENTREPRENEURS, FABRICANTS, MARCHANDS ; EN UN MOT, A TOUTES LES CLASSES DE LA SOCIÉTÉ ;

NOUVELLE ÉDITION CONFORME A LA LÉGISLATION ACTUELLE.

Par Baudouin et E. DE MAZINCOURT, ancien Avocat.

Dans cet ouvrage, les auteurs ont mis à la portée de chacun ce qui touche ses plus chers intérêts. Tout y est traité d'une manière claire, simple et méthodique. On y trouve des modèles pour toute sorte d'actes, C'est l'art de conduire légalement et avec habileté toutes les affaires, sans être obligé de recourir aux gens de loi, qui se font toujours payer fort cher, tout en n'indiquant pas la marche la plus courte. Voilà ce qui explique l'accueil favorable que ce livre a reçu partout dès son apparition.

ABRÉGÉ DU CONTENU :

Actes de l'État civil. — Naissance. — Filiation. — Enfants naturels. — Reconnaissance. — Légitimation. — Émancipation. — Mariage. — Décès. — Notoriété. — Prix de ces actes.

Propriété. — Mitoyenneté. — Alignements. — Cours d'eau. — Alluvion. — Bornage. — Vues. — Droit de passage. — Haies. — Meubles. — Immeubles, etc. — Servitudes. — Successions. — Partages. — Bois communaux. — Affouages.

Droits des Absents. — Tutelle.

Priviléges. — Hypothèques. — Bordereau d'inscription. — Enregistrement.

De la vente. — Du Transport. — Prescription. — Vices redhibitoires.

Avertissements aux Femmes. — Leurs droits.

Donations entre vifs, entre époux, et autres. — Testaments divers. — Modèles de ces actes.

Baux en général. — Bail à loyer. — Bail à Ferme. — Bail d'Objets mobiliers. — à Cheptel, etc.

Modèles divers d'Actes sous-seing privé et autres.

Obligations du Commerçant. — Billets à ordre, Billets simples. — Lettre de change, — de Crédit, — de Voitures. Quittances diverses.

Pertes et avaries ; laissé pour compte.

Modèles et formules de marchés, — d'achat, de vente et d'échange de biens meubles et immeubles, — d'Entreprises, — de Compromis, — de Transactions et autres actes sous-seings privés.

Mandat. — Procuration. — Modèles.

Sociétés commerciales. — Commandite. — Faillite. — Concordat. — Avis aux débitants de boissons.

Modèle de demande en réduction de contributions. — Demandes et plaintes. — Exemptions de timbre selon la nature des pétitions

Des élections et fonctions municipales. — Des Maires et de leurs attributions. — Des Patentes.

Police rurale. — Chasse et Pêche.

Des Assurances contre le feu, la grêle, l'inondation. — Conservation des grains, des Vignes.

Troupeaux. — Dégâts. — Maladies. — Vol.

Poids et mesures métriques, etc.

L'ouvrage contient, en outre, une foule d'autres choses essentielles à connaître. — Le tout terminé par un nouveau Barême colorié avec soin.

Le prix de l'exemplaire cartonné, format in-12, contenant 336 pages, outre le Tableau-Barême, est de **3 francs 50 centimes** qui ne seront payés qu'en le recevant franc de port, à domicile.

Cet ouvrage ne se trouve que chez ROBIQUET, Libraire, rue du Four-Saint-Honoré, N° 9, à Paris.

1855

En France, tout le monde est censé connaître les lois ; partout on nous juge comme si la connaissance nous en était familière ; et pourtant, sur cent personnes, il y en a quatre-vingt-quinze, au moins, qui, dans les circonstances même les plus ordinaires, sont incapables de se conduire légalement, et de rédiger ou faire rédiger un acte quelconque, d'une manière claire et précise.

De là les quatre ou cinq cent mille procès qui se vident chaque année devant nos tribunaux, et qui proviennent presque tous d'actes et de contrats mal exprimés, et surtout mal compris. De là aussi les causes qui brouillent et ruinent les particuliers et les familles.

Il est donc bien déplorable qu'on n'ait pas encore mis entre les mains du public, un livre qui renferme les notions de législation pratique, avec la forme, la teneur, le modèle et le prix des contrats et des différents actes que l'on a très souvent, soit à faire, soit à signer ; et surtout, qu'il n'ait point été publié de Tarif exact des frais de *notaires*, d'*huissiers*, d'*avocats*, d'*avoués*, de *greffiers*, d'*arbitres*, etc.

Il était temps de mettre un terme à ce mal, en popularisant les notions les plus usuelles de notre législation, dans l'intérêt du père de famille laborieux, du propriétaire paisible, et des honnêtes industriels de tous les états.

L'essentiel, pour cette classe innombrable, c'est de se rendre compte de ce que valent et de ce que peuvent coûter tel ou tel acte, tel ou tel genre de procédure ; de savoir éviter ou rectifier ces frais, ou les prévenir par une bonne conciliation ; c'est de savoir se faire payer le plus souvent sans recourir aux voies judiciaires, et de distinguer dans quels cas le ministère d'un huissier, d'un avoué, d'un notaire, est indispensable ; — c'est de savoir quand il est bon de faire acquiescer à un jugement, de connaître les délais pour l'appel ou l'opposition, et quand les frais périment.

C'est de connaître tout ce qui est relatif aux propriétaires, aux locataires, à la vente, aux baux, aux priviléges, aux hypothèques et à la prescription ; — c'est de ne pas ignorer ce qui est relatif aux naissances, aux mariages, aux contrats, aux partages, aux droits du fisc dans les successions. Il est bon aussi que l'on connaisse ce qui concerne les effets de commerce, la contrainte par corps, la faillite et le concordat.

Il est indispensable aussi que la femme n'ignore pas ses droits dans toutes les circonstances de sa vie d'épouse ou de veuve.

Toutes les choses qu'il importe à chacun de ne pas ignorer, les lois sur lesquelles roulent les principales affaires, sont traitées dans ce livre d'une manière claire et à la portée de toutes les intelligences.

Ce beau volume est enfin terminé par un magnifique Tableau-Barème colorié représentant d'un coup d'œil, les multiplications, les divisions, les règles de proportion toutes faites, et l'intérêt d'une somme quelconque par an, par mois et par jour, à quelque taux que ce soit ; ainsi que l'évaluation des surfaces et des cubes, le cubage des bois et le poids des métaux, etc".

719. PARIS. — IMPRIMERIE DE L. TINTERLIN ET Cᵉ, RUE NEUVE-DES-BONS-ENFANTS, 3.

LE BON CONSEILLER

EN AFFAIRES,

OU

MANUEL DE LÉGISLATION PRATIQUE

A L'USAGE

DES NÉGOCIANS, DES INDUSTRIELS, DES PROPRIÉTAIRES,
DES LOCATAIRES, DES CHEFS DE FAMILLE, DES INSTITUTEURS,
ET DE TOUTES LES CLASSES DE LA SOCIÉTÉ.

PAR

P.-L. BAUDOUIN et M.-E. DE MAZINCOURT,

ANCIEN AVOCAT.

NOUVELLE ÉDITION.

Prix : Cartonné, 3 fr. 50 c.

Paris.

CHEZ BAUDOUIN JEUNE,
RUE DAUPHINE, 18.

1854

Cet ouvrage est une propriété.

Le dépôt légal en ayant été fait à chaque nouvelle édition, tout contrefacteur sera poursuivi conformément aux lois sur la propriété littéraire.

Chaque exemplaire est signé de l'Éditeur.)

Imprimerie H. Simon Dautreville et C°, r. N°-des-Bons-Enfants, 3.

TABLE DES MATIÈRES.

AVANT-PROPOS.

Personne n'est censé ignorer les lois de son pays; et pourtant, sur cent individus il y en a au moins quatre-vingt-dix qui restent étrangers à la connaissance qu'ils doivent en avoir, et incapables de se diriger légalement dans les circonstances les plus ordinaires comme dans les plus difficiles de la vie.

Il est vrai qu'on a recours aux hommes d'affaires ; mais il est bon de remarquer que ce n'est, le plus souvent, qu'après que les choses se sont compliquées et embrouillées par l'ignorance de ses devoirs et de ses droits, et par celle des lois qui les régissent. D'ailleurs les hommes d'affaires ne vivent que de chicanes et n'en apaisent guère. N'est-ce pas là, presque toujours, l'origine de ces quatre à cinq cent mille procès qui se jugent très chèrement en France, chaque année?

Notre livre, si bien accueilli dès sa première apparition, que quinze éditions en sont déjà épuisées, s'adresse à la classe innombrable des propriétaires, négociants, marchands , agriculteurs, industriels, artisans, entrepreneurs, etc., etc., dans le but d'inspirer à chacun un sentiment réfléchi de leurs droits et de leurs devoirs, en les éclairant sur leurs véritables intérêts.

Toutes les choses qu'il importe à chacun de ne pas ignorer pour la bonne gestion de ses affaires, les lois d'une application journalière et que tout homme doit savoir, pour ainsi dire, par cœur pour n'être pas exposé à se nuire à chaque instant, y sont présentées d'une manière claire, simple et à la portée de toutes les intelligences, et accompagnées de formules d'actes qui y ont rapport.

Celui qui aura lu attentivement deux fois ce livre, aura aussitôt acquis cette clarté d'idées, cet aplomb qui font juger promptement de la portée et du fond des choses. C'est dans cette connaissance que consiste certainement le secret de ceux qu'on voit se maintenir dans un état prospère et dominer les mauvaises affaires dont ils peuvent être atteints.

Ce volume est terminé par un précis simplifié du Système Décimal et par une belle Table au moyen de laquelle les calculs les plus essentiels se trouvent vérifiés aussi vite que la pensée.

LÉGISLATION USUELLE.

CHAPITRE Iᵉʳ.

Actes de l'État civil.

Les trois grandes époques de la vie, la naissance, le mariage, le décès, et (on peut y joindre la légitimation des enfants naturels et l'adoption), faisant naître une foule d'intérêts divers, les sociétés organisées ont reconnu indispensable de donner à ces époques une fixité légale.

Les actes de l'État civil ont donc pour objet de constater d'une manière certaine les naissances, les mariages, les légitimations et les décès, et de fixer l'état, les droits et les devoirs des personnes dans leurs familles et dans la société où elles vivent.

A défaut des actes de l'État civil, perdus ou détruits par une force majeure, telle que guerre, incendie, inondation, l'état civil d'une personne peut être constaté devant un tribunal par témoins, par ses papiers de famille, et par sa possession d'état.

Les actes de l'État civil sont rédigés par les maires de chaque commune, où par leur adjoint, qui doivent énoncer l'année, le jour et l'heure où les actes sont reçus, sur les registres à ce destinés, les noms, prénoms, âge, profession et domicile de tous ceux qui y sont dénommés. Les actes doivent être lus aux témoins, signés par le maire ou par son adjoint, par les comparants et les témoins ; et, si quelques-uns d'eux ne savent ou ne peuvent pas signer, il doit être fait mention de la cause qui les en empêche.

Les témoins doivent être du sexe masculin, âgés au moins de vingt et un ans accomplis, parce que dans cette circonstance ils remplissent, pour ainsi dire, une fonction publique. Tandis que les déclarants, qui ne font que donner des renseignements, peuvent être de l'un ou de l'autre sexe.

Comme dans beaucoup de circonstances chacun de nous peut avoir besoin de connaître la date certaine de la naissance, du mariage ou du décès d'une personne qui avait pu nous être tout-à-fait étrangère, les registres de l'État civil sont ouverts à tous ceux qui demandent ces renseignements.

Toute personne peut même se faire délivrer l'extrait de l'acte qui lui est nécessaire, soit par le maire de la commune, soit, si l'acte est d'une ou de plusieurs années précédentes, par le greffier du tribunal de première instance de l'arrondissement où se trouve un double registre clos et arrêté à la fin de chaque année.

L'extrait doit être, en tout, conforme à l'original.

S'il doit servir dans l'arrondissement, la signature du maire et du greffier y est présumée connue, et la loi n'exige pas qu'elle soit légalisée par le président du tribunal de première instance ; mais cette légalisation est indispensable si l'extrait doit servir hors de l'arrondissement.

Les extraits ainsi légalisés font foi en justice. S'ils ont été altérés ou falsifiés, c'est à la partie à qui on les oppose à le prouver, et à s'inscrire *en faux* pour les faire supprimer, et à demander la punition des coupables.

Les Français qui se trouvent à l'Étranger ont deux moyens de faire dresser leurs actes de l'État civil : 1° par les agents diplomatiques ou les consuls de leur nation qui ont mission

de dresser ces actes conformément aux lois françaises ; —
2° par les officiers publics du pays, et l'acte est valable s'il
a été rédigé d'après les formalités légales qui y sont usitées.

Actes de naissance.

Les déclarations de naissance doivent être faites à l'officier civil du lieu, dans les trois jours de l'accouchement, et
l'enfant doit lui être présenté. Ces déclarations sont faites
par le père, ou à défaut du père, par le médecin, la sage-
femme ou la personne qui a assisté à l'accouchement ; —
et lorsque la mère sera accouchée hors de son domicile, la
déclaration sera faite par la personne chez qui l'accouchement aura eu lieu.

Si la déclaration n'était pas faite dans les trois jours,
l'acte de naissance ne serait inscrit au registre qu'en vertu
d'un jugement ; mais la personne qui aurait dû faire la
déclaration, serait passible d'un emprisonnement de six
jours à six mois, et d'une amende de 16 à 300 francs.

Si l'enfant est mort avant la constatation de sa naissance,
le cadavre ne doit pas moins en être présenté à l'officier
civil qui inscrit le décès à sa date d'après la déclaration des
témoins, avec les noms, prénoms, profession ou qualités du
père et de la mère, — l'an, le jour et l'heure où l'enfant est
sorti du sein de sa mère. De cet acte il ne résulte aucun
préjugé sur la question de savoir si cet enfant a eu vie ou
non ; mais seulement il y est dit qu'il a été présenté *sans
vie.*

Si l'enfant est né hors mariage, le nom du père ne peut
figurer sur l'acte qu'avec son consentement formel ; quant

1*

à celui de la mère, l'officier civil ne le mentionne que dans le cas où on le lui déclare ; mais il ne doit pas l'exiger.

Celui qui trouve un enfant nouveau-né est tenu de le présenter à l'officier civil, avec les vêtements, linges et autres objets qui l'accompagnent, sous peine d'une amende de 16 à 300 francs, et d'un emprisonnement de six jours à six mois. Le maire en dresse un procès-verbal qui tient lieu d'acte de naissance.

Filiation.

L'enfant conçu pendant le mariage a pour père le mari, par l'application de l'adage : *pater is est quem nuptiæ demonstrant* : le père est celui qui a figuré à l'acte de mariage et à la noce.

Le mari ne peut alléguer son impuissance naturelle pour désavouer un enfant né de son mariage ; il faut l'effet d'un accident prouvé, l'impossibilité matérielle d'avoir co-habité avec sa femme, un éloignement parfaitement constaté pendant les cent quatre-vingt-six jours avant la naissance.

L'enfant né avant les cent quatre-vingt-six jours du mariage, ne pourra être désavoué par le mari, si celui-ci a eu connaissance de la grossesse, s'il a assisté à la rédaction de l'acte de naissance, si cet acte est signé de lui, ou s'il contient la mention qu'il ne sait signer. Il en est de même si l'enfant n'est pas né viable, c'est-à-dire s'il est constaté par des médecins qu'il ne pourra supporter la vie ; car on ne pouvait permettre au mari de ternir, sans raison et sans intérêt, la réputation de la mère.

La légitimité d'un enfant né avant le cent quatre-vingtième jour du mariage, ou du retour du mari, s'il était absent, de même que la légitimité d'un enfant né trois cents jours après la dissolution du mariage, pourra être contestée par le mari, au moyen du désaveu, — ou par les héritiers dans les conditions prescrites par la loi.

L'action en désaveu d'un enfant devra être intentée dans le mois de la naissance par le mari, s'il est sur les lieux ; — dans l'intervalle de deux mois après son retour, s'il était absent lors de la naissance ; — enfin dans les deux mois après la découverte de la naissance, si on la lui avait cachée. — Tout acte de désaveu sera comme non avenu s'il n'est suivi d'une action en justice.

Si le mari meurt avant d'avoir intenté le désaveu, mais étant dans le délai légal, ses héritiers ont deux mois pour contester la légitimité de l'enfant suspect.

Preuves de la filiation légitime.

Pour réclamer le titre d'enfant légitime, il ne suffit pas de prouver sa filiation, il faut justifier du mariage du père avec la mère lors de la naissance.

La preuve du mariage étant faite, l'enfant prouve sa filiation légitime par son acte de naissance, par sa possession d'état et par témoins.

La preuve par possession d'état consiste en une réunion de faits qui indiquent des rapports de filiation, de proche parenté entre un individu et la famille à laquelle il soutient appartenir. Ces principaux faits sont : que l'individu a toujours porté le nom du père qu'il réclame ; que ce père lui a donné ou fait donner des soins en cette qualité ; qu'il a pourvu à son entretien, à son éducation, à son établissement ; que lui-même a été regardé pour tel par ceux qui le connaissent et par sa famille.

L'enfant a recours à la possession d'état lorsqu'il n'a pas d'acte de naissance, ou lorsqu'il a été enregistré à la mairie sous de faux noms, ou inscrit comme né de père et de mère inconnus.

Pour que la preuve par témoin soit admise, dans une matière aussi grave, il faut qu'il y ait un commencement de preuves par écrit résultant de faits incontestables, tels que des mentions de l'enfant dans des titres de famille, dans des papiers domestiques du père ou de la mère, dans des actes publics ou privés émanés d'une partie engagée dans la contestation, ou qui y aurait intérêt si elle était vivante.

La loi veut que, vû les nombreuses difficultés qui sont toujours suscitées au réclamant, l'action en réclamation d'état légitime soit imprescriptible à l'égard de l'enfant, c'est-à-dire qu'il peut poursuivre ce but toute sa vie. Mais ses héritiers qui, généralement, n'y ont qu'un intérêt pécuniaire, sont moins favorisés par la loi. Ils ne peuvent intenter cette action qu'autant que l'enfant est décédé mineur, ou dans les cinq années après sa majorité.

Filiation naturelle.

On appelle, en général, enfants naturels ceux qui sont nés hors mariage.

Toutefois il y a trois sortes d'enfants naturels :

1° Les enfants naturels proprement dits, c'est-à-dire ceux dont le père et la mère n'étaient pas dans l'impossibilité légale de contracter mariage ensemble à l'époque de la conception de l'enfant. — Dans cette sorte sont compris ceux dont le père et la mère sont inconnus, d'une manière légale du moins.

2° Les enfants adultérins, c'est-à-dire ceux dont le père et la mère, ou l'un des deux, étaient engagés dans les liens du mariage avec une autre personne à l'époque de la conception. — Dans ce nombre doivent être compris les enfants nés de personnes engagées dans les ordres religieux reconnus par l'État, et auxquelles le célibat était imposé au temps de la conception.

3° Les enfants incestueux, c'est-à-dire ceux qui sont nés de personnes entre lesquelles le mariage ne pouvait exister pour cause de parenté et d'alliance au moment de la conception.

Les enfants naturels proprement dits peuvent seuls être reconnus par le père ou par la mère ou par les deux ensemble, et même être élevés au rang d'enfants légitimes par le mariage de leurs père et mère. Mais les enfants adultérins ou incestueux ne peuvent être ni légitimés ni reconnus, ni adoptés par leurs auteurs. Dans certains cas, fort rares, ils peuvent seulement leur demander des aliments.

La reconnaissance des enfants naturels peut avoir lieu de différentes manières.

D'abord il faut distinguer entre la reconnaissance du père et celle de la mère.

La reconnaissance du père doit toujours être expresse et émaner de lui librement; et pour que la certitude de cette liberté existe, il faut que la reconnaissance ait lieu dans un acte authentique.

Sont actes authentiques dans ce cas :

1° L'acte de naissance où le père reconnaît l'enfant comme étant le fruit de ses œuvres ;

2° Un acte du père devant notaire ;

3° Une déclaration du père devant le juge de paix ;

4° Une déclaration du père devant tous tribunaux civils ou criminels, ou toutes Cours Impériales, mais jamais devant un tribunal de commerce. Encore faut-il que cette déclaration ne soit pas faite après des poursuites exercées contre le père devant ces cours ou tribunaux.

La reconnaissance du père peut encore avoir lieu dans un testament passé devant notaire, mais dans ce testament-là seulement.

La reconnaissance de la mère peut avoir lieu comme il a été dit précédemment sur l'acte de naissance et aussi par les moyens indiqués pour la reconnaissance du père.

L'enfant qui se dit né de telle femme est tenu de prouver que cette femme est accouchée et qu'il est l'enfant qu'elle a mis au monde. En effet, la grossesse, l'accouchement, l'identité de l'enfant sont des faits qui peuvent être constatés. Il est admis à faire ses preuves par toute sorte de moyens, même par témoins.

La reconnaissance n'a d'effets qu'à l'égard de celui des auteurs de qui elle émane. L'enfant en prend le nom ; il a droit à des aliments et à une portion de la succession qui varie selon la qualité et le degré des héritiers avec lesquels il concourt. (Voir *Succession.*) Toutefois, s'il a été reconnu pendant le mariage et par l'un des époux seulement, il ne peut réclamer aucun droit ; car il porterait préjudice au conjoint et aux enfants nés de ce mariage.

La reconnaissance est inscrite sur les registres de l'État civil, et il en est fait mention en marge de l'acte de naissance et sur tout extrait de cet acte.

Nota. Les enfants naturels reconnus ne peuvent contracter mariage sans le consentement de leurs auteurs, ou de celui de leurs auteurs dont ils ont été reconnus ; ils sont à cet égard soumis aux mêmes obligations que les enfants légitimes. Mais la loi les en dispense à l'égard de leurs aïeuls, puisqu'elle ne leur en reconnaît pas.

Si l'auteur ou les auteurs de l'enfant reconnu sont morts ou dans l'impossibilité de manifester leur volonté, ils sont à cet égard comme les enfants naturels *non reconnus* ; ils ne peuvent, avant l'âge de vingt et un ans accomplis, se marier sans le consentement d'un tuteur spécial.

L'acte de reconnaissance d'un enfant naturel coûte 5 fr.

Légitimation.

La légitimation n'a lieu et ne peut avoir lieu que par le mariage subséquent du père et de la mère de l'enfant naturel, et il faut qu'il soit issu de deux personnes qui peuvent valablement s'épouser. Elle est mentionnée en termes exprès et spéciaux sur l'acte de mariage ; et alors l'enfant naturel jouit des mêmes droits que s'il était né d'une union légitime. — Il suit de là que la légitimation est refusée aux enfants adultérins et incestueux.

Cette légitimation peut avoir lieu même pour les enfants naturels déjà décédés qui ont laissé eux-mêmes des descendants ; et alors elle profite à ces descendants qui deviennent leurs héritiers directs et légitimes

CHAPITRE II.

Emancipation.

L'émancipation est un acte qui confère à un mineur le droit de gouverner sa personne et ses biens, en ce qui ne comporte que des actes de simple administration.

Le mineur est émancipé de plein droit par le mariage sans autre formalité. — Dans tous les autres cas, l'émancipation est conférée par la seule déclaration du père, ou à défaut du père par celle de la mère devant le juge de paix assisté de son greffier, lorsque le mineur a quinze ans révolus.

Quand le père et la mère sont décédés ou dans l'impossibilité de manifester leur volonté, c'est le conseil de famille qui procède à l'émancipation, mais il faut alors que le mineur ait dix-huit ans révolus.

Après l'émancipation le compte de tutelle est rendu, s'il y a lieu, au mineur assisté de son curateur.

Le mineur émancipé peut quitter la maison paternelle ou celle de son tuteur. Cependant, jusqu'à vingt ans accomplis, il ne peut s'engager dans l'armée sans consentement.

Il administre ses biens et acquiert la libre disposition de ses revenus, mais il ne peut intenter une action immobilière en justice, ni y défendre, ni même recevoir un capital mobilier sans l'assistance d'un curateur qui lui est donné par le conseil de famille et qui doit surveiller l'emploi des capitaux reçus.

A l'égard des obligations que le mineur émancipé aurait contractées par voie d'achat ou autrement, elles sont réductibles de la part des tribunaux, lorsqu'il y a excès.

Quant à tous les autres actes qui excèdent aussi les limites d'une simple administration, il est assimilé au mineur non émancipé.

L'émancipation fait cesser l'usufruit légal.

Le coût d'un acte d'émancipation est de 5 francs, droit fixe.

CHAPITRE III.

Mariage civil.

L'homme, avant dix-huit ans révolus, et la femme avant quinze ans révolus, ne peuvent contracter mariage. Cependant des dispenses d'âge sont accordées par le gouvernement dans des circonstances impérieuses. A cet effet, une demande doit en être adressée au ministre de la Justice par l'intermédiaire du procureur impérial de l'arrondissement du demandeur.

La dispense d'âge est enregistrée au greffe du tribunal civil de l'arrondissement dans lequel le mariage est célébré, et une expédition en reste annexée à l'acte de l'État civil.

Le coût de cette dispense est de 100 francs pour droits de sceau, et de 20 francs pour droits d'enregistrement.

Le mariage est prohibé entre tous les ascendants et descendants légitimes et naturels, et les alliés au même degré.

En ligne collatérale, il est prohibé entre le frère et la sœur et les alliés au même degré.

Le mariage est encore prohibé entre l'oncle et la nièce, la tante et le neveu, à moins que le gouvernement, pour des causes graves, ne lève cette prohibition (mais le neveu peut épouser la veuve de son oncle); il est prohibé entre un grand-oncle et sa petite-nièce.

Il est prohibé entre l'adoptant, l'adopté et ses descendants; entre les enfants adoptifs du même individu; entre l'adopté et les enfants qui pourraient survenir à l'adoptant; entre l'adopté et le conjoint de l'adoptant.

La veuve ne peut contracter un nouveau mariage sans qu'il se soit écoulé dix mois révolus depuis le décès de son dernier mari.

Le fils qui n'a pas atteint l'âge de vingt-cinq ans accomplis, et la fille l'âge de vingt et un ans accomplis, ne peuvent se marier sans le consentement de leurs père et mère. La nécessité de ce consentement est fondée sur l'amour des parents, sur leur raison et leur expérience, et sur l'incertitude de celle de leurs enfants.

En cas de dissentiment entre le père et la mère, le consentement du père suffit. Si l'un d'eux est décédé, ou s'il se trouve dans l'impossibilité de manifester sa volonté, le consentement du survivant suffit; si le père et la mère sont morts, les aïeuls les remplacent.

Quand il y a dissentiment entre l'aïeul et l'aïeule de la même ligne, il suffit du consentement de l'aïeul. S'il y a dissentiment dans les deux lignes, ce partage vaut consentement. S'il n'y a ni pères, ni mères, ni aïeuls, ni aïeules, c'est au conseil de famille que l'enfant doit s'adresser; mais dans ce cas les fils n'y sont soumis, comme les filles, que jusqu'à l'âge de vingt et un ans.

Quand les garçons ont atteint vingt-cinq ans révolus, et les filles vingt et un ans, le consentement des pères et des mères ou des ascendants n'est pas indispensable pour la validité du mariage. Mais comme les enfants doivent toujours honneur et respect à leurs ascendants, ils ne peuvent passer outre sans requérir leur consentement par des actes respectueux, si le consentement est refusé.

.L'acte respectueux pour requérir consentement au mariage, doit être rédigé par un notaire, en termes révérencieux et non comme une sommation ordinaire. Un tel acte n'est pas exigé à l'égard du conseil de famille.

Jusqu'à l'âge de trente ans accomplis pour les fils, et de vingt-cinq ans pour les filles, s'il n'y a pas eu consentement des ascendants après le premier acte respectueux, cet acte sera renouvelé deux fois de mois en mois ; et un mois après le troisième acte, ils pourront célébrer le mariage.

L'acte respectueux doit précéder la publication du mariage ; et le coût de l'enregistrement est de 1 fr. pour chaque acte.

Passé trente ans pour les fils et vingt-cinq pour les filles, il suffit d'un seul acte respectueux pour qu'ils puissent passer outre au mariage un mois après.

Les actes respectueux sont dressés et notifiés par deux notaires, ou par un notaire et deux témoins.

En cas d'absence de l'ascendant auquel l'acte respectueux doit être notifié, il est justifié de cette absence par un jugement, ou par une ordonnance d'enquête, ou, si l'enquête n'est pas encore ordonnée, il en est justifié par un acte de notoriété délivré par le juge de paix du lieu où réside l'ascendant absent, sur la déclaration de quatre témoins appeés d'office.

Avant la célébration du mariage, l'officier de l'État civil fait deux publications à huit jours d'intervalle et le jour du dimanche. Un extrait de cet acte de publication reste affiché devant la porte de la mairie d'une publication à l'autre.

Le mariage ne peut être célébré que le troisième jour après et non compris celui de la seconde et dernière publication.

S'il n'a pas été célébré dans l'année, à compter de l'expiration du délai des publications, il ne pourra plus être célébré qu'après que de nouvelles publications auront été faites dans la forme précédemment prescrite.

En cas d'opposition, le mariage ne pourra être célébré par l'officier civil, qu'après qu'on lui en aura remis main levée, sous peine de 300 francs d'amende, et de tous dommages et intérêts.

Si les parties contractantes ou l'une d'elles sont, relativement au mariage, sous la puissance d'autrui, les publications seront encore faites à la municipalité du domicile de ceux sous la puissance desquelles elles se trouvent.

Il n'y a pas de mariage sans le consentement positif et librement exprimé de chacun des contractants.

Quand ils ne sont pas nés dans la commune où ils vont se marier, chacun des deux doit remettre à l'officier de l'État civil son acte de naissance, lequel sera légalisé pour la signature du maire s'il doit servir dans un autre arrondissement.

Les époux doivent déclarer à l'officier de l'Etat civil s'ils ont fait un contrat de mariage devant notaire.

Droits et devoirs respectifs des époux.

Les époux se doivent mutuellement fidélité, secours et assistance. Le mari doit protection à sa femme et la femme obéissance à son mari.

Dans l'intérêt de la société conjugale, l'un des deux époux doit être subordonné à l'autre, et ce rôle d'infériorité et d'obéissance la nature l'a infligé à la femme. De ces devoirs respectifs de protection et d'obéissance, il suit que la femme n'a pas d'autre domicile que celui de son mari, et qu'elle est obligée de le suivre partout où il juge convenable de résider. Si elle s'y refuse, le mari peut l'y contraindre, lui refuser le nécessaire et faire saisir ses revenus.

Sous quelque régime que la femme soit mariée, elle ne peut participer à aucun acte, soit judiciaire, soit commercial, sans l'autorisation spéciale de son mari. Le même principe qui empêche la femme d'exercer des actions en justice sans l'autorisation spéciale de son mari, l'empêche à plus forte raison de contracter, aliéner, hypothéquer, acquérir à titre gratuit ou onéreux, sans l'autorisation de la justice, si le mari a refusé la sienne, ou s'il est mineur, absent ou interdit.

Mais, quand elle est séparée de biens, elle peut, sans y être autorisée, faire des dispositions testamentaires, contracter des obligations pour son négoce si elle est marchande publique, disposer de son mobilier, recevoir ses revenus, en donner décharge et procéder à des actes d'administration de biens.

La société conjugale ne finit que par la mort de l'un des époux, ou par sa condamnation devenue définitive à une peine qui emporte la mort civile.

Obligations qui naissent du mariage.

Les époux par le fait du mariage contractent l'obligation d'élever, nourrir et entretenir leurs enfants, jusqu'à ce qu'ils soient en état de pourvoir eux-mêmes à ces besoins par l'éducation et la profession que les parents leur auront données ou fait donner selon leurs moyens. — Mais l'obligation du père et de la mère ne va pas jusqu'à devoir se dépouiller de ce qu'ils possèdent pour établir leurs enfants, soit par mariage, soit par l'achat d'un atelier ou d'un fonds de commerce.

Les enfants, de leur côté, doivent honneur et respect à leurs père et mère et ascendants, et restent sous leur autorité jusqu'à l'âge de majorité. Ils doivent des aliments à leurs père et mère et autres ascendants dans le besoin. Les gendres et belles-filles doivent également des aliments ou une pension alimentaire à leur beau-père et à leur belle-mère, et les beaux-pères et belles-mères en doivent aussi à leur gendre et à leur belle-fille dans les mêmes circonstances. Cette obligation cesse lorsque le beau-père ou la belle-mère ont convolé en secondes noces, et lorsque celui des époux qui produisait l'alliance et les enfants issus de son union avec l'autre époux sont décédés.

CHAPITRE IV.

Du Contrat de Mariage.

Le contrat de mariage est l'acte destiné à régler les effets de l'association conjugale, quant aux biens respectifs des époux.

Un contrat de mariage doit être passé devant notaire et avant l'acte de mariage dressé par l'officier de l'état civil. Il ne peut recevoir aucun changement après que le mariage a été célébré.

Les futurs époux peuvent déclarer vouloir être mariés sous le régime de la communauté, sous le régime dotal ou en séparation de biens; ils peuvent, dans leur contrat de mariage, apporter aux règles qu'ils adoptent toutes les modifications qu'ils jugent convenables, pourvu qu'elles n'aient rien de contraire à l'ordre public ou aux bonnes mœurs, et qu'elles ne soient point spécialement défendues par la loi.

A défaut de contrat, les époux se trouvent sous l'empire des lois établies pour régir la communauté. C'est donc de ce régime que nous allons parler d'abord.

On distingue deux espèces de communautés : la communauté légale, dont les règles sont tracées par la loi, et la communauté conventionnelle, qui résulte des modifications que les époux ont apportées dans leur contrat aux règles de la communauté légale.

Les immeubles que chacun des époux possède au jour du mariage et ceux qui leur échoient à titre de succession, ainsi que les donations d'immeubles faites à l'un d'eux, n'entrent point dans la communauté légale. Les biens des époux qui n'entrent point dans la communauté sont appelés leurs *propres* ou *personnels.*

La communauté légale se compose activement : 1° de tout le mobilier que les époux possédaient au jour de la célébration du mariage, et de celui qui leur écheoit après le mariage, c'est-à-dire des meubles meublants, argent, effets de commerce ; — 2° des revenus, coupes de bois, produits de carrières, rentes, arrérages de rentes, fruits et revenus des propres de chacun ; — 3° des immeubles acquis pendant le mariage, autres que ceux qui adviennent aux époux par succession ou donation.

Elle se compose passivement des dettes mobilières dont les époux étaient grevés au jour de la célébration du mariage, des dettes contractées pendant la communauté, soit par le mari, soit par la femme, du consentement du mari, des intérêts ou arrérages des dettes qui ne sont pas à la charge de la communauté, des frais d'entretien d'immeubles restés propres à l'un ou à l'autre des époux, enfin, des dépenses d'entretien des époux et de leurs enfants ou domestiques.

Le mari administre seul les biens de la communauté; il peut les vendre, les hypothéquer, les aliéner sans le concours de sa femme; mais il ne peut disposer à titre gratuit des immeubles de la communauté, ni de la totalité ou d'une partie du mobilier, si ce n'est pour l'établissement des enfants communs. Il ne peut non plus disposer que de la moitié des immeubles acquis avec les deniers de la communauté.

Le mari a de plus l'administration des biens propres de sa femme; il peut exercer seul toutes les actions mobilières ou possessoires qui appartiennent à celle-ci; il peut louer les biens personnels de la femme par des baux de neuf ans, renouveler ces baux trois ans avant leur expiration pour les biens ruraux, et deux ans aussi avant leur expiration pour des maisons.

Le mari ne peut donner, par testament, au-delà de sa part dans la communauté; car les facilités qui lui sont dues pour son administration ne vont pas jusqu'à autoriser des dispositions qui tendraient à diminuer le patrimoine de sa femme.

Le mari ne peut aliéner les immeubles personnels de sa femme sans qu'elle ait donné son consentement.

La femme qui s'oblige solidairement avec le mari, n'est obligée que comme caution, et elle doit être indemnisée sur les biens du mari.

Les actes faits par la femme, sans le consentement du

mari, ne peuvent engager les biens de la communauté ; si ce n'est lorsqu'elle contracte comme marchande publique et par le fait de son commerce, parce qu'en ceci elle est censé faire son commerce avec l'autorisation réelle du mari. Les amendes encourues par la femme ne peuvent s'exécuter que sur la nu-propriété de ses biens personnels, les reve-nus restent toujours sous la possession du mari.

Les clauses de la *communauté conventionnelle* par lesquelles les époux s'écartent de la communauté légale, consistent ordinairement ; — 1° à stipuler que la communauté n'embrasse que les biens acquis pendant la durée du mariage ; — 2° que tout ou partie du mobilier de chacun n'en fera pas partie ;—3° à faire entrer dans la communauté tout ou partie de leurs immeubles présents ou futurs ; —4° à stipuler qu'ils paieront séparément leurs dettes antérieures au mariage ; 5° qu'en cas de renonciation, la femme pourra reprendre ce qu'elle a apporté en mariage, franc et quitte des dettes du mari ; — 6° que le survivant des époux aura un préciput, c'est-à-dire, pourra prélever avant partage, une certaine somme ou certains effets de la communauté ;— 7° qu'il y aura entre les époux une communauté universelle, ou à titre universel, de leurs biens tant meubles qu'immeubles, présents ou à venir.

La communauté se dissout 1° par la séparation de corps; — 2° par la séparation de biens ; par la mort naturelle ou civile de l'un des époux.

Toute séparation volontaire est nulle et de nul effet.

La séparation des biens ne peut être poursuivie qu'en justice par la femme dont la dot est mise en péril par le désordre du mari, dont les mauvaises affaires donnent lieu de craindre que les biens de celui-ci ne soient pas suffisants pour remplir les droits et reprises de la femme.

La femme séparée, soit de corps et de biens, soit de biens seulement, reprend la libre administration de ce qui lui appartient; elle peut aliéner son mobilier, mais elle ne peut aliéner ses biens sans l'autorisation de son mari ou de la justice. Elle doit contribuer, proportionnellement à ses facultés aux dépenses des enfants communs, et même, quand les circonstances l'exigent, fournir des aliments à son mari.

Après la dissolution de la communauté, la femme ou ses héritiers et ayant-cause ont la faculté de l'accepter ou d'y renoncer. Toute convention contraire est nulle. Ils ont, comme dans une succession, trois mois pour faire inventaire, et quarante jours pour se décider.

Quand la communauté s'est dissoute par la mort du mari, la veuve, pendant les délais pour faire inventaire et pour délibérer, a droit, quand même elle renoncerait plus tard, de prendre sa nourriture et celle de ses domestiques, ainsi que le logement, sur les biens de la communauté.

Pour le partage de l'*actif*, chacun des époux ou ses représentants, commence par rapporter à la masse des biens existants, tout ce que la communauté a payé pour lui personnellement; sur cette masse, chacun des époux ou leurs ayants-droits prélève ce dont la communauté aurait profité à son détriment personnel, soit en recevant le prix de ses propres, soit pour toute autre chose, de manière toutefois que les prélèvements de la femme s'exercent avant ceux du mari, et au besoin sur les biens personnels de celui-ci. Ce qui reste après les prélèvements opérés, se partage par égales parts entre les époux ou leurs ayants-droits, d'après les règles des successions.

Quant au *passif*, il se divise par moitié entre les époux ou les héritiers ; la femme toutefois n'est tenue des dettes de la communauté que jusqu'à concurrence de son émolument, pourvu qu'il y ait eu bon et fidèle inventaire.

La femme qui renonce perd toute espèce de droits sur les biens de la communauté, et même sur le mobilier qu'elle y a apporté. Elle retire seulement les linges et hardes à son usage ; mais elle est déchargée de toutes dettes ; et, si elle s'est obligée personnellement envers les créanciers, elle a son recours contre le mari ou les héritiers du mari.

De la simple exclusion de communauté.

Quand les époux se sont bornés à stipuler dans leur contrat de mariage l'exclusion de la communauté, le mari acquiert l'administration et la jouissance de tous les biens meubles et immeubles de sa femme, et ces biens meubles et immeubles peuvent être aliénés du consentement des deux époux.

Du Régime dotal.

Le régime dotal n'enlève point au mari les droits qui lui appartiennent comme chef de l'union conjugale ; ces droits ont seulement subi des restrictions motivées sur l'intérêt de la femme et de ses enfants.

On désigne, sous le régime dotal, deux espèces de biens : les biens *dotaux*, c'est-à-dire stipulés dans le contrat, — et les biens *extra-dotaux* ou *paraphernaux*, c'est-à-dire non stipulés dans le contrat.

Les biens dotaux embrassent tout ce que la femme s'est constitué ou tout ce qui lui a été donné en contrat de mariage, à moins de stipulations contraires.

Le caractère essentiel du régime dotal, c'est l'inaliénabilité des biens dotaux, tant immeubles que mobiliers, à moins qu'il ne s'agisse de meubles dont les tiers ne pourraient connaître l'origine.

Le mari a seul l'admidistration des biens dotaux; il a seul le droit d'en poursuivre les débiteurs et détenteurs, d'en percevoir les fruits et revenus, et de recevoir le remboursement des capitaux. Cependant il peut être convenu par le contrat de mariage, que la femme touchera annuellement, sur ses seules quittances, une partie de ses revenus pour ses besoins personnels; mais ni le mari, ni la femme, ni eux conjointement, ne peuvent aliéner ou hypothéquer les biens dotaux, à moins que le contrat ne leur en réserve la faculté, et que ce soit pour l'établissement des enfants de la femme ou des enfants communs, moyennant certaines formalités judiciaires; car la cause de l'inaliénabilité étant fondée sur l'intérêt même des enfants, on n'est point censé l'enfreindre quand l'aliénation n'a lieu que pour leur avantage.

Après cette exception d'un ordre élevé, il en est encore quelques autres que les juges seuls peuvent appliquer. Les principales se rapportent aux cas où la femme veut tirer son mari de prison, fournir des aliments à certains membres de la famille, pourvoir aux grosses réparations d'un immeuble dotal. Dans ces divers cas, la loi n'a pu refuser ce que réclamait la nécessité.

Lorsque la dot embrasse des objets mobiliers mis à prix,

le mari en devient propriétaire, à moins de stipulation contraire ; il peut en disposer comme de ses autres biens, à la charge seulement d'en rendre le prix dans l'année de la dissolution du mariage. La dot constituée en argent comptant ne peut non plus être exigée du mari qu'un an après le mariage dissous ; mais, dans tous les autres cas, la dot doit être restituée aussitôt après la dissolution.

L'immeuble dotal peut être échangé pour l'utilité commune, mais avec le consentement de la femme, et contre un immeuble de même valeur pour les quatre cinquièmes au moins.

Quand le mariage a duré dix ans, depuis l'échéance des termes pour le versement de la dot entre les mains du mari, la femme ou ses héritiers peuvent le répéter contre le mari, s'il ne justifie pas de diligences inutilement faites par lui pour s'en procurer le paiement, sauf son recours contre les débiteurs de la dot.

Lorsque le mariage est dissous par la mort du mari, la femme a le choix d'exiger les intérêts de sa dot pendant l'année de deuil, ou de se faire fournir des aliments, pendant ce temps, aux dépens de la succession de son mari ; mais, dans les deux cas, l'habitation durant cette année et les habits de deuil doivent lui être fournis sur la succession du mari, et sans diminution des intérêts à elles dus.

A la dissolution du mariage, les fruits et intérêts de la dot se partagent entre le mari et la femme ou leurs héritiers, à proportion du temps que le mariage a duré pendant la dernière année, sans distinction entre les fruits naturels, industriels ou civils. Si, par exemple, le mariage n'a duré que quatre mois d'une année, le mari n'a droit qu'au tiers des récoltes et intérêts de cette dernière année.

La femme, mariée sous le régime dotal, qui obtient *séparation* de biens, reprend l'administration et la jouissance de sa dot, sans pouvoir toutefois aliéner le capital.

La femme a aussi l'administration de ses biens *extrâ-dotaux* ou *paraphernaux*. Cependant, elle ne peut les aliéner sans l'autorisation de son mari ou de la justice. Celui-ci peut les administrer comme mandataire de son épouse, à la charge de lui rendre compte des fruits et revenus. Mais si la femme l'avait laissé jouir sans opposition du revenu de ses biens, elle serait censé lui en avoir fait volontairement l'abandon, et elle n'aurait droit d'exercer à ce sujet aucun recours contre lui.

Si tous les biens de la femme sont paraphernaux, et si le contrat ne lui impose pas une portion des charges du ménage, elle y contribue jusqu'à concurrence du tiers de ses revenus.

De la Séparation de biens.

Lorsque le contrat porte séparation de biens, la femme conserve l'entière administration de ses biens meubles et immeubles, et la jouissance libre de ses revenus; mais il lui interdit d'aliéner les immeubles sans l'autorisation de son mari ou de la justice.

Quant aux charges et dépenses du ménage, à défaut de conventions sur ce point dans le contrat, elle y contribue jusqu'à concurrence du tiers de ses revenus.

CHAPITRE V.

De l'adoption.

En instituant l'adoption, le législateur a eu pour but de consoler, par une imitation de la nature, les personnes à qui il ne reste plus d'espoir d'avoir des enfants ; et de procurer une bonne éducation ou un établissement à des individus qui en auraient été privés sans le bienfait de l'adoption.

On peut donc définir l'adoption un acte civil par lequel la loi permet de créer des rapports de paternité et de filiation entre deux personnes qui ne sont pas de la même famille ; l'adoption ne fait point sortir l'adopté de sa famille naturelle.

On distingue *trois sortes* d'adoptions : — l'une que l'on appelle *ordinaire*, l'autre *rémunératoire*, et enfin une troisième que l'on nomme *testamentaire*.

Conditions de l'adoption.

Les conditions de l'adoption ordinaire sont au nombre de neuf : — 1° L'adoptant doit être âgé de plus de cinquante ans ; — 2° être sans postérité légitime à l'époque de l'adoption ; — 3° avoir au moins quinze ans de plus que l'adopté, afin d'imiter la nature ; — 4° avoir donné à l'adopté, pendant la minorité, des soins et des secours non interrompus pendant six ans au moins ; — 5° jouir d'une bonne réputation ; — 6° si l'adoptant est marié, il doit avoir le consentement de son conjoint ; — 7° l'adopté doit être majeur, c'est-à-dire avoir vingt et un ans accomplis ; l'adoption, en effet, est un contrat, et l'on sait que le mineur est incapable

de contracter ; — 8° s'il n'a pas vingt-cinq ans accomplis, il doit en outre apporter le consentement donné à
l'adoption par ses père et mère ou par le survivant
d'eux ; et s'il a atteint vingt-cinq ans, il suffit qu'il re-
quière leur conseil par un simple acte respectueux dans
la forme exigée pour celui relatif au mariage ;— 9° n'a-
voir pas été précédemment adopté par une autre personne

L'adoption *rémunératoire* ou de récompense, comme
l'indique son nom, est celle qui a lieu lorsque l'adopté
a sauvé la vie à l'adoptant, soit dans un combat, soit
dans un incendie, ou dans les flots, ou même dans tout
autre cas où il a couru lui-même le danger de perdre
la sienne en le sauvant.

Dans l'adoption rémunératoire, il suffit que l'adoptant soit majeur, plus âgé que l'adopté et sans postérité
légitime ; et s'il est marié, qu'il ait le consentement de
son conjoint. Les conditions imposées à l'adopté sont
les mêmes que pour l'adoption ordinaire.

L'adoption testamentaire est celle qui a lieu lorsque
le tuteur officieux, qui n'a pas de postérité légitime,
confère, dans la prévision de son décès, l'adoption à
son pupille. Mais cette sorte d'adoption ne peut avoir
lieu que cinq ans révolus depuis la tutelle.

Les formalités nécessaires pour établir cette adoption
sont les mêmes que pour l'adoption ordinaire et rémunératoire ; elles sont déterminées ainsi qu'il suit :

Formes de l'adoption.

La personne qui veut adopter se présente devant le juge
de paix de son domicile avec celui ou celle qu'elle veut
adopter, et là il est passé acte de leur consentement respec-

tif. Expédition de cet acte est remise dans les dix jours suivants par la partie la plus diligente au procureur impérial près le tribunal civil du domicile de l'adoptant, pour être soumis à l'homologation. Ce délai toutefois n'est pas de rigueur absolue.

Le tribunal réuni dans la chambre du conseil, et après avoir pris les renseignements convenables, entendu les dires ou examiné les mémoires des opposants à l'adoption, vérifie si toutes les conditions prescrites par la loi ont été remplies. C'est ce même tribunal qui s'est informé également si l'adoptant jouit d'une bonne réputation.

Cette vérification faite, le procureur impérial entendu, le tribunal énonce dans un jugement et sans indiquer de motif : Il y a lieu à l'adoption, s'il l'admet ; ou bien : Il n'y a pas lieu à l'adoption, s'il la repousse.

Ce jugement est soumis dans le mois à la cour impériale du ressort de laquelle est le tribunal, et la Cour, sur le vu des pièces et sur les instances de la partie la plus diligente, prononce également, sans exprimer de motifs : Le jugement est confirmé ; en conséquence il y a lieu ; — ou bien : Le jugement est infirmé ; en conséquence il n'y a pas lieu à l'adoption.

Si la Cour admet l'adoption, l'arrêt alors est prononcé à l'audience, et affiché en tel nombre d'exemplaires et en tels lieux que la cour juge convenable. Il en est remis une expédition à l'une ou l'autre des parties, à l'officier de l'État civil du domicile de l'adoptant qui l'inscrit sur les registres.

Cette inscription doit avoir lieu, à peine de nullité, dans les trois mois de la date de l'arrêt de la Cour.

Le décès de l'adoptant, survenu depuis l'acte de consentement et avant le prononcé du jugement définitif, n'empêche point la continuation de l'instruction, et par suite, l'admission de l'adoption, s'il y a lieu.

Les formes de l'adoption *testamentaire* sont très simples.

Cette adoption peut avoir lieu dans un testament olographe ou mystique tout comme dans un testament par devant notaire. Elle n'est soumise qu'à la forme des testaments, et n'a besoin pour produire son effet ni de l'homologation de la justice, ni de l'inscription sur les registres de l'État civil.

Quelle que soit, en effet, la forme du testament, la minute en doit rester ou être déposée dans l'étude d'un notaire, et ce dépôt est suffisant pour en assurer l'existence.

Un étranger ne peut être ni adoptant ni adopté, à moins qu'il n'ait été admis en France à jouir des droits civils; car l'adoption est une institution de pur droit civil, et non du droit des gens.

Le jugement d'adoption coûte 50 francs, et l'arrêt de la cour impériale confirmant l'adoption, 100 francs.

Conséquences de l'adoption.

Ces conséquences découlent tout naturellement des rapports de paternité et de filiation que la loi fait naître entre l'adoptant et l'adopté à partir de l'adoption. Ce sont quelques-unes des relations qui existent entre un père et ses enfants légitimes.

Ainsi : 1° l'adopté a le droit de joindre à son nom de famille celui de l'adoptant.

2° Il a sur la succession de l'adoptant les mêmes droits que s'il était issu de lui en mariage légitime, quand même il existerait d'autres enfants légitimes nés depuis l'adoption. Mais les droits de l'enfant adoptif se bornent à la succession de l'adoptant et ne s'étendent, en aucune manière, à la succession laissée par les enfants de ce dernier.

3° L'adoptant et l'adopté sont soumis tous deux à l'obligation de se fournir mutuellement des aliments en cas de besoin.

4° Enfin l'adoption produit entre l'adopté et l'adoptant et quelques-uns de ses parents et alliés, certains empêchements de mariage que nous avons spécifiés précédemment.

Comme tous les rapports qu'établit l'adoption ne sont que l'effet d'une fiction de la loi, et que la fiction ne peut prévaloir sur la vérité, il s'ensuit que l'adoption ne peut détruire les rapports naturels qui existent entre l'adopté et sa propre famille. Il conserve donc tous ses droits ; il y est soumis aux mêmes obligations que s'il n'eût pas été adopté. Sa succession est dévolue à ses parents dans l'ordre établi par la loi, sauf cependant l'exception suivante :

Si l'adopté n'a point de descendants légitimes et qu'au nombre des biens qu'il laisse à son décès, il s'en trouve en *nature* qui lui aient été donnés par l'adoptant, celui-ci, en cas de survie, a le droit de les reprendre, à la charge de contribuer aux dettes et sans préjudice des droits acquis à des tiers sur ces mêmes biens.

Le même droit de reprise dans la succession de l'adopté appartient, avec les mêmes charges, aux descendants de l'adoptant, en cas de pré-décès, non-seulement sur les biens donnés par l'adoptant, mais encore sur ceux qui proviennent de sa succession et qui se trouvent encore en nature.

Il y a pourtant cette différence entre l'adoptant et ses descendants, que l'adoptant a toujours le droit de reprendre les biens qu'il a donnés, soit qu'ils se trouvent dans la succession de l'adopté ou dans celle de ses descendants morts eux-mêmes sans postérité, au lieu que les descendants de l'adoptant ne peuvent exercer le droit de reprise qu'autant que l'adopté est mort sans postérité légitime, et non dans la succession de ses descendants. Car une fois que les biens provenant de l'adoptant ont été recueillis dans la succession de l'adopté par les descendants de ce dernier, le droit de reprise, même en cas de décès de ces mêmes descendants sans postérité, est personnel à l'adoptant s'il leur survit, et ne passe à aucun autre si cet adoptant est décédé.

CHAPITRE VI.

Actes de notoriété.

L'acte de notoriété est celui où l'on a recours à des témoignages pour établir qu'un fait est notoire et constant.

Ces actes sont rédigés par les notaires ou par les juges de paix. Les témoins appelés à ces actes peuvent être du sexe féminin et même étrangers, comme dans toutes les circonstances où il ne s'agit que d'établir l'existence d'un fait qui est à leur connaissance et le constater, tandis que dans les actes ordinaires, les témoins viennent seulement donner à l'acte qu'ils signent une sorte de solennité.

Les principales circonstances dans lesquelles on a besoin de recourir à des actes de notoriété sont :

1° Lorsqu'une personne qui veut contracter mariage se trouve dans l'impossibilité de fournir un acte de naissance pour constater son âge. Il y est suppléé par un acte de notoriété, délivré par le juge de paix, sur la déclaration de sept témoins de l'un ou de l'autre sexe.

Relativement au majeur, l'acte de notoriété peut être remplacé par la déclaration des aïeuls ou des aïeules qui attestent le décès des père et mère des futurs mariés ou de l'un d'eux. (Avis du conseil d'Etat du 23 juillet 1805.)

2° Pour constater, quand une personne veut en adopter une autre, qu'elle a donné pendant un certain temps des soins à celui ou à celle qu'elle se propose d'adopter.

3° Lorsque l'Etat est appelé à une succession par droit de déshérence.

4° Lorsqu'un militaire a disparu de son corps, un acte de notoriété peut être utile pour constater sa disparition.

Droits et coût de ces actes.

Pour acte de notoriété remplaçant un acte de naissance :

1° *Au juge de paix* une vacation, à Paris, 5 francs ; — Dans les villes où il y a un tribunal de première instance, 3 fr. 75 c. ; — Dans les villes et cantons ruraux, 2 fr. 50 c.

2° *Au greffier*, les deux tiers de ce qui est alloué au juge de paix suivant les lieux.

3° L'enregistrement de l'acte, 2 fr. 50 c.

4° Timbre de minute et celui d'expédition, selon le nombre des rôles.

5° Droit d'expédition, pour salaire, à Paris, 50 cent. par rôle, et 40 cent. partout ailleurs. Ce qui fait varier le coût de cet acte de 8 à 12 francs environ.

Pour *tout autre acte de notoriété* passé devant un juge de paix, les honoraires en sa faveur sont : à Paris, 4 fr. ; —

Dans les villes où il y a un tribunal de première instance, 75 cent.; — Dans les villes et cantons ruraux, 50 cent. — Les autres droits sont les mêmes que ceux que nous venons de spécifier à l'article précédent.

CHAPITRE VII.

Décès et inhumations.

Aussitôt qu'une personne est décédée, la déclaration doit en être faite à la mairie de la commune. Aucune inhumation (enterrement) ne peut être faite sans une autorisation écrite que l'officier de l'Etat civil délivre sur papier libre et sans frais, après s'être assuré du décès, soit en se transportant lui-même près du défunt, soit en y envoyant un médecin délégué à cet effet. L'inhumation n'aura lieu que vingt-quatre heures après le décès, à cause du danger d'enterrer des personnes qui seraient seulement asphyxiées ou en léthargie, hors les cas prévus par les règlements de police pour la salubrité publique.

Lorsqu'il y aura des signes ou indices de mort violente, on ne pourra faire l'inhumation qu'après qu'un officier de police ou un officier municipal en faisant fonction, accompagné d'un médecin, aura dressé procès-verbal de l'état du cadavre, constaté son identité, s'il est possible, et recueilli les renseignements qui pourront éclairer la justice.

Ceux qui procéderaient à une inhumation sans l'autorisation préalable de l'officier civil, s'exposeraient à un emprisonnement de six jours à deux mois, et à une amende de 16 à 50 fr., sans préjudice de la poursuite des crimes dont ils pourraient être accusés dans cette circonstance. Les mêmes peines seraient applicables à l'officier public qui aurait permis d'inhumer, sans motif grave, avant l'expiration des vingt-quatre heures.

Toute personne peut se faire inhumer dans sa propriété, pourvu que ce soit à la distance de 35 à 40 mètres de l'enceinte des villes et faubourgs.

L'acte de décès sera rédigé sur la déclaration de deux témoins, qui doivent être, chaque fois qu'il est possible, les deux plus proches parents ou voisins du défunt. Quand le décès a lieu hors du domicile, la déclaration en sera faite par la personne chez laquelle la mort a eu lieu et par un parent ou voisin.

L'acte de décès doit contenir les prénoms, le nom, l'âge, la profession, le domicile de la personne décédée ; les prénoms et le nom de l'autre époux, si la personne décédée était mariée ou veuve ; les prénoms, noms, âges, professions et domiciles des déclarants, leur degré de parenté s'ils sont parents ; le lieu de naissance autant qu'on peut le savoir, les noms, prénoms, professions et domicile des père et mère du décédé pour établir le mieux possible son identité. L'officier civil est obligé d'envoyer l'acte de décès d'un étranger, quand il est connu, au maire de son dernier domicile, afin qu'il l'inscrive sur les registres.

Quiconque recèle ou cache le corps d'une personne morte des suites de coups ou blessures, d'un meurtre ou d'un suicide, est puni d'un emprisonnement de six mois à deux ans, et d'une amende de 50 à 400 fr., sans préjudice de peines plus graves, s'il est auteur ou complice du crime.

Le décès des personnes noyées, ou qui ont péri dans un incendie, et dont les corps n'ont pu être retrouvés, peut être constaté par une enquête. Le procès-verbal en adressé au procureur impérial de l'arrondissement où a eu lieu le sinistre ; et sur l'autorisation du tribunal, ce procès-verbal est annexé aux registres de l'Etat civil.

Tarif des frais d'expédition d'actes de l'État civil.

Expédition des actes de *naissance*, de *décès*, de *publication de mariage*, dans les communes au-dessous de 50,000 âmes : salaire 30 cent. ; papier timbré 1 fr. 25 c. ; en tout 1 fr. 65 cent. — Les mêmes expéditions dans les communes au-dessus de 50,000 âmes : salaire 50 centimes; timbre 1 fr. 25 ; en tout 1 fr. 75. — A Paris : salaire 75 c.; timbre 1 fr. 25 cent. ; en tout 2 fr.

Expédition des actes de *mariage* et *d'adoption*, dans les communes au-dessous de 50,000 âmes : salaire 60 cent. ; timbre 1 fr. 25 cent. ; en tout 1 fr. 85 cent.

Les mêmes expéditions dans les communes au-dessus de 50,000 âmes : salaire 1 fr. ; timbre 1 fr. 25 cent. ; en tout 2 fr. 25 cent. — A Paris : salaire 1 fr. 50 cent. ; timbre 1 fr. 25 cent. ; en tout 2 fr. 75 cent.

CHAPITRE VIII.

Donations. — Testaments.

Donations par contrat de mariage et pendant le mariage.

Indépendamment des conventions que les époux peuvent faire en se mariant, il leur est encore permis de se donner telle portion qu'ils jugent convenable de leurs biens présents et à venir.

Le mineur de l'un et de l'autre sexe peut faire dans son contrat de mariage toutes les donations permises aux majeurs, mais il faut qu'il soit assisté des personnes sans le consentement desquelles il ne pourrait se marier.

Ces donations sont appelées *contractuelles*; elles ne peuvent jamais être annulées sous prétexte de défaut d'ac-

ceptation, puisque les deux conjoints assistent au contrat,
et elles sont *irrévocables* quand le mariage les a suivies,
parce qu'elles ont peut-être été une des conditions dé-
terminantes du mariage.

Les époux peuvent encore se faire pendant le mariage,
donation de tout ou partie de leurs biens, et la femme
n'a pas besoin pour cela de l'autorisation de son mari
ni de la justice.

Cette donation, même mutuelle, ne peut être faite sur
le même acte, et chacun des époux peut révoquer à l'insu
de l'autre ce qu'il lui a donné ainsi. C'est afin d'empêcher
qu'un des conjoints n'abuse de son influence sur l'autre
pour lui arracher des libéralités, ou en abuser après, que
la loi a déclaré ces donations *essentiellement révocables,*
comme toutes les dispositions testamentaires.

Un époux peut, par contrat de mariage, ou pendant le
mariage, et par testament, donner à son conjoint, en cas
d'inexistence d'enfant, tout ce que le disposant pourrait assurer à un étranger, de plus l'usufruit de la réserve légale,
quand il y aura des ascendants; et s'il y a des enfants, un
quart en propriété et un autre quart en usufruit, ou la
moitié en usufruit seulement de la fortune du donateur.

Les libéralités par donation ou testament ne peuvent
excéder la moitié des biens du disposant, s'il ne laisse
à son décès qu'un enfant légitime, le tiers s'il laisse deux
enfants, le quart s'il en laisse trois, ou plus grand nombre.
Sont compris sous le nom d'enfants les descendants à
quelque degré que ce soit; mais ils ne comptent que
pour la tête de l'enfant qu'ils représentent.

Si, à défaut d'enfant, le donateur ou testateur laisse des
ascendants dans les lignes paternelle et maternelle, il peut
donner à leur époux la moitié de ce qui lui appartient,

et les trois quarts s'il ne lui reste d'ascendants que dans l'une des deux lignes.

Mais, par une disposition singulière de l'article 1194 du code Napoléon, il peut donner en outre à l'autre époux l'usufruit viager de la moitié dont il n'a pu disposer en sa faveur. En sorte que les ascendants, ordinairement plus âgés que leurs gendres ou belles-filles, ne jouissent presque jamais, dans ce cas, de la portion qui leur est réservée.

Quant à celui qui se marie, ayant des enfants d'une première union, il ne peut donner à son nouveau conjoint qu'une part égale à celle de l'enfant qui prend le moins.

Donations entre vifs et testamentaires.

On ne peut disposer de ses biens, à titre gratuit, que par donation entre vifs ou par testament.

Par la donation entre vifs, le donateur se dépouille *actuellement* et *irrévocablement* de la chose donnée, en faveur du donataire.

Cependant la loi prononce elle-même ou provoque la révocation dans les trois cas suivants : 1° Lorsqu'il survient un enfant légitime au donateur qui n'en avait pas à l'époque de la donation ; parce qu'il n'aurait pas donné s'il avait connu la force de l'affection paternelle ; — 2° Lorsque le donataire n'exécute pas les charges et conditions sous lesquelles la donation a été faite ; — 3° Lorsqu'il s'est montré ingrat envers le donateur, en attentant à sa vie, en se rendant coupable envers lui de sévices, délits ou injures graves, en lui refusant des aliments.

Il est permis aussi au donateur de stipuler le droit de retour des objets donnés, soit pour le cas où le donataire seul, soit pour le cas où ce donataire et ses descendants mourraient avant le donateur.

Dans les donations, les substitutions sont défendues.

Pour faire une donation entre vifs ou par testament, il faut être sain d'esprit, et dès qu'il est prouvé que le disposant n'avait pas une parfaite sanité d'esprit, quoique son interdiction n'ait jamais été prononcée ni provoquée, la disposition qu'il a faite n'en doit pas moins être annulée.

Les morts civilement sont frappés d'une incapacité absolue de donner ou accepter ; ils ne peuvent recevoir qu'à titre d'aliments.

La femme mariée ne peut donner entre vifs, sans l'assistance ou le consentement de son mari, ou sans y être autorisée en justice ; mais elle n'a besoin d'aucune autorisation pour disposer par testament.

Le mineur âgé de moins de seize ans ne peut nullement disposer ; à seize ans révolus, il ne peut disposer que par testament et jusqu'à concurrence seulement de la moitié des biens dont la loi permet aux majeurs de disposer. Devenu majeur, il ne pourra disposer en faveur de son tuteur si le compte de tutelle n'a été préalablement rendu et apuré, à moins que son tuteur ne soit un ascendant.

L'enfant naturel légalement reconnu ne peut recevoir de ses père et mère au-delà de ce que la loi lui accorde dans leur succession.

Les médecins, chirurgiens, pharmaciens ou autres gens de l'art qui ont traité une personne pendant la maladie dont elle meurt, ne peuvent en recevoir que des dons rémunératoires proportionnés à ses facultés et aux services rendus ; mais ils peuvent hériter au titre de parenté jusqu'au quatrième degré. Ces dispositions concernent aussi les ministres des cultes.

Les dispositions au profit des hospices, des pauvres d'une commune et des établissements d'utilité publique, ne peuvent produire leur effet qu'autant qn'elles auront été autorisées par le gouvernement.

Tous actes portant donation entre vifs doivent être passés devant notaire, et il doit en rester minute, à peine de nullité. La donation, en outre, doit être acceptée en termes exprès par le donataire ou son fondé de pouvoir, soit dans l'acte même de la donation, soit par un acte postérieur et authentique.

Si le donataire est un mineur émancipé, il peut accepter avec l'assistance de son curateur. Quant au mineur non émancipé, l'acceptation doit être faite par le tuteur avec l'autorisation du conseil de famille ; mais dans les deux cas l'acceptation peut être valablement faite au nom du mineur par un de ses ascendants.

Testaments.

Le testament est un acte par lequel une personne dispose, pour le temps où elle n'existera plus, de tout ou partie de ses biens, en faveur d'une ou de plusieurs personnes. Cet acte ne peut contenir que la volonté d'un seul testateur, et ne peut jamais être collectif parce qu'il est révocable.

Tout testament doit contenir les nom, prénoms, profession, qualités et domicile du testateur, et *être daté en toutes lettres* et non en chiffres.

On distingue trois espèces de testaments : le testament olographe, le testament public ou notarié, et le testament mystique ou secret.

Le testament *olographe* est celui que le testateur écrit en entier, signe et date de sa propre main. Il n'est pas nécessaire que le papier en soit timbré, mais la signature doit

être semblable à celle que le testateur appose ordinairement à ses autres actes. La cour de cassation a jugé qu'un
testament olographe pouvait même être fait par lettre missive, quand cette lettre réunit les conditions qu'on vient
d'indiquer.

Il est bon de déposer un testament olographe chez un
notaire pour n'avoir pas à craindre qu'on le fasse disparaître
après le décès du testateur. Il en coûte le prix d'une vacation, 4 francs, plus 2 fr. 20 c. d'enregistrement, et 35 c.
de timbre.

Le testament *public* est celui qui est écrit par un notaire, en présence d'un autre notaire et de deux témoins, ou
en présence de quatre témoins s'il n'y a qu'un notaire. La
loi exige expressément que le testateur puisse prononcer
mot pour mot ce que le notaire doit écrire ; les signes et
gestes ne sont pas acceptés comme expression suffisante de
sa volonté.

Le testament *mystique* ou *secret* est celui que le testateur présente à un notaire devant six témoins, clos et scellé,
ou qu'il fait clore et sceller en sa présence chez le notaire. S'il
n'a écrit et signé le testament lui-même il faut un témoin de
plus. Il déclare que le papier qu'il présente est son testament écrit et signé de lui, ou écrit par un autre et signé de
lui, ou écrit par un autre et non signé de lui. Il est nécessaire de savoir lire pour faire un tel testament.

Le notaire, en présence des témoins, dresse sur l'enve-
loppe le procès-verbal de cette présentation, qu'on appelle
acte de suscription ; et les témoins, le testateur et le notaire
signent ce procès-verbal, à peine de nullité. Si le testateur
ne sait ou ne peut signer, il en est fait mention sur l'enve-
loppe devant sept témoins.

Les dispositions testamentaires peuvent être révoquées à

la volonté du testateur, soit par un testament postérieur qui énonce la révocation du précédent, soit par une déclaration devant notaire, ou encore par le simple fait de la vente des objets légués par le testament.

La révocation peut être aussi prononcée pour inexécution des charges et conditions imposées au légataire, pour attentat de la part du légataire à la vie du testateur, pour excès, délits ou injures à sa mémoire.

Les lois défendent toutes substitutions de personnes; mais la loi du 17 mai 1826 permet au testateur d'imposer à tout donataire ou légataire la charge de rendre tout ou partie des biens légués à un ou à plusieurs de ses descendants nés ou à naître, par *fidéi-commis*.

La substitution fidéi-commissaire doit être rendue publique, dans l'intérêt des tiers, par sa transcription au bureau des hypothèques du lieu où sont situés les immeubles substitués. Les biens compris dans la substitution doivent être inventoriés; les meubles doivent être vendus et remplacés par des immeubles ou par des priviléges sur immeubles, et il doit être donné un tuteur à la substitution dans le délai d'un mois à compter du décès du testateur, s'il n'en a pas nommé un lui-même.

Formule de testament olographe.

Ceci est mon testament écrit et signé de ma main :

Moi, Pierre de Cabrières, propriétaire, demeurant à......, donne et lègue à ma chère femme, Joséphine Mansuy, à partir du jour de mon décès, tous les biens, meubles et immeubles dont il m'est permis de disposer selon la loi.

Je donne et lègue à mon neveu et filleul Isidore de Cabrières, une pendule estimée 1,500 francs.

A ma nièce Adélaïde de Francastel, ma montre, ma chaîne en or et les trois tableaux qui ornent mon salon.

A telle personne.... je donne *telles choses*, etc.

Je nomme pour mon exécuteur testamentaire, Hippolyte Beausire, mon ami, auquel je donne une somme de cinq cents francs.

Mes légataires seront mis en jouissance de ce que je leur donne, trois mois après mon décès, et je révoque tout autre testament antérieur à celui-ci qui contient mes dernières volontés.

Fait à....   ce....   *Et signer.*

Si l'on veut donner tout ce que l'on possède à une seule personne, sans faire aucune disposition particulière, on peut faire son testament simple comme suit :

Moi Pierre-Louis-Bontemps, officier en retraite, institue mon gendre, Étienne Rambourg, pour mon unique héritier, *ou* pour mon légataire universel.

Fait à....   ce....   *Et signer.*

Testament. — Partage.

Dans la prévision de ma mort, et aussi dans le but de prévenir toute contestation entre mes enfants, j'entends que le partage des biens que je puis leur laisser soit fait de la manière suivante :

Mes biens consistent :

1° En un domaine situé à..... composé de prés, terres de labour, bois, pâture, etc., qui, d'après l'estimation que j'en ai fait faire, doit se porter à une valeur de trente-un mille francs;

2° En un vignoble, situé à..... estimé vingt-deux mille

francs avec les terres attenantes (bois, nogarettes , châtai-
gneraies, etc.) ;

3° En neuf mille francs que j'ai donnés à mon fils Auguste en avancement-douaire lors de son mariage ;

4° En mille deux cent quarante francs de rente 5 pour
cent sur l'Etat ;

Plus le linge, les provisions qui se trouvent ou se trouveront dans ma maison lors de mon décès ; les meubles meu-
blant la maison que j'habite avec mes trois enfants, Auguste,
Isidore et Eugénie leur sœur.

J'entends donc que mon fils aîné (Auguste) ait pour son
lot le vignoble et les terres attenantes, estimé vingt-deux
mille francs, qui, avec les neuf mille francs qu'il a reçus,.
font trente et un mille francs ;

Que mon fils cadet (Isidore) ait pour son lot mon domaine situé à.... estimé trente et un mille francs ;

Et que ma fille Eugénie ait les mille deux cent quarante
francs de rentes sur l'Etat.

Les titres de tous mes biens sont entre les mains de
M⁰ L...., notaire à....

Chacun de mes enfants , un an après mon décès, jouira
et deviendra propriétaire incommutable des lots que je leur
désigne ; ils seront pourtant garants l'un envers l'autre,
deux ans après ma mort, en cas de trouble ou d'éviction.

Ce partage est fait aussi équitablement qu'il m'est possible.

Tous les droits de mutation, les frais de mes funérailles
et les frais d'entretien de ma fille et de mon fils cadet, seront à la charge de mon fils aîné, ainsi que six cents francs
que je donne aux pauvres de la commune.

Et afin que mon fils aîné puisse être dédommagé des déboursés que tout ceci lui occasionnera , je lui donne , pen-

dant un an, le revenu de tout ce que je possède, plus la propriété du linge et de tous les meubles et provisions qui se trouveront dans la maison que j'habite.

Je leur recommande, à tous, union, concorde et assistance dans leur besoins mutuels.

Telles sont mes dernières volontés.

Fait à...   ce...   *Et signer.*

Formule de testament fidei-commis.

Moi, Amable Dampierre, propriétaire à...

Dans la prévision de ma mort, je dispose de mes biens ainsi qu'il suit :

Je donne et lègue à Joseph-Antoine Dampierre, mon frère, la totalité des biens meubles et immeubles qui m'appartiendront au jour de mon décès, à la charge par lui de les conserver et rendre à sa mort à ses enfants nés ou à naître du mariage entre lui et Henriette Baudoin sa femme actuelle.

Comme la présente donation n'est faite que pour assurer des aliments à mon frère, j'entends que les intérêts, arrérages, revenus et loyers des biens présentement légués soient incessibles et insaisissables. Il sera dressé un inventaire régulier desdits biens qui seront rendus en nature lors de leur restitution et dans l'état où ils se trouvent.

Je nomme pour tuteur aux enfants substitués, M. Arthur Charmon, mon ami, demeurant à..., et le prie d'accepter et de veiller à ce que l'on remplisse toutes les formalités prescrites par les lois pour assurer l'exécution des substitutions permises.

Dater et signer.

Nota. Un frère, un oncle et une tante peuvent seuls en

3

agir ainsi ; un père , une mère ne peuvent donner que la portion disponible.

Formule de testament mystique ou secret.

Je soussigné, Louis Cortembert, âgé de 70 ans, propriétaire, demeurant à Joigny, ai fait présentement mon testament mystique qui renferme mes dernières volontés, ainsi que je le déclarerai devant le notaire entre les mains duquel je veux le déposer, et les six témoins qui doivent faire foi de ce dépôt et veilleront à ce qu'il soit fidèlement exécuté après ma mort.

Je lègue à ma nièce Joséphine Marcel, ma maison de Beauvilliers et ses dépendances.

Je donne et lègue en toute propriété à ma filleule Aimée Rosembert, ma vigne de... et ma ferme de... en totalité.

Je donne et lègue à mon neveu Adolphe Beauséjour, ma maison de campagne de Beaulieu avec ses dépendances.

Je donne et lègue à mon neveu Amédée Thierry, ma ferme de Beauregard et tout le mobilier, bestiaux, ustensiles aratoires qu'elle contient.

Je donne et lègue à... *telles choses.*

Expliquer ainsi et détailler tous les legs.

J'institue pour mon légataire universel M. Amable Thorey qui, après avoir exécuté toutes les dispositions contenues au présent testament, aura pour sa part ma maison de ville et les meubles qu'elle renfermera à mon décès, car telle est ma volonté.

Fait, clos et scellé en ma demeure, *ou devant le notaire, à..., le...*   *Et signer.*

Le légataire a trois mois, après le décès, pour faire inventaire, et quarante jours en plus pour délibérer sur son acceptation ou sa renonciation, comme tout héritier.

La renonciation se fait au greffe du tribunal civil de l'arrondissement où sont situés les biens légués ou hérités. On peut la faire sans ministère d'avoué, car ce n'est qu'une simple déclaration dont le greffier dresse acte. Coût à Paris, 3 francs 35 c. — Cour impériale, 3 fr. 80 c. — Ailleurs, 2 fr. 50.

Un testament n'a besoin d'être enregistré que pour le mettre à exécution. — Prix fixe : 5 francs.

CHAPITRE IX.
De la Tutelle.

Les enfants restent sous l'autorité de leur père et mère ou tuteur jusqu'à leur majorité ou émancipation. S'ils ont des biens personnels, le père en a l'administration alors même qu'il n'en aurait pas la jouissance légale.

Quand l'un des époux vient à décéder, la tutelle des enfants mineurs appartient au survivant. Toutefois la loi a dû lui créer une surveillance qui remplaçât jusqu'à certain point celle du conjoint décédé. Ainsi le père avant de mourir peut adjoindre à sa femme un conseil par acte de dernière volonté, ou par déclaration devant le juge de paix assisté de son greffier, ou par acte devant notaire.

La mère n'est pas tenue d'accepter la tutelle de son enfant; en ce cas elle doit provoquer la nomination d'un conseil de famille, et en remplir provisoirement les devoirs. Si, ayant accepté, elle convole en secondes noces, elle perd la tutelle, à moins que le conseil de famille n'en décide autrement, et alors son second mari est co-tuteur, et solidairement responsable avec sa femme.

Le père survivant, ou la mère survivante, peuvent pour

l'époque qui suivra leur décès, nommer un tuteur à leurs enfants mineurs, dans la même forme que celle du conseil que le mari adjoint à la femme survivante.

Après le décès des père et mère, la tutelle appartient de plein droit à l'aïeul paternel des mineurs ; à défaut de celui-ci, à l'aïeul maternel, et ainsi en remontant de manière que l'ascendant paternel soit toujours préféré.

Enfin, à défaut d'ascendant, il est pourvu à la nomination d'un tuteur par un conseil de famille convoqué par le juge de paix, et composé de six parents ou alliés pris moitié du côté du père du mineur, moitié du côté de la mère. En cas d'insuffisance des parents ou alliés, on appelle des amis du père ou de la mère du mineur.

Le tuteur doit prendre soin du mineur, et le représenter dans tous les actes civils. Lors de l'entrée en exercice de la tutelle, le conseil de famille doit faire vendre aux enchères les biens meubles du mineur, ou en laisser l'usufruit légal au tuteur lorsqu'il les conserve en nature ; il doit aussi régler par aperçu, et selon l'importance des biens, la somme à laquelle pourra s'élever la dépense annuelle du mineur, pour nourriture, entretien, éducation, ainsi que celle d'administration de ses biens.

Un tuteur, même le père ou la mère, ne peut emprunter pour le mineur, ni aliéner, ni hypothèquer ses biens immeubles, sans y être autorisé par le conseil de famille, et encore il faut qu'il y ait nécessité absolue et avantage réel. Il ne peut acheter les biens du mineur, ni accepter la cession d'aucun droit ou créance contre son pupille.

Le tuteur a besoin de l'autorisation du conseil de famille : 1° pour introduire en justice une action relative aux droits du mineur, ou pour acquiescer à une demande relative aux mêmes droits ;—2° pour accepter une donation faite au mineur ; — 3° pour accepter ou répudier une succession échue au mineur, encore ne peut-il jamais accepter que sous bénéfice d'inventaire.

Mais outre l'autorisation du conseil de famille, le tuteur a encore besoin de l'homologation du tribunal civil pour emprunter, transiger au nom du mineur, en aliéner ou hypothéquer les biens immeubles.

Dans toute tutelle, il y a un subrogé tuteur pris dans la ligne opposée à celle du tuteur. Les fonctions du subrogé tuteur consistent à agir pour les intérêts du mineur, lorsqu'ils sont en opposition avec ceux du tuteur. Il peut se faire remettre, excepté dans la tutelle d'un père ou d'une mère, une fois par an, aux époques fixées par le conseil de familles, des états de situation de la gestion du tuteur sur papier ordinaire, sans frais de remise et sans aucune formalité de justice.

Quand la tutelle prend fin par la majorité ou le mariage du mineur, les comptes de tutelle ne sont rendus qu'au pupille seul ; quand c'est par émancipation, les comptes sont rendus au mineur assisté de son curateur. En cas de contestations, elles sont poursuivies et jugées comme les autres contestations en matière civile.

Toute action du mineur contre son tuteur, relativement aux frais de tutelle, se prescrit par dix ans à compter de la majorité.

CHAPITRE X.

Successions. — Partages.

Une succession est ouverte lorsque les biens qui la composent se trouvent sans maître par la mort naturelle ou civile de leur possesseur. Alors ces biens doivent passer aux héritiers désignés par la loi ; à leur défaut les biens passent à leurs enfants naturels, et s'il n'y en a pas, à l'État.

Les qualités requises pour succéder, consistent à n'être ni incapable ni indigne.

Sont incapables de succéder : de mort civilement, l'enfant qui n'est pas conçu à l'instant de l'ouverture de la succession, ou même celui qui étant conçu ne naît pas viable.

Sont indignes de succéder : 1° celui qui est condamné pour avoir donné ou tenté de donner la mort au défunt; 2° celui qui a porté contre le défunt une accusation capitale, jugée calomnieuse; — 3° l'héritier majeur qui, instruit du meurtre du défunt, ne l'a pas déféré à la justice ; mais le défaut de dénonciation ne peut être opposé à l'épouse ni aux proches parents du meurtrier, jusqu'au troisième degré inclusivement dans les deux lignes.

L'incapable ne recueille pas la succession ; l'indigne, au contraire, la recueille, mais elle lui est enlevée pour être transmise à ses enfants.

La loi ne considère ni la nature ni l'origine des biens. Toute succession échue à des ascendants ou à des collatéraux, se divise en deux parties égales, l'une pour les parents de la ligne paternelle, l'autre pour ceux de la ligne maternelle.

Si le père ou la mère d'une personne décédée sans enfants, existent encore, les frères et sœurs n'ont que la moitié de la succession ; si le père seul ou la mère seule survivait, les frères héritent des trois quarts; si le père et la mère sont morts, les frères et sœurs se partagent le tout.

Les frères germains héritent de parts égales dans les deux lignes; les frères consanguins et utérins dans leur ligne seulement. S'il n'y a de frères ou sœurs que d'un côté, ils succèdent à la totalité, à l'exception de tous les autres parents de l'autre ligne.

Les ascendants succèdent, à l'exclusion de tous autres, aux choses par eux données à leurs enfants ou descendants décédés sans postérité, lorsque les objets donnés se retrouvent en nature dans la succession. Ils succèdent aussi à l'action en reprise que pouvait avoir le donataire, si les objets ont été aliénés.

Un enfant naturel n'est pas héritier, il n'a que des droits quand il a été reconnu, mais ses droits ne s'étendent pas au-delà des biens de ses père et mère.

Si le père ou la mère d'un enfant naturel a laissé des enfants légitimes, le droit de l'enfant naturel n'est que d'un tiers de ce qu'il aurait été si on l'eût légitimé ; il est de moitié lorsque le père et la mère ne laissent ni ascendants ni descendants ; des trois quarts quand il n'y a ni ascendants ni descendants, ni frères, ni sœurs, ni descendants d'eux ; il prend la totalité lorsqu'il n'y a pas de parent au-dessus du douzième degré.

Des Partages.

D'après l'article 815 du code Napoléon, nul ne peut être contraint à rester dans l'indivision, et le partage peut être toujours provoqué ; les mineurs et les interdits doivent y être représentés par leurs tuteurs spécialement autorisés par le conseil de famille.

Si tous les héritiers sont présents et majeurs, le partage peut être fait d'un commun accord par tel acte que les parties jugeront convenable, et c'est bien plus économique ; mais s'il y a des absens ou des mineurs, les scellés doivent être apposés, dans le plus bref délai, à la diligence du procureur impérial ou d'office par le juge de paix du lieu.

Dans ce dernier cas, l'action en partage doit être soumise au tribunal, et le partage doit être fait d'après les règles prescrites par la loi.

Chacun des co-héritiers peut demander sa part en nature; mais quand la majorité des co-partageants juge la vente nécessaire pour l'acquit des dettes, lorsque des immeubles ne peuvent être partagés commodément, il peut être procédé à la licitation par devant notaire si les parties sont majeures; s'il y a des mineurs ou des absents, la vente par licitation sera faite par le tribunal.

Les lots doivent être faits par un des co-héritiers ou par un expert : dans la formation des lots, on doit éviter le morcellement des héritages ; l'inégalité des lots se compense en argent ou par une soulte ; ils sont ensuite tirés au sort après que chaque co-partageant a été admis à faire ses réclamations.

Les partages ainsi faits sont définitifs ; ils ne seraient que provisionnels si les règles ci dessus n'avaient été observées.

Lorsque toutes les parties sont majeures et que la succession ne comprend que des objets purement mobiliers et de petite importance, on peut en faire le partage par acte sous seing privé. Mais du moment où les objets à partager sont d'une valeur très considérable, et qu'il peut y avoir lieu à rapport de la part d'un ou de plusieurs des co-héritiers, ou que ceux-ci n'arrivent à la succession que dans des proportions inégales, il est raisonnable de recourir au ministère du notaire, qui, dans ce cas, ne remplit pas seulement l'office de sa charge, mais encore, et presque toujours, celui de guide, de conseil et de conciliateur à l'égard de toutes les parties.

D'après l'article 841, toute personne à laquelle un co-héritier aurait cédé ses droits, peut être écartée du partage en lui remboursant le prix de la cession.

Les héritiers présomptifs au jour de la disparition et des dernières nouvelles d'un absent, peuvent, après la déclaration d'absence, se faire envoyer immédiatement en possession provisoire de tous les biens qui appartenaient à l'absent à cette même époque; et tous ceux qui avaient des droits subordonnés au décès de l'absent peuvent les exercer provisoirement.

CHAPITRE XI.

De la Propriété.

La propriété est le droit de jouir et de disposer des choses de la manière la plus absolue, en se cofonrmant aux lois et règlements. Nul ne peut être contraint de céder sa propriété, *si ce n'est pour cause d'utilité publique, et après avoir reçu une indemnité débattue devant un tribunal arbitral.*

Le propriétaire peut faire dans son fonds, au-dessus toutes les plantations et constructions, et au-dessous toutes les fouilles qu'il jugera à son avantage, en se conformant aux lois.

Le propriétaire peut creuser un puits dans son héritage, en puiser l'eau qui lui est nécessaire, sans s'inquiéter s'il tarit le puits de son voisin.

Tout propriétaire peut obliger son voisin au bornage, et tout propriétaire peut clore sa propriété. Celui qui veut se clore perd son droit au parcours de vaine pâture.

Le propriétaire qui n'a aucune issue sur la voie publique, peut réclamer un passage sur le fonds de son voisin; du côté le plus court et le moins dommageable, pour arriver à la voie publique, moyennant indemnité.

Tous fossés entre deux héritages sont mitoyens, s'il n'y a titre ou marque du contraire. Il y a marque de non mitoyenneté quand le rejet des terres se trouve d'un seul côté.

Toute haie qui sépare deux héritages est présumée mitoyenne, à moins qu'il n'y ait qu'un seul des héritages en état de clôture.

Le mur qui sert à clore un héritage n'est pas mitoyen lorsqu'il présente un plan incliné d'un côté et droit de l'autre. Ce mur est censé appartenir à celui du côté duquel est l'égout.

Il n'est permis de planter des arbres de haute tige qu'à la distance de 19 décimètres de la ligne de séparation, et à Paris, 66 centimètres, et des haies vives ou des arbres à petite tige qu'à un demi-mètre de distance. Quand il y a des usages de localité différents et reconnus, on doit s'y conformer pour la distance à observer.

Le voisin peut exiger que les arbres et les haies plantés à une moindre distanée, soient arrachés. Celui sur la propriété duquel avancent les branches des arbres d'un voisin, peut le contraindre à couper ces branches.

Tout mur servant de séparation entre bâtiments est présumé mitoyen s'il n'y a titre contraire; les réparations et la reconstruction de ce mur sont à la charge de tous ceux qui y ont droit. Tout propriétaire joignant un mur a la faculté de le rendre mitoyen, en en remboursant la moitié de la valeur (1), et de faire boucher les ouvertures faites à ce mur, s'il en existe. Tout co-propriétaire peut faire exhausser le mur mitoyen à ses frais, et la partie exhaussée reste sa

(1) Mais, d'après Desgodets et Toullier, on ne peut pas forcer son voisin qui veut bâtir d'acquérir la mitoyenneté. Goupy et Pardessus pensent le contraire, et ils ont sans doute raison.

opriété; mais quand ce mur n'est pas en état de sup-
rter l'exhaussement, celui-ci est tenu de le faire réparer
en entier à ses frais, et l'autre propriétaire ne peut exiger
cune indemnité pour embarras ou gêne causés par les
travaux d'exhaussement.

L'un des voisins ne peut pratiquer dans le corps du mur
mitoyen aucun enfoncement ni y appuyer aucun ouvrage
sans le consentement de l'autre, ou sans avoir, à son refus,
fait régler par experts les moyens nécessaires pour que le
nouvel ouvrage ne soit pas nuisible au droit de l'autre.
*Dans ce cas, c'est aux maçons de refuser de rien percer
ou démolir avant d'avoir fait faire signification au
voisin qui a intérêt au mur, s'ils ne veulent s'exposer à
être compromis dans une action en dommages et intérêts
très compliquée.*

Dans les villes et faubourgs, chacun peut contraindre son
voisin à contribuer à la construction et réparation des murs
de leurs cours et jardins ; dans les campagnes, on n'a aucune
espèce d'action contre son voisin pour l'obliger à se clore.

Dans les villes, le gros mur d'une maison joignant une
cour ou un jardin, est présumé mitoyen jusqu'à la hauteur
d'un mur de clôture ; hors des villes, un tel mur est réputé
appartenir en entier à celui à qui appartient la maison ou
bâtiment. Dans les villes de 50 mille âmes, les murs de
clôture doivent avoir au moins trente-deux décimètres de
hauteur, et dans celles d'une population inférieure, vingt-
six décimètres.

On ne peut avoir ni fenêtres, ni vues droites, ni bal-
cons sur l'héritage clos, ou non clos, de son voisin, s'il n'y
a 19 décimètres de distance entre le mur où on les pratique et ledit héritage. Cette défense cesserait s'il existait un

chemin ou une ruelle moins large. On ne peut pas non plus avoir des vues par côté ou obliques sur l'héritage ou la propriété de son voisin, s'il n'y a six décimètres de distance. A moins qu'il y ait prescription contraire. (Cour de Cassation, 9 août 1813.)

Le propriétaire d'un mur joignant immédiatement l'héritage d'autrui, peut pratiquer des fenêtres dans ce mur pourvu qu'il les garnisse d'un treillage en fer à mailles d'un décimètre d'ouverture au plus, et d'un châssis à verre dormant ; mais ces fenêtres ne peuvent être pratiquées qu'à 26 décimètres du plancher du rez-de-chaussée et à 19 décimètres du plancher des autres étages. Ceci ne s'applique pas quand il y a prescription contraire.

Celui qui veut faire creuser un puits, une fosse d'aisance près d'un mur mitoyen ; qui veut y construire une cheminée, un four, une forge ; qui veut y adosser une écurie, un amas de matières corrosives, est obligé à laisser la distance ou à faire les ouvrages prescrits par le règlement pour ne pas nuire au voisin.

Cours d'eau, écoulement des eaux. — Alluvion.

Les eaux sont tantôt utiles, et tantôt nuisibles. C'est pourquoi la loi devait régler le mode de leur écoulement, et la manière d'en user.

Les lieux inférieurs sont assujétis à recevoir les eaux qui découlent naturellement des lieux plus élevés, et même les éboulements, pourvu que la main de l'homme n'y soit pour rien. Le propriétaire inférieur ne peut dès lors élever aucune digue qui empêche cet écoulement, et le propriétaire supérieur ne peut faire aucun ouvrage qui aggrave la servitude du fonds inférieur, si ce n'est toutefois les sillons, fossés ou tranchées indispensables pour le mode de culture qu'il a adopté.

Tout propriétaire de bâtiments doit établir des toits de manière que les eaux pluviales s'écoulent sur son territoire où sur la voie publique; dans aucun cas, il ne peut les faire verser sur le fonds de son voisin, à moins qu'il n'ait acquis par titre ou par prescription, ce droit qu'on appelle servitude de *stillicide*.

Le propriétaire d'une source qui fournit l'eau nécessaire aux habitants d'une localité ne peut en détourner le cours.

Celui qui a une source dans son fonds, peut en disposer à sa volonté, sauf le droit que le propriétaire du fonds inférieur peut avoir acquis par titre ou par prescription.

Celui dont l'eau courante traverse l'héritage, peut seulement en *user* à la charge de la rendre à son cours ordinaire, quand elle a traversé sa propriété.

Enfin celui dont l'eau courante borde seulement l'héritage, ne peut s'en servir à son passage, que pour l'irrigation de ses propriétés.

Dans tous les cas, on doit observer les règlements particuliers et locaux, sur le cours et l'usage des eaux; à défaut de règlement, c'est aux tribunaux à concilier les intérêts de l'agriculture avec les droits de la propriété.

Quant aux rivières non navigables ni flottables, et aux ruisseaux, il suffit de rappeler : — 1° que les préfets peuvent ordonner aux frais des riverains, le curage des cours d'eau et l'établissement ou l'entretien de digues ou autres ouvrages d'art, reconnus nécessaires ; — 2° qu'aux termes de l'article 453 du code Napoléon, ils peuvent établir des règlements sur le cours et l'usage des eaux, qui servent à l'irrigation des propriétés qu'elles bordent ou traversent; — 3° qu'aucuns moulins ou usines, ne peuvent être établis sur les cours d'eau, sans une autorisation du chef de l'Etat, accordée sur l'avis du préfet et le rapport du ministre de l'intérieur.

La loi désigne, sous le nom d'*Alluvion*, les attérissements et accroissements qui se forment ordinairement par la vase ou le sable que la mer et les rivières apportent successivement et imperceptiblement aux fonds riverains qui les bordent, et les relais que forme l'eau courante qui se retire insensiblement de l'une de ses rives en se portant vers l'autre.

Le riverain du côté opposé ne peut venir réclamer le terrain qu'il a perdu, à moins que la rivière ne sépare ou transporte une partie de terrain considérable et reconnaissable. Dans ce cas, celui qui a souffert le dommage est tenu de faire sa demande dans l'année.

L'alluvion profite au propriétaire du terrain riverain, à l'usufruitier ainsi qu'au fermier, soit qu'il s'agisse d'un fleuve ou d'une rivière navigable, flottable ou non, à la charge seulement de laisser le chemin de halage quand le cours d'eau est navigable.

L'alluvion n'a pas lieu à l'égard des lacs et étangs dont le propriétaire conserve toujours le terrain que l'eau couvre, quand elle est à la hauteur de la décharge de l'étang ou lac, encore que le volume de l'eau vienne à diminuer. Réciproquement, le propriétaire de l'étang n'acquiert aucun droit sur les terres riveraines que l'eau couvre dans les crues extraordinaires.

Les rivières navigables et flottables étant comprises dans

le domaine public, les *îles* qui se forment dans leur lit, appartiennent à l'Etat, s'il n'y a titre ou prescription contraire.

Les *îles* qui se forment dans les rivières qui ne sont ni navigables ni flottables, appartiennent légalement aux propriétaires de la rive la plus rapprochée ; ou, si l'île dépasse le milieu de la rivière, elle appartient aux riverains des deux côtés à partir de la ligne qu'on tracerait, et que l'on suppose tracée au milieu de cette rivière.

Si une rivière ou un fleuve se forme un nouveau lit, c'est au propriétaire dont l'héritage fournit le nouveau lit, que la loi attribue l'ancien. Mais il faut que l'abandon de l'ancien lit se fasse d'une manière sensible et prompte, car s'il était lent et successif on pourrait le regarder comme une alluvion.

Les poissons qui passeraient d'un cours d'eau, ou d'un étang dans un autre, appartiennent au propriétaire de l'eau où ils sont passés, pourvu qu'ils n'y aient point été attirés par fraude ou par artifice.

Alignement.

L'alignement a pour objet de maintenir ou établir la largeur et la régularité des rues et chemins publics.

Tout particulier qui veut construire sur le bord d'une grande route, soit dans l'intérieur des villes, bourgs ou villages, soit même en pleine campagne, doit avoir obtenu un plan d'alignement qui lui est donné conformément au plan général, à peine de démolition des ouvrages faits, de confiscation des matériaux et de 300 francs d'amende ; et, pour assurer l'exécution de cette obligation, l'arrêt du Conseil, du 27 février 1768, étend la condamnation de l'amende aux maçons, charpentiers et autres ouvriers employés à la construction.

L'alignement doit être demandé aux préfets pour les constructions à faire sur les routes et sur les rues qui en sont la continuation ; et pour les autres rues et places des villes, bourgs ou villages, on demande l'alignement aux maires, qui doivent se conformer ponctuellement au plan adopté à l'avance s'il en existe un. La loi défend aux propriétaires dont les maisons sont en dehors de l'alignement et sujettes au reculement, d'opérer aucune réparation dans la façade, sans l'autorisation du préfet pour les constructions bordant les grandes routes. Mais ils peuvent construire ou réparer, dans l'intérieur, des portions qui n'ont pas pour objet de consolider les murs de façade, ou qui ne toucheraient pas à la voie publique. (Arrêt de la Cour de cassation du 25 juillet 1829, et décision du conseil d'Etat du 1er septembre 1832.)

CHAPITRE XII.

Des priviléges.

Le privilége est un droit qui, d'après la qualité de la créance, fait qu'on est préféré aux autres créanciers, même hypothécaires.

Les priviléges peuvent être sur les meubles et sur les immeubles.

Les créances privilégiées sur les meubles s'exercent dans l'ordre suivant :

1° Les frais de justice ;

2° Les frais de la dernière maladie et les frais funéraires ;

3° Les salaires des domestiques, de l'année échue et de l'année courante ;

4° Les fournitures faites par les boulangers, bouchers et autres qui ont vendu des denrées pour la subsistance du débiteur depuis six mois ;

5° Les marchands en gros peuvent réclamer leurs fournitures faites depuis un an.

Les sommes dues pour fournitures d'ustensiles de métiers, sont payées au fournisseur lors de leur vente, de préférence au propriétaire pour loyers.

6° Le propriétaire a privilége sur les meubles des locataires garnissant sa maison ; mais le prix des effets mobiliers non payés donnent privilége au vendeur, s'il est prouvé que le propriétaire avait connaissance que les meubles n'étaient pas payés ;

7° Les sommes dues pour prix de semences, pour frais de récolte, pour fournitures d'ustensiles de labour, sont payées de préférence aux sommes dues pour fermage.

Le propriétaire a privilége sur la récolte de l'année, sur les meubles, et sur tout ce qui sert à l'exploitation de la ferme.

Le vendeur d'effets mobiliers peut les revendiquer dans la huitaine, tant qu'ils sont en la possession de l'acheteur, s'il a eu soin de prévenir le propriétaire du crédit qu'il a fait au locataire.

C'est une grande erreur que de penser qu'on peut s'approprier, au bout d'un an et un jour, l'objet qui nous reste en gage pour une somme qui nous est due.

Les ouvriers qui ont réparé un objet mobilier qui est resté entre leurs mains, ont sûrement privilége sur ledit objet pour le paiement de ce qui leur est dû ; mais l'ouvrier ne peut en disposer qu'après s'être fait ordonner en justice que cet objet lui demeurera en paiement jusqu'à concurrence de ce qui lui est dû.

CHAPITRE XIII.

Des priviléges sur les immeubles.

Ils s'exercent dans l'ordre suivant : 1° par le vendeur sur l'immeuble vendu pour le paiement du prix. S'il y a plusieurs ventes successives dont le prix soit dû en tout ou en partie, le premier vendeur est préféré au second, ainsi de suite ; 2° pour ceux qui ont fourni les deniers pour l'acquisition d'un immeuble, pourvu qu'il soit authentiquement prouvé, par l'acte d'emprunt, que la somme était destinée à cet emploi, et par la quittance du vendeur, que le paiement a été fait avec les deniers empruntés ; 3° les architectes et entrepreneurs, ainsi que les ouvriers employés à édifier, construire ou réparer, etc., ont privilége sur les autres hypothèques ; mais les entrepreneurs, avant de commencer leurs travaux, devraient toujours s'assurer si le terrain sur lequel ils bâtissent est purgé de toutes hypothèques ; 4° par ceux qui ont prêté les deniers pour payer les entrepreneurs, pourvu que l'emploi soit authentiquement prouvé par acte d'emprunt et par quittance.

A l'égard des immeubles, les créanciers privilégiés ne conservent leurs avantages que par l'inscription sur le registre du conservateur des hypothèques. Le vendeur, dans tous les cas, conserve l'action résolutive.

Mais il faut observer que les priviléges pour créances sur biens fonds, n'ont d'effet qu'autant qu'ils ont été rendus publics par l'inscription au bureau des hypothèques de l'arrondissement où les biens sont situés. Ainsi, le vendeur a privilége sur l'immeuble qu'il vend ; mais il doit prendre inscription immédiatement, si l'acquéreur ne paie pas comptant.

De même, le co-partageant a privilége pour soultes ou retour, mais seulement quand il a pris incription dans les soixante jours après le partage.

De même, l'entrepreneur a privilége sur le bâtiment qu'il a édifié, mais seulement aussi quand il a eu le soin de faire dresser procès-verbal de l'état des lieux avant de commencer ses travaux et après la réception de ces travaux, et quand il a fait transcrire ces deux procès-verbaux au bureau des hypothèques. Sans ces précautions, la plupart des priviléges désignés par la loi pourraient devenir illusoires.

CHAPITRE XIV.

Des hypothèques.

L'hypothèque est un droit réel sur les immeubles affectés à l'acquittement de l'obligation. L'hypothèque suit les immeubles dans quelque main qu'ils passent.

Les hypothèques sont légales, judiciaires, ou conventionnelles. L'hypothèque légale est celle qui résulte de la loi, comme les droits des femmes mariées sur les biens de leurs maris, comme les droits des mineurs sur les biens de leurs tuteurs, comme les droits de l'Etat sur les biens du receveur ou de l'administrateur.

L'hypothèque judiciaire est celle qui résulte des jugements ou des actes judiciaires. Elle est très avantageuse, puisqu'elle peut s'exercer sur les immeubles actuels du débiteur, et sur ceux qui pourront lui échoir ou qu'il pourra acquérir.

L'hypothèque conventionnelle est celle qui dépend des

conventions et de la forme extérieure des actes et contrats. Il n'y a d'hypothèque conventionnelle valable que celle qui, dans le titre constitutif de la créance, déclare spécialement la nature et la situation de chacun des immeubles actuellement appartenant au débiteur, et sur lesquels il consent hypothèque de la créance.

Les biens à venir ne peuvent être hypothéqués; néanmoins, si les biens présents du débiteur sont insuffisants pour la sûreté de la créance, il peut, en l'exprimant dans l'acte, consentir que chacun des biens qu'il acquerra par la suite, y demeure affecté à mesure des acquisitions.

Entre les créanciers, l'hypothèque n'a rang que du jour de l'inscription prise par le créancier sur les registres du conservateur, dans la forme et de la manière prescrite par la loi, sauf les exceptions des mineurs, des interdits sur les biens des tuteurs, et des femmes sur les biens de leur mari.

Les inscriptions sont rayées du consentement des parties intéressées, ou en vertu d'un jugement en dernier ressort, ou passé en forme de chose jugée.

L'hypothèque judiciaire et conventionnelle périme au bout de dix ans. On doit alors la faire renouveler, si l'on veut conserver ses droits.

CHAPITRE XV.

De la vente.

Tout ce qui est dans le commerce peut être vendu, pourvu que des lois particulières n'en aient pas prohibé l'aliénation. La vente de la chose d'autrui est nulle; elle peut donner lieu à des dommages et intérêts contre

le vendeur. On ne peut vendre la succession d'une personne vivante, même de son consentement.

Les frais d'actes, et autres frais accessoires à la vente,
sont à la charge de l'acheteur.

Le vendeur est tenu d'expliquer clairement ce à quoi
il s'oblige : tout pacte obscur s'interprète contre le vendeur. L'obligation du vendeur est de délivrer et garantir
la chose qu'il vend. Il est tenu à la garantie de fait, qui
est celle qui s'étend sur les défectuosités qui peuvent se
trouver dans les objets vendus, et ignorés de l'acheteur,
et qui rendent cet objet impropre à sa destination. La
garantie de droit est celle par laquelle le vendeur est
responsable de l'éviction, des troubles ou des charges
non déclarés lors de la vente. De son côté, l'acquéreur
contracte l'obligation rigoureuse de payer le prix convenu ainsi que les accessoires, s'il ne veut encourir l'effet d'une action en revendication.

L'acquéreur prudent doit garder devers lui le prix de
tout immeuble qu'il achète, au moins quinze jours après
la transcription, et notifier aux créanciers inscrits l'extrait
de son acte d'achat, et celui de la transcription avec un
tableau en trois colonnes, présentant : 1° la date des inscriptions; 2° le nom des créanciers; 3° le montant des
créances inscrites; notifier dans le même acte, qu'il est
prêt à acquitter les dettes et charges hypothécaires,
jusqu'à concurrence du prix de la vente. Sans ces précautions, l'acquéreur serait en danger de payer successivement toutes les hypothèques qui se présenteraient,
à moins qu'il ne se démît de son acquisition.

Le vendeur et l'acheteur peuvent demander la rescision

de la vente pour cause de lésion, toutes les fois qu'ils pourront établir, par trois experts, que le montant de l'achat ou que la valeur de la chose vendue dépasse de sept douzièmes la valeur convenue (ce qui arrive souvent dans les ventes à pacte de rachat). La demande en rescision n'est plus recevable après l'expiration de deux années. Ce délai court même contre les mineurs.

Les actes de ventes d'immeubles devraient tous être rédigés par devant notaire, à moins qu'on ait l'habitude des précautions à prendre dans ces sortes d'opérations.

Certes, les immeubles peuvent être aussi vendus par acte sous seing privé, et dans les deux cas la vente est valable : nous voulons seulement faire entendre que le notaire est plus à même d'établir régulièrement l'orgine de la propriété et les libérations antérieures ; et puis, dans tous les temps, on peut recourir au notaire pour avoir expédition de l'acte de vente lorsque la première est perdue ou égarée, ce qui ne peut avoir lieu quand la vente est sous seing privé. Nous ferons aussi observer que certains prêteurs n'accepteraient pas facilement une hypothèque sur des biens acquis par acte sous seing privé.

Quel que soit d'ailleurs le mode de vente adopté, l'acquéreur ne doit payer, s'il s'agit d'un immeuble de peu de valeur, qu'après la transcription de son contrat au bureau des hypothèques, et, s'il s'agit d'un prix important, qu'après la purge des hypothèques légales qui doit être faite à ses frais : ce sont là des mesures de précautions dont il n'est pas permis de s'écarter.

Les arrhes données après la conclusion d'un marché, sont une preuve de la convention. Si elles sont données en argent, elles doivent être regardées comme un à-compte sur le prix dû par l'acheteur. Dans ce cas, il n'est plus permis aux parties de rompre le contrat ; mais si les arrhes ont été données avant que la convention proposée soit bien arrêtée et acceptée par les parties, chacun des contractants est libre de se départir : celui qui a donné les arrhes en les perdant, et celui qui les a reçues en restituant le double , si le dédit vient de lui.

Vente d'un Fonds de Commerce.

La vente d'un fonds de commerce est dans tous les cas une opération importante ; souvent la valeur de ce fonds constitue tout l'avoir du vendeur qui, par cela même, se trouve à la merci de celui à qui il le vend. Ce qui importe le plus au vendeur, ce n'est pas de trouver de son fonds un prix élevé, mais un prix dont le paiement soit assuré. Si donc votre fonds est d'une valeur de 10,000 francs, défiez-vous de celui qui vous en offre 12,000 appuyés sur un léger à-compte ; celui-là est un homme hardi, aventureux, qui joue presque les chances de la faillite avant l'époque du second paiement. Alors, et par contre-coup, vous serez ruiné vous-même; car la loi, ou plutôt la jurisprudence, ne vous accorde qu'un privilége dérisoire. On a beau mettre dans l'acte de vente qu'à défaut d'un ou plusieurs paiements, le vendeur pourra rentrer dans la propriété du fonds vendu, cette clause est, par le fait, sans valeur : les autres créanciers vous contesteront ce privilége, et ils réussiront toujours.

Cherchez donc, pour vendre, un fils de famille, un jeune homme qu'établissent ses parents, et surtout prenez ceux-ci pour caution, dussiez-vous vendre à un prix inférieur. Ne courez pas les risques de perdre, c'est à ceci que vous devez surtout vous attacher.

Lorsqu'on vend un fonds de commerce, si l'acquéreur n'offre point une caution honnête et solvable, il faut exiger les deux tiers comptant du prix de la vente ; hors de là il y a beaucoup à craindre.

On voit pourtant certains industriels céder leur fonds de commerce à des jeunes gens peu riches ; mais ils leur font toujours faire un bon mariage avant de se dessaisir entièrement. On voit aussi les porteurs d'eau vendre très cher leur clientèle à des hommes qui n'ont pas le premier sou pour compter ; mais ce sont là des hommes forts, économes, laborieux, ne chômant aucun jour de l'année, et des hommes aux vertus si austères doivent toujours inspirer une certaine confiance.

Si un homme achète votre fonds, et le revend sans vous payer ce qu'il vous doit, faites-le mettre en faillite, et faites remonter cette faillite jusqu'à l'époque où il a vendu le fonds qui provenait de vous. Il suffit d'un protêt qui remonte à la date de son acte. De cette manière vous annulerez sa vente, vous ne perdrez pas tout, et vous pourrez peut être rentrer dans votre fonds.

**Modèle de Vente d'un Fonds de Commerce
par acte sous seing-privé.**

Entre les soussignés,

Jean François Joliot, marchand épicier, demeurant à Saint-Denis, grande rue, n. 25, d'une part,

Et Philippe-Joseph Boisselot, commis épicier, demeurant à Paris, rue Saint-Martin, n. 118, d'autre part,

A été dit et convenu ce qui suit, savoir :

M. Joliot vend et cède, par ces présentes, à M. Boisselot, qui accepte, le fonds de commerce d'épicerie qu'il exploite à Saint-Denis, grande rue, n. 25, ensemble l'achalandage, le droit au bail verbal des lieux et les ustensiles servant à son exploitation, desquels un état descriptif a été dressé sur timbre, signé par les parties, enregistré et annexé aux présentes, et tel au surplus que lesdits objets, fonds et ustensiles se poursuivent et comportent, le vendeur entendant n'en rien excepter ni réserver, et l'acquéreur déclarant les bien connaître pour les avoir vus, visités et reconnus dès avant ce jour.

Pour, par M. Boisselot, prendre possession dudit fonds, à partir du premier juillet prochain, et en jouir dès lors, faire et disposer comme de chose à lui appartenant.

La présente vente est faite moyennant la somme de 10,000 fr., qui sera payable, savoir : 6,000 fr. sans intérêt, dans la quinzaine qui suivra l'insertion d'un extrait des présentes dans l'une des feuilles d'annonces parisiennes, laquelle insertion devra être faite, au plus tard, le jour de l'entrée en jouissance effective, et les 4,000 fr. restant en deux paiements égaux de 2,000 fr. chacun, dont l'un devra être fait dans un an, à partir de ce jour, c'est-à-dire le 1er juillet 1856, et l'autre à pareille époque de l'année suivante; le tout avec intérêt à raison de cinq pour cent par an, payable de trois mois en trois mois, à partir du 1er juillet prochain.

Dans la présente vente ne sont pas comprises les marchandises garnissant ledit fonds, lesquelles seront payées en dehors du prix ci-dessus fixé, d'après factures fournies ou sur une estimation qui en sera faite par un expert amiablement choisi par les parties.

Lors de l'entrée en jouissance, M. Joliot devra justifier, soit par quittance, soit de toute autre manière, du paiement des loyers et contributions échus ; et, à partir dudit jour, M. Boisselot devra supporter et acquitter lesdits loyers, contributions et autres charges de quelque nature qu'elles soient, dont ledit fonds est ou pourra être grevé par la suite ; comme aussi il devra rembourser le même jour au vendeur, et sur la simple quittance de celui-ci, la somme de 600 fr. par lui payée d'avance sur le loyer des lieux où s'exploite le fonds présentement vendu.

De son côté, M. Joliot s'interdit formellement, et à peine de tous dommages et intérêts, la faculté d'exercer directement ou indirectement le commerce d'épicerie dans un rayon de quatre kilomètres autour du fonds dont s'agit.

L'enregistrement du présent sera à la charge de celle des parties qui l'aura rendu nécessaire.

Fait et signé double à Saint-Denis, le 25 juin 1854. (1)

Du Transport.

Le transport est un acte par lequel un créancier cède à une autre personne une somme quelconque à lui due par un tiers, soit afin de se libérer de ce qu'il peut devoir au cessionnaire, soit pour se procurer de l'argent alors que la

______

(1) Voir, pour vente d'immeubles, les diverses formules à la fin de ce livre).

créance transportée n'est pas encore exigible. Le transport n'est parfait que par la signification qui en est faite au débiteur, à moins que celui-ci ne soit intervenu dans l'acte pour l'accepter. Lorsque la somme transportée est importante, qu'elle résulte d'un titre notarié entraînant hypothèque, et que le débiteur paraît être un homme processif, il est prudent de recourir an notaire pour la confection du transport. Si, au contraire, il s'agit d'une somme ordinaire, et que le débiteur soit connu pour un homme honnête, facile, solvable et coulant en affaires, il suffit d'un acte sous seing privé; c'est d'ailleurs ainsi que se font la plupart des transports, et il en est peu qui donnent matière à des difficultés.

Modèle de Transport par acte sous seing privé.

Entre les soussignés,

E. Jasmin, officier retraité, demeurant à Paris, rue n.   , d'une part;

Et J. Lerebours, propriétaire, demeurant à Paris, rue n.   , d'autre part,

A été arrêté et convenu ce qui suit :

M. Jasmin vend, cède et transporte, avec toutes garanties de droit, à M. Lerebours, qui accepte, une somme de 400 francs à lui due par J. Testard, jardinier, demeurant à Paris, rue Fontaine-Saint-Georges, 5, ainsi que celui-ci l'a verbalement reconnu le 1er avril dernier, et qu'il s'est engagé à payer sans intérêts, le 1er janvier 1856, pour, par M. Lerebours, toucher ladite somme à son échéance, comme et ainsi qu'il l'avisera ; à l'effet de quoi, tous pouvoirs lui sont en tant que de besoin donnés par ces présentes.

Ce transport est fait moyennant pareille somme de 400 francs que M. Lerebours a à l'instant payée à M. Jasmin, savoir : 300 francs par compensation de pareille somme due par ce dernier à M. Jasmin, en vertu d'un billet échu le 1er de ce mois et non payé, et 100 fr. en espèces, ainsi que M. Jasmin le reconnaît; et de tout quoi il donne, par ces présentes, quittance entière et définitive à M. Lerebours, qui, de son côté, lui a remis l'original du billet dont vient d'être parlé.

A ces présentes est intervenu le sieur J. Testard, susnommé, qualifié et domicilié, lequel, après avoir pris connaissance du transport qui précède, a déclaré l'accepter purement et simplement, et dispenser les parties de le lui faire connaître par voie de signification, voulant qu'il ait à son égard toute la force que lesdites parties ont entendu lui donner, et ajoutant qu'il n'existait entre ses mains aucun empêchement qu'il ait son effet.

Fait triple à Paris, le 25 juin 1854.

Lorsque le débiteur n'intervient pas, l'acte est clos avant *l'intervention*, par ces mots : *Fait double à Paris, ce...*, etc. ; et lorsqu'il est enregistré, on le fait signifier par acte d'huissier au débiteur, à qui bien souvent on fait par le même acte sommation de déclarer s'il existe en ses mains des empêchements à payer la somme transportée.

CHAPITRE XVI.

Du bail à ferme.

Il est indispensable que chacun sache que, pour les baux de terre faits sans écrit , et qui n'ont reçu aucune exécution, quelque modique qu'en soit le prix de location et quoiqu'on allègue qu'il y ait des arrhes données, le juge peut seulement déférer le serment à la partie qui nie. Il est donc très utile que ces baux soient constatés par écrit et en double.

Une fois la terre louée, le bailleur ne peut plus en changer la forme, et le preneur est tenu d'en user en bon père de famille, d'en payer le prix de location en temps convenu, et de n'employer la chose louée à autre usage qu'à celui auquel elle a été destinée, sous peine de résiliation.

Un bail authentique ne se trouve pas résilié par la mort du preneur ou du bailleur, pas même quand le bailleur vend la chose louée, à moins que ces cas n'aient été réservés.

Celui qui loue des terres à moitié-fruits ne peut céder son bail, si cette faculté ne lui a pas été expressément accordée.

Si le preneur d'un bien rural ne le garnit pas de bestiaux et des ustensiles nécessaires à son exploitation, s'il en néglige ou en abandonne la culture, s'il n'exécute pas les clauses du bail, s'il emploie la chose louée à un autre usage, s'il vend la paille ou les fumiers (à moins qu'il ne remplace ces pailles par des engrais de meilleure ou d'aussi bonne qualité), s'il n'engrange pas dans les lieux à ce destinés, enfin s'il ne cultive pas en bon père de famille, le propriétaire ou bailleur pourra faire résilier le bail et exiger même des dommages et intérêts.

La résolution d'un bail à ferme ne s'opère pas de plein droit ; elle doit être demandée en justice, et le juge peut accorder un délai.

Le preneur est tenu d'avertir le propriétaire de tous troubles et usurpations, sous peine de toute responsabilité. Qu'il n'oublie donc pas que le délai d'un an pour intenter l'action possessoire court du jour du trouble et non du jour où le trouble a été connu ou dénoncé.

Quand le bail n'est fait que pour un an et que des cas fortuits (on entend par cas fortuits : la grêle, la gêlée, la coulure, les inondations, les ravages de la guerre), causent la perte de la récolte, le preneur sera indemnisé de la moitié de son travail ou d'une partie proportionnelle du prix de location.

Quand le bail sera fait pour plusieurs années, le fermier pourra aussi demander, pour les cas fortuits, une remise du prix de location, à moins qu'il ne se trouve indemnisé par les récoltes précédentes. L'estimation de la remise n'a lieu qu'à la fin du bail, auquel temps il peut être fait une compensation raisonnable entre toutes les années de jouissance.

Le bail, sans écrit, d'un pré, d'une vigne et de tout autre fonds dont les fruits se récoltent dans le cours d'une année, est censé fait pour un an. Ce qui signifie clairement qu'il n'est pas nécessaire de donner congé pour faire cesser la location. C'est le contraire pour les baux d'habitation.

Le preneur qui aurait fait des constructions ou des plantations qui ne seraient pas au gré du propriétaire, peut être contraint à les supprimer, même avec dommages et intérêts. Mais si ces constructions ou plantations sont à la convenance du propriétaire, celui-ci doit rembourser le prix des matériaux et de la main-d'œuvre, mais sans avoir égard à la plus-value que le fonds a pu en recevoir.

Si, à l'expiration du bail, le preneur est laissé en possession, il opère un nouveau bail qui est censé fait pour le temps nécessaire au preneur pour qu'il recueille tous les fruits de la terre ; et quand les terres qui composent le fonds se divisent par soles, le bail est censé fait pour autant d'années qu'il y a de soles.

Le fermier sortant doit laisser à celui qui lui succède les logements et les facilités convenables ; et, réciproquement, le fermier entrant doit procurer à celui qui sort logements et facilités pour la consommation des fourrages et pour les récoltes qui restent à faire. Dans ce cas, ils se conformeront l'un et l'autre aux usages du pays.

Le fermier sortant doit laisser toutes les pailles et engrais, s'il les a reçus lors de son entrée ; et quand même il ne les aurait pas reçus, le propriétaire pourra toujours les retenir suivant estimation.

Si le bailleur prévoit des difficultés pour faire exécuter les clauses de son bail, il sera toujours de son intérêt d'exiger un bail notarié. Qu'il sache qu'avec un

bail sous seing privé la saisie-brandon lui deviendrait presque impossible.

Modèle de bail à ferme par acte sous seing privé.

Entre les soussignés (*nom, prénoms, demeure et profession du bailleur*), d'une part ;

Et le sieur (*nom, prénoms, profession et domicile du
preneur*), d'autre part :

Ont été arrêtées les conventions suivantes, savoir :

Le sieur B..., propriétaire (*ou son fondé de pouvoir*),
éclare, par ces présentes, donner à titre de bail à ferme
pour *neuf, douze ou quinze* années, et *neuf, douze ou
quinze* récoltes consécutives, qui commenceront par les
guérets de l'an... (ou par la récolte de l'an....), et finiront
par celle de l'an......, pendant lequel temps il promet de
faire jouir paisiblement, au sieur N....., preneur et accep-
tant à ce titre pour lui, ses héritiers ou ayant-droits, pendant le temps sus-énoncé.

(*Désignation des biens affermés*).

Une ferme située sur le territoire de la commune de....,
canton de...., arrondissement de....., etc, laquelle consiste :

1° En un grand corps de ferme, clos de murs en pierres
(*ou en briques*), édifié de bâtiments qui se composent
d'une maison d'habitation (*désigner tout autre corps de
bâtiments*) cour, jardin, verger, de la contenance de... etc.;

2° *Fixer la quantité de pièces de terres labourables,*
contenant ensemble.... hectares.... centiares ;

(On peut, pour plus de régularité, en donner le détail pièce par pièce, avec la contenance, les tenants, aboutissants et les contrées).

3° *(Fixer aussi la quantité et la qualité des pièces de prés, bois, vignobles, les désigner même ;*

4° *(Ainsi que les pièces en friche et les pâturages).*

Tous lesdits biens ainsi qu'ils s'étendent et se composent, seront mis à la disposition du preneur à dater de....., mais sans aucune garantie de mesure, ledit sieur N..., preneur, déclarant les parfaitement connaître pour les avoir vus, parcourus et examinés ; pour, par lui, jouir de ladite ferme et dépendances, pendant les... années sus énoncées, en bon père de famille, et veiller à la conservation de tout ce dont elle se compose.

Ce bail est fait aux charges, clauses et conditions suivantes, que ledit sieur N... s'oblige d'exécuter ponctuellement :

1° D'habiter la ferme en personne avec sa famille ;

2° De la garnir de meubles et d'effets, de chevaux, bœufs, voitures, harnais, troupeaux, bestiaux, ustensiles aratoires et autres objets nécessaires à son exploitation, en quantité suffisante pour répondre des fermages ;

3° D'entretenir les bâtiments de toutes réparations locatives, et de les rendre, à l'expiration du bail, avec toutes ces réparations bien faites, conformément à l'état des lieux dressé avant l'entrée en jouissance, et de souffrir les grosses réparations qu'il pourra être convenable de faire. *(On explique ici si le fermier devra fournir les voitures et les charrois des matériaux nécessaires pour les grosses réparations) ;*

4° De labourer, fumer et ensemencer les terres par soles et saisons convenables, sans pouvoir les dessoler ni désaisonner (*à moins de conventions contraires mais expresses*) ;

5° De convertir toutes les pailles (*ou telle quantité*) en fumier pour l'engrais desdites terres, et de laisser, à la fin de son bail, toutes celles qui se trouveront sur les lieux, avec les fumiers et engrais existants ;

6° D'entretenir les clôtures de ladite ferme, de replanter de nouvelles haies partout où il en pourrait manquer, et de faire vider et curer les fossés quand il en sera besoin. (*L'on détaille clairement toutes autres conventions de ce genre*) ;

7° De bien façonner et cultiver les vignes, suivant les usages des lieux, les provigner et en replanter d'autres pour remplacer celles qui périraient ou qu'il faudrait arracher, et les entretenir d'échalas ;

8° D'avertir le bailleur des usurpations qui pourraient être tentées sur les biens présentement loués ;

9° De payer, sans aucune imputation sur les prix des fermages, l'impôt foncier desdits biens pendant la durée du présent bail ;

10° De rendre, à l'expiration du bail, les ustensiles de culture et labourage qui y sont compris, et ce, en bon état et tels qu'ils les aura reçus, et tous lesdits biens en bon état de culture, d'ensemencement et de labourage.

11° Ce bail est fait, en outre, moyennant le prix et la somme de... francs de fermages, que le preneur s'oblige de payer par chaque année de location, au bailleur (*ou à son fondé de pouvoir*) en sa demeure, en un (*ou en deux*, *trois ou quatre paiements égaux. Fixer ici les époques de paiements*); le premier desquels écherra et sera effectué le... ; le second le...; et ainsi à continuer de terme **en** terme jusqu'à la fin du bail ;

(*Si le paiement doit être fait en grains ou denrées, ou moitié argent et moitié grains, il faut en écrire la convention*).

12° Faute de paiement dudit prix, trois *ou six* mois après le terme échu, le présent bail demeurera nul et résolu, si bon semble au bailleur, lequel alors pourra disposer de la jouissance des biens ci-dessus affermés ;

13° Le preneur ne pourra prétendre à aucune diminution sur le prix du bail, sous prétexte de stérilité, pluies, débordement d'eau, gelée, grêle, sécheresse et autres **cas** prévus ou non prévus ; *ou bien* : le preneur ne pourra demander et obtenir de diminution, que dans le **cas** où **une** expertise aurait démontré qu'il n'a eu, par suite d'événements fâcheux et par l'intempérie des saisons, pendant une ou deux années, que la moitié ou le quart des récoltes ordinaires ;

14° Comme aussi le preneur ne pourra céder ni transporter à d'autres ses droits au présent bail, soit pour le tout, soit pour une partie, sans le consentement exprès et par écrit dudit bailleur ;

15° De son côté, le bailleur s'oblige de tenir les bâtiments clos et couverts selon l'usage ;

(*Il faut expliquer aussi si le bailleur se réserve certaines redevances en nature, telles que volailles, pigeons, etc.*

16° Ce bail est fait aux charges, clauses et condi-

tions ordinaires de droit, telles qu'elles sont déterminées
par les art. 1714 et suivants du Code Napoléon, auxquels
les parties entendent se conformer sans aucune dérogation.

16° En cas que, pendant la durée du bail, il survienne
des difficultés pour l'exécution des présentes conventions,
les parties ont résolu qu'il en sera déféré au juge de paix
du canton, qui sera prié, au besoin, de nommer un arbitre
compétent pour examiner le point de discussion ou de juger
comme amiable compositeur. Dans tous les cas, après le
rapport de l'arbitre ou d'après ses lumières, ledit juge de
paix pourra prononcer exécutoirement et en dernier ressort
sur toutes valeurs et sur tous points qui ne seront
pas sujets à être communiqués au ministère public. Les
parties donnent dès aujourd'hui leur pleine et entière adhésion à ce que décidera ledit juge, et renoncent à toute
voie d'appel ou de requête. Telle est leur volonté expresse
et irrévocable.

Cette clause préviendra une procédure dans laquelle les
huissiers, les avoués et les avocats pourraient chercher,
avant tout, leurs propres intérêts, en donnant à tout cela
une direction qui leur profitât, et en empirant le fond par
des formes lentes, vicieuses, passionnées, pour faire passer
la valeur des choses contestées en leurs mains, de manière
à prendre l'huître pour eux et à laisser les écailles vides aux
plaideurs.)

Fait et signé double à..... le...

Nota. Les parties pourront aojuter à la formule ci-dessus toutes conventions d'usage de localité, faire telles réserves qu'elles jugeront respectivement utiles. Dans ces
matières, les conventions des parties font toujours leur loi.

Du Bail à Loyer.

Tous les baux devraient se ressembler : les meilleurs sont ceux que l'on rédige avec clarté, précision, simplicité, et, à ce titre, il faut le reconnaître, il y a peu de baux bien faits, même quand ils sont l'œuvre des notaires, qui semblent décidés à faire toujours de longues phrases pour faire payer plus cher leurs expéditions, et à ne jamais abandonner les formules de l'ancien régime.

Y a-t-il nécessité de passer un bail par acte devant notaire? Oui , si l'on ne considère que l'intérêt du bailleur, qui, dès lors, se trouve nanti d'un titre exécutoire, avec lequel il pourrait, s'il était un homme dur, ruiner son locataire, au moyen d'une *exécution* forcée qui peut, en quinze jours, conduire à la vente des meubles et des récoltes. Par la même raison, l'intérêt du preneur exige un bail sous seing-privé : d'abord parce qu'il coûte moins cher et que c'est lui qui en supporte le coût ; ensuite parce que, s'il n'est pas exact dans ses paiemens et que ses meubles soient l'objet d'une saisie-gagerie, le temps que demande la procédure, à fin de validité, lui permet de trouver somme suffisante pour se libérer. Du reste, en matière de location de maisons, comme presque toujours le preneur donne six mois de loyer par avance, un propriétaire, qui par cela même est garanti, doit être mal venu à demander un bail notarié. Cependant il n'en est pas de même pour les locations de terres qui peuvent donner naissance à des saisies-brandons. Les saisies-brandons, à raison de la maturité des récoltes saisies, exigent que la vente ait lieu dans un court délai. Dans ce cas la location, par acte notarié, est réellement indispensable ; d'autant plus que dans ces sortes de locations le propriétaire exige toujours des garanties hypothécaires qui ne peuvent résulter que d'un acte notarié.

Bail à loyer d'une boutique.

Entre les soussignés,

L. Primus, propriétaire, demeurant à Paris, rue du Jour, n...., d'une part ;

Et C. Secondus, marchand de vins, demeurant à Paris, rue Notre-Dame, n...., d'autre part,

A été dit et convenu ce qui suit, savoir :

M. Primus donne, par ces présentes, à bail à M. Secondus, qui accepte, pour neuf années consécutives qui commenceront à courir le premier juillet prochain, pour finir à pareille époque de l'année 1854, une boutique donnant sur la rue, sise en sa maison, rue du Jour, n...., à droite de la porte d'allée, avec arrière-boutique, deux caves et un entresol éclairé par deux croisées, tels que lesdits lieux se comportent et se poursuivent, le preneur déclarant les bien connaître et dispenser d'une plus ample désignation, et desquels, au surplus, un état constatant leur situation sera dressé amiablement et à frais communs entre les parties, dans un délai de trois mois à partir de ce jour.

Le présent bail est fait aux charges, clauses et conditions ordinaires et de droit, telles qu'elles sont déterminées par les articles 1714 et suivants du Code Napoléon, auxquels les parties entendent se conformer sans aucune dérogation (1).

(1) Cette clause dispense d'écrire beaucoup d'articles qui ne sont que du remplissage.

Et, en outre, le présent bail est fait moyennant un loyer annuel de 800 francs, payables par quarts, de trois mois en trois mois, aux époques d'usage, pour le premier paiement être fait le 1er octobre prochain, le second au 1er janvier 1846, et ainsi de suite, de terme en terme, jusqu'à l'expiration dudit bail.

M. Primus déclare que M. Secondus lui a à l'instant versé une somme de 400 francs, montant de six mois du loyer sus fixé, payés d'avance, laquelle somme sera imputée sur les six derniers mois de jouissance, sans interversion des termes de paiement stipulés plus haut, dont quittance.

Fait double à Paris, ce 25 juin 1845.

Congé.

Entre nous soussignés, etc.,

Est convenu que le bail sous seing-privé fait entre nous le. . . . . , d'une boutique sise rue du Jour, n° . . , est résolu au moyen d'un congé que me donne le demeurant, et que j'accepte volontairement et librement. Au terme de . . . . . . , le sieur . . . . . . promet de rendre lesdits lieux vides et quittes de toutes réparations locatives.

Fait et signé double.   . . . à Paris, ce . . .

Quittance de loyer.

J'ai reçu de M. Secondus la somme de deux cents francs, pour le terme échu le 31 septembre, d'une boutique qu'il tient de moi dans ma maison, rue du Jour, n....., dont quittance.

Fait à Paris, ce 1er octobre 1845.

Modèle de bail d'objets mobiliers,
par acte sous seing-prives.

D'après l'art. 2102, tous ceux qui ont vendu des effets mobiliers, soit à terme ou sans terme, peuvent en obtenir la revendication, pourvu qu'ils ne laissent pas écouler huitaine, mais il faut alors qu'ils aient une ordonnance du président du tribunal (1) : le propriétaire ne peut pas même s'y opposer, pourvu qu'il soit parfaitement prouvé par témoins jusqu'à la valeur de 150 fr. ou par un écrit signé du propriétaire, ou par notification d'huissier, qu'il avait connaissance que lesdits meubles n'appartenaient pas au locataire.

Néanmoins il sera toujours plus prudent que le marchand d'objets mobiliers qui livre à crédit prenne la précaution de s'en faire faire *revente* écrite, suivie de *location*, et conforme au modèle qui suit : afin, surtout, d'être garanti contre une saisie pratiquée par des tiers. *Id. pour outils, instrumens de labour, carosse, chevaux, bateaux, navires, etc.*

Entre les soussignés,

Charles Mathieu, demeurant à Paris, rue... n°..., d'une part,

Et Alphonse Cayron, marchand de meubles, demeurant également à Paris, rue Saint-Antoine, n°..., d'autre part ;

A été convenu et dit ce qui suit :

M. Mathieu est débiteur envers M. Cayron d'une somme

---

(1) Il n'en est pas de même pour marchandises déballées, enmagasinées et confondues avec d'autres : celles-ci peuvent devenir, aussitôt, l'objet d'une saisie exécutée par le propriétaire pour loyers, ou par d'autres créanciers.

de huit cents francs, que ce dernier lui a, en différentes fois, prêtée *pour ses besoins et affaires* : M. Mathieu étant en ce moment dans l'impossibilité de se libérer de cette somme, a proposé à M. Cayron, qui a accepté, de lui vendre différens objets mobiliers.

1° *Désigner les meubles le plus clairement possible.*

La présente vente a été faite pour la somme de huit cents francs, moyennant quoi le sieur Mathieu se trouve entièrement libéré envers M. Cayron.

Toutefois il est expressément convenu que si d'ici au... du mois de... prochain, M. Mathieu est en mesure de rembourser à M. Cayron ladite somme de 800 fr., à raison de 5 p. 0|0, à partir de ce jour, ladite vente demeurera résolue et M. Mathieu rentrera dans la propriété desdits meubles et effets mobiliers qui en font l'objet : à l'effet de quoi lesdits meubles resteront jusqu'audit jour... en la possession de M. Mathieu, qui devra en user avec ménagement et répondre des dégradations qui pourraient leur survenir, comme aussi payer exactement les loyers des lieux où ils se trouvent, à l'effet de quoi le sieur Cayron pourra exiger la présentation des quittances des loyers. Mais passé ledit délai, lesdits objets mobiliers deviendront de plein droit et sans qu'il soit besoin de mise en demeure, la propriété définitive de M. Cayron, qui alors pourra en user comme et ainsi qu'il lui conviendra.

Fait double à Paris, ce...

Il faut que cet acte soit enregistré immédiatement, coût 2 fr. 20 c. pour 100.

Les marchands d'objets mobiliers devraient toujours proposer un acte semblable à leur débiteur qui se trouve dans de mauvaises affaires.

Bail d'habitation.

La durée d'un bail verbal d'habitation est illimitée ; elle ne peut être interrompue que par un congé échangé à l'amiable aux époques voulues, ou signifié à l'une des parties par l'autre, par ministère d'huissier, quand elles n'ont pas pu ou voulu s'entendre.

On se conforme toujours aux usages reçus dans les diverses localités, pour la durée du bail et pour donner congé.

Un bail écrit et non enregistré n'a réellement de force que pour un terme, c'est-à-dire pour le terme où le bailleur serait dans de mauvaises affaires ; afin d'être valable pour toute la durée qu'il comporte, tout bail doit donc être enregistré.

Dans beaucoup de pays, une location par bail verbal est toujours censée faite pour un an. En province, le bail commence et finit ordinairement à la Saint-Jean ou à Noël, au 21 mars ou au 21 septembre. Dans ce cas, le congé doit être donné six mois avant ces termes. Mais quand il arrive que la location n'est faite que pour six mois, le congé doit être donné six mois avant l'expiration du terme. Les baux faits contrairement aux usages de la localité doivent être écrits.

A Paris, toutes les locations de logements sont censées faites pour trois mois, quand le prix du loyer ne dépasse pas 400 francs ; et pour six mois à partir de 401 francs et au-dessus. Pour boutiques, logements d'instituteurs et commissaires de police, les locations verbales sont censées faites à l'année.

A Paris, il est d'usage de donner congé six semaines avant le terme pour les logements de 400 francs et au-dessous, c'est-à-dire les 14 février, 14 mai, 14 août et 14 novembre (1), trois mois d'avance pour les appartements au-dessus de 400 fr., et six mois d'avance pour boutiques et maisons entières. Les congés donnés postérieurement à ces époques sont nuls de droit. On est dispensé de donner congé lorsqu'il y a un bail écrit. Les emménagements et déménagements doivent toujours se faire les 8 janvier, 8 avril, 8 juillet et 8 octobre avant midi, pour les logements de 400 fr. et au-dessous, et les 15 desdits mois, avant midi, pour les logements de 401 fr. et au-dessus, ainsi que pour les boutiques et magasins, à peine de tous dommages et intérêts.

Nota. (Le centime par franc au concierge, mais payé directement au propriétaire, range les locations de 400 fr. et un peu au-dessous, dans la catégorie de celles de 401 fr. et au-dessus.)

On convient ordinairement, par un article spécial, dans es baux écrits, que le bail pourra être résilié tous les 3, 6 et 9 ans. Les commerçants preneurs se réservent ordinairement seuls cette faculté ; mais ils doivent prévenir en temps convenable qu'ils veulent en profiter, et ce, par un congé en bonne forme ou amiablement accepté.

Le Code Napoléon donne au locataire la faculté de céder

____

(1) C'est une grande erreur populaire de penser que les congés, les protêts, etc., doivent être faits et signifiés à midi. D'après l'art. 1037 à partir du 1er septembre jusqu'au 31 mars, le congé peut être signifié depuis six heures du matin jusqu'à six heures du soir, et du 1er avril jusqu'au 30 septembre, depuis quatre heures du matin jusqu'à neuf heures du soir. Les huissiers ne peuvent rien signifier le dimanche qu'en vertu d'une permission de juge.

son bail et de sous-louer, à moins que cette faculté ne lui soit interdite expressément.

Le bailleur est tenu de livrer et entretenir la chose louée en état de servir à l'usage pour lequel elle a été louée, et d'en faire jouir paisiblement. Il est dû indemnité au preneur, pour tous vices ou défauts de la chose louée, causant quelque perte, quand même le bailleur ne les aurait pas connus lors du bail.

Le propriétaire ou bailleur est chargé de tenir la maison en bon état de location, comme de faire les réparations de couverture, de maçonnerie, de menuiserie, de charpente, etc., occasionnées par cas fortuits, vétusté ou force majeure; il est tenu du curement des puits, des fosses d'aisance et des conduits souterrains, et de fournir au moins une cheminée qui ne fume pas, ou d'en faire mettre une en état pour chacun de ses locataires.

Dans le cas où la chose louée serait en détérioration, il est de l'intérêt du preneur de faire constater l'état des lieux par écrit, et d'en garder par devers lui un double signé du bailleur; car, d'après la loi, tout locataire étant présumé avoir loué en bon état de réparation locative, il devra rendre les lieux tels à sa sortie. Il doit jouir et user des lieux loués en bon père de famille; il répond du bris des persiennes ou volets par le vent, s'il a négligé de les attacher; des dégâts causés par les gens de sa maison, ou par ses propres ennemis; du ramonage des cheminées; il est obligé à l'entretien des âtres et chambranles, des carreaux et parquets; *id.* au recrépissement des bas murs jusqu'à la hauteur d'un mètre quand ils en ont besoin; *id.* à l'entretien des portes, targettes, serrures, sonnettes, à moins que le dégât ne soit causé par vétusté ou force majeure ; il doit faire réparer les vitres cassées, à moins qu'elles ne l'aient été par la grêle ou par force majeure ; il répond de l'incendie, à moins qu'il n'arrive par vice de construction ou par communication d'une maison voisine. Le locataire est même tenu d'avertir le propriétaire des réparations urgentes, et il fera alors prudemment d'exiger un reçu de cet avertissement.

Un locataire n'a pas le droit de salir ni d'embarrasser les escaliers, les cours ou autres lieux communs. Celui qui exerce une industrie gênante ne peut s'y livrer avant six heures du matin ni après dix heures du soir ; d'un appartement toujours loué pour habitation, il ne peut pas faire un atelier d'industrie bruyante ou malpropre ; il ne peut pas transformer un rez-de-chaussée en écurie, ni changer la destination d'un café ou d'une auberge, etc., qui tirait sa valeur de son achalandage, sans permission expresse du propriétaire. Un locataire ne peut être contraint d'interrompre toute autre profession, même gênante, si elle ne lui a pas été spécialement prohibée par écrit ; il ne peut jamais donner à l'appartement loué une destination contraire à la morale, sans le consentement écrit du propriétaire et des autorités.

Le coût du congé est ordinairement à la charge de celui qui le fait donner ; mais si le propriétaire n'était pas entièrement payé des loyers et qu'il le fît suivre de commandement, ce serait alors le locataire qui paierait ces frais ; *idem*, si le congé donné par le locataire est accompagné d'offres réelles, et qu'il arrive que le propriétaire ne se trouve pas chez lui ou qu'il ne veuille pas accepter les offres, ces frais tomberont à la charge dudit propriétaire.

Les locataires qui ont à se plaindre de leurs voisins, feront toujours bien de ne pas s'adresser à eux directement, mais au propriétaire même, ou au concierge qui a ordinairement la mission de faire la police de la maison qui lui est confiée.

Le congé et le prix de la location ne peuvent être prouvés par témoins. Le serment peut seulement être déféré à celui qui nie. Le denier adieu n'est qu'un engagement de peu d'importance. Il est donc très utile que le congé, la location et le prix soient constatés par un écrit, et en double.

Le locataire qui a donné congé est tenu de laisser voir les lieux qu'il occupe, à partir de la date du congé, pendant six semaines, trois mois ou six mois, suivant le prix de la location, sous peine de tous dommages et intérêts.

Lorsque le propriétaire ne veut pas consentir au déménagement ou que le locataire ne veut pas déménager, il suffit d'assigner en référé. Les affaires en référé se jugent sans délai ni procédure.

S'il a été fait des réparations ou changemens dans les lieux loués, le propriétaire peut exiger le rétablissement dans l'état primitif; il a aussi le droit de maintenir les lieux dans leur état nouveau, en payant au locataire la valeur de ces changemens, au prix d'estimation.

Le propriétaire peut faire saisir-gager les meubles de son locataire qui ne paye pas son loyer. Il peut opérer cette saisie un jour après commandement ou sans commandement avec simple permission de juge; mais cette saisie a besoin d'être validée par un jugement pour arriver à la vente, ce qui coûte fort cher. Quand les meubles saisis sont de peu de valeur, un propriétaire fait mieux de transiger et de se montrer un peu humain, que de pousser les poursuites jusqu'à l'exécution, qui souvent ne lui produirait autre chose que le regret d'avoir mis de pau-vres gens sur la paille en pure perte pour lui-même. Un propriétaire prudent ne fait d'autres frais à ses locataires que ceux du commandement. Le commandement a toujours été un coup de fouet fort utile contre les insouciants et les gens peu exacts. Il faut qu'il use aussi quelquefois du congé par huissier.

Le locataire prudent tire toujours un reçu de la remise des clés, *à midi*, du paiement de ses loyers, ainsi que de ses contributions acquittées.

Le bail d'un appartement meublé est censé fait à l'année quand il a été fait à tant par an, au mois, quand il a été fait à tant par mois, au jour, s'il a été fait à tant par jour.

Bail à Cheptel.

Le bail à Cheptel est un contrat par lequel l'une des parties donne à l'autre des bestiaux à garder, nourrir et soi-gner, moyennant des conditions convenues.

Il y a trois espèces principales de baux à cheptel :

Le cheptel *simple* est celui par lequel le preneur profitera de la moitié du croît et supportera aussi la moitié de la perte.

Le cheptel *à moitié* est une société dans laquelle chacun des contractants fournit la moitié des bestiaux qui demeu-rent communs pour le profit et la perte.

Le cheptel *de fer* est celui où le propriétaire d'une mé-tairie qui la donne à ferme, stipule qu'à l'expiration du bail le fermier laissera des bestiaux pour une valeur égale au prix de l'estimation de ceux qu'il reçoit.

On peut donner à cheptel toute espèce d'animaux susceptibles du croît et du profit pour l'agriculture et le commerce.

A défaut de conventions particulières, ces contrats se règlent par les principes qui suivent :

Dans le *cheptel simple* le preneur a droit à la moitié du profit et supporte la moitié de la perte, et doit les soins d'un bon père de famille à la conservation du cheptel.

Il n'est responsable d'un cas fortuit que lorsqu'il a été précédé de quelque faute de sa part, sans laquelle la perte ne serait pas arrivée. Mais il est toujours tenu de rendre compte des peaux des bêtes.

Si le cheptel périt en entier sans la faute du preneur, la perte en est pour le bailleur ; s'il n'en périt qu'une partie, la perte est supportée en commun.

On ne peut pas stipuler que le preneur supportera la perte totale du cheptel, quoique arrivée par cas fortuit et sans sa faute, ni qu'il supportera, dans la perte, une part plus grande que dans le profit ; ni que le bailleur prélèvera, à la fin du bail, quelque chose de plus que le cheptel qu'il a fourni.

Le preneur profite seul des laitages, du fumier et du travail des animaux donnés à cheptel ; la laine et le croît se partagent. Mais il ne peut disposer d'aucune bête du troupeau, soit du fonds, soit du croît, sans le consentement du preneur. Le preneur ne peut tondre sans prévenir le bailleur.

On ne peut placer des bestiaux à cheptel chez un fermier sans prévenir son propriétaire, sans quoi les bestiaux pourraient être vendus par le propriétaire pour ce que son fermier lui devrait.

Si la durée du cheptel n'est pas fixée, il est censé fait pour trois ans ; néanmoins le bail peut être résolu si le preneur ne remplit pas ses obligations.

A la fin ou à la résolution du bail, il se fait une nouvelle estimation du cheptel ; le bailleur peut prélever des bêtes de chaque espèce jusqu'à concurrence de la première estimation, le fermier prend le reste, et les parties se font raison de la perte. (Article 104 et suivants du code Napoléon.)

Dans le cheptel *à moitié*, les laitages, le fumier et les travaux des bêtes profitent au preneur ; le bailleur n'a droit qu'à la moitié du croît et des laines. Toute convention contraire est nulle, à moins que le bailleur ne soit propriétaire de la métairie dont le preneur est fermier ou colon. Toutes les autres règles du cheptel simple s'appliquent au cheptel à moitié.

Dans le *cheptel de fer* ou cheptel donné par le propriétaire à son fermier, tous les profits appartiennent au fermier pendant la durée de son bail, s'il n'y a convention contraire. L'estimation du cheptel donné au fermier ne lui en confère pas la propriété, mais néanmoins le met à ses risques. La perte même totale et par cas fortuit est en entier pour le fermier, s'il n'y a convention contraire. Le fumier n'est point dans ses profits personnels, mais doit être uniquement employé à l'exploitation de la ferme. A la fin du bail, s'il y a déficit sur le cheptel reçu, il doit le payer, l'excédant seul lui appartient.

Dans le cheptel donné au *colon partiaire*, si le cheptel périt en entier sans la faute du colon, la perte en est pour le bailleur. On peut stipuler que le colon délaissera au bailleur sa part de la toison à un prix inférieur à la valeur ordinaire ; — que le bailleur aura une plus grande part du profit ; — qu'il aura la moitié des lainages ; mais on ne peut pas stipuler que le colon sera tenu de toute la perte.

Ce cheptel finit avec le bail à métairie. Il est d'ailleurs

soumis à toutes les règles du cheptel simple. (Article 1818 et suivants du code Napoléon.)

CHAPITRE XVII.

De la prescription.

La prescription est un moyen d'acquérir ou de se libérer par un certain laps de temps. Pour pouvoir prescrire, il faut une possession continue, apparente et non interrompue; ceux qui possèdent pour autrui ne prescrivent pas. Ainsi le fermier, l'usufruitier, le dépositaire ne peuvent prescrire la chose dont ils jouissent. La prescription peut être interrompue ou naturellement ou civilement; il y a interruption naturelle, lorsque le possesseur est privé, pendant plus d'un an, de la jouissance de la chose ; la citation en justice, donnée même devant un juge incompétent, interrompt civilement la prescription. La prescription ne court pas contre les mineurs, ni contre la femme, pour les biens aliénés par le mari.

La prescription se compte par jour : elle est acquise lorsque le dernier jour du terme est arrivé.

Toutes les actions, tant réelles que personnelles, sont prescrites par trente ans, sans que celui qui allègue cette prescription soit obligé d'en rapporter un titre, et même sans qu'on puisse lui opposer l'exception déduite de la mauvaise foi.

Celui qui acquiert de bonne foi un immeuble, et par acte, en prescrit la propriété par dix ans de possession si l'ancien propriétaire habite dans le ressort de la Cour impériale dans l'étendue de laquelle l'immeuble est situé, et par vingt ans s'il est domicilié hors dudit ressort ; dans ces cas, le titre nul par défaut de forme ne peut servir de base.

Après dix ans, les architectes et les entrepreneurs sont aussi déchargés de la garantie des gros ouvrages qu'ils ont faits ou dirigés.

Les arrérages de rentes et des pensions alimentaires, les loyers des maisons, les lettres de change, les billets à ordre, et généralement tout ce qui se paie par année, se prescrit par cinq ans. Les juges et avoués sont déchargés des pièces cinq ans après le jugement du procès, et les huissiers après deux ans depuis l'exécution de leur dernière commission.

L'action des avoués, pour le paiement de leur salaire, se prescrit par deux ans à compter du jugement ou de la conciliation des parties ; à l'égard des affaires terminées, ils ne peuvent former de demande qui remonterait à plus de cinq ans. Se prescrivent aussi par deux ans : les droits d'enregistrement, soit pour fausse déclaration, soit pour évaluation insuffisante. Les parties sont également non recevables, après deux ans, pour toute demande en restitution des droits perçus en trop. Se prescrivent par un an : les actions des médecins, chirurgiens, apothicaires, pour leurs visites, opérations ou médicaments ; le salaire des huissiers, pour les actes qu'ils signifient ; le prix des marchandises vendues par des marchands à des particuliers non marchands ; ce qu'il est dû aux maîtres de pension par leurs élèves ; les salaires des domestiques qui se louent à l'année.

Se prescrivent par six mois : les leçons des instituteurs, les actions des traiteurs et hôteliers, pour logement ou nourriture qu'ils ont fourni ; les actions des ouvriers pour le paiement de leurs salaires, et même pour leurs fournitures, telles que chaussures, habillements, etc. ; des domestiques loués au mois, à moins qu'il y ait un compte arrêté. Mais on a encore la ressource de déférer le serment à celui qui oppose la prescription. — En fait de meubles, la possession vaut titre.

Celui qui a perdu une chose, peut la revendiquer pendant trois ans contre celui entre les mains duquel il la trouve ; il en est de même quand une chose a été volée ; et si le possesseur actuel de la chose volée ou perdue l'a achetée dans une foire ou dans une vente publique, ou d'un marchand vendant des choses pareilles, on ne peut se la faire rendre qu'en remboursant le prix qu'elle a coûté.

CHAPITRE XVIII.

Obligation du commerçant.

Tout commerçant doit être patenté, afin de pouvoir agir en justice pour les actes relatifs à sa profession.

Le commerçant est tenu d'avoir des livres qui permettent de voir constamment sa véritable position. Ces livres, régulièrement tenus, font foi en justice entre commerçants ; et, vis-à-vis des personnes non marchandes, ils sont un commencement de preuve écrite.

Billets à ordre et lettres de change.

Le billet à ordre est un acte par lequel une personne s'oblige à payer une somme déterminée au créancier qu'elle désigne, ou à quiconque en sera devenu propriétaire par le moyen de l'endossement.

Il ne faut pas omettre dans le billet le mot *ordre*, parce qu'il ne serait qu'une simple obligation et ne pourrait pas être transporté par l'endossement.

Si le billet n'a pas été écrit par la personne dont il est signé, il faut que la somme soit approuvée en toutes lettres; *item*, quand il est souscrit par deux obligés. Il ne faut pas exprimer la somme en chiffres, mais en toutes lettres, parce que d'un 0 on peut faire un 9, et du 1 un 7, de 100 on peut faire 1000 en ajoutant un 0.

L'endossement doit être daté, exprimer la valeur fournie, et énoncer le nom de celui à l'ordre duquel il est passé, sinon il n'opère pas le transport. D'ailleurs, une simple signature au dos d'un billet ne vaut que comme mandat; et, en cas de perte d'un tel billet, celui qui le trouverait pourrait être tenté d'en faire son profit.

Le billet à ordre souscrit par un commerçant et non payé à l'échéance, ne tombe pas, pour les poursuites à exercer contre le souscripteur, dans le domaine d'un tribunal de commerce, mais bien dans les attributions d'un tribunal civil, quand ce billet n'exprime pas une valeur essentiellement commerciale, tel qu'un billet souscrit pour frais d'éducation d'un enfant, pour pension alimentaire, pour effets d'habillements ou pour tous autres objets particuliers.

Lorsqu'il s'agit d'un billet souscrit par un non-commerçant, s'il n'y a pas d'endosseurs (l'endos est un fait de commerce), la dénonciation et même le protêt sont inutiles, il suffit d'assigner. S'il y a un ou plusieurs endosseurs commerçants, contre lesquels le porteur veut conserver son recours, le protêt et la dénonciation sont nécessaires, à moins que l'on ne s'en fasse dispenser par écrit; car l'objet principal de ces deux actes ou de l'écrit qui en dispense, est de conserver le recours contre les endosseurs, le souscripteur ne payant pas.

Un billet qui ne porte pas une somme de plus de 100 fr., ne devrait pas être à ordre, s'il ne s'agit pas de commerce, afin d'éviter de grandes avances de frais en cas de poursuites. (*Voir frais en justice de paix, et frais devant les tribunaux de commerce.*)

Le protêt et les dénonciations sont faits par actes d'huissier, le lendemain de l'échéance d'un effet non payé.

Un billet non soldé de 200 francs et au-dessus, entraîne la contrainte par corps, même contre le souscripteur non commerçant, quand le demandeur a fait preuve que ce billet était pour un fait de commerce.

Il est essentiel que le mari d'une femme qui souscrit un billet à ordre, mette sur ce billet la clause : *j'autorise à cet effet*, autrement l'obligation serait nulle envers la femme, à moins qu'elle ne fût séparée de biens ou autorisée par la justice.

La signature des femmes et des filles non négociantes ou marchandes publiques sur des billets à ordre, ne vaut à leur égard que comme simple promesse.

Les billets à ordre souscrits par des mineurs non négociants, sont nuls à leur égard, sauf les droits respectifs des parties conformément à l'article 1312 du Code Napoléon.

Il y a prescription par cinq ans, à partir du jour du protêt ou de la dernière poursuite judiciaire, ou du lendemain de l'échéance d'un billet non protesté, s'il n'y a pas eu condamnation ou reconnaissance de la dette par un acte séparé.

Néanmoins, dans ces cas de prescription, les prétendus débiteurs sont tenus, s'ils en sont requis, d'affirmer sous serment qu'ils ne sont plus redevables ; et les veuves, héritiers ou ayant-cause, qu'ils estiment de bonne foi qu'il n'est plus rien dû.

Modèle de billet à ordre.

Le billet à ordre est daté ; il énonce en toutes lettres la

somme à payer, le nom de celui à l'ordre duquel il est souscrit, la valeur qui a été fournie en.... *espèces, en marchandises, en compte, pour solde de compte ou de toute autre manière, ainsi qu'il suit :*

Bon pour F. 300.

Le.... *cinq, quinze ou fin* de juillet prochain, je paierai à M. Raymond, ou à son ordre, la somme de trois cents francs, valeur que j'ai reçue de lui en (*argent ou marchandises, etc., que l'on désigne.*)

Paris, ce 20 mai 1847.

JOUBERT.

Modèle d'endossement.

Passé (ou payez) à l'ordre de M. Grandchamp, valeur reçue en, etc.

Dater et signer.

Le paiement d'un billet, indépendamment de l'endossement, peut être garanti par un aval (à valoir). Le donneur d'aval est tenu à la garantie solidaire envers le porteur, au paiement comme le souscripteur et les endosseurs.

Modèle d'aval.

Je soussigné, m'oblige à payer la somme de.... montant du billet ci-dessus, s'il n'est pas acquitté à son échéance par le souscripteur, ou bien : pour aval de M. Joubert, souscripteur, ou de M. Raymond, endosseur.

Dater et signer.

Acquittement d'un billet.

Pour acquit ce. . . . . . . *signature, profession et demeure de la personne qui reçoit le montant du billet.*

Lettre de change.

La lettre de change se tire d'un lieu sur un autre. C'est un acte par lequel le souscripteur mande à un négociant de payer une somme pour lui à un tiers. Elle est datée et signée ; elle énonce la somme à payer, le nom de celui qui doit payer, celui à qui ou à l'ordre de qui on paiera, l'époque et le lieu où le paiement doit s'effectuer, la valeur fournie en espèces, en marchandises, en compte ou de toute autre manière. Si elle est par première, deuxième ou troisième de change, elle l'exprime.

Toutes les dispositions relatives aux billets à ordre et concernant l'échéance, l'endossement, la solidarité, l'aval, le protêt, les devoirs et les droits du porteur, sont applicables aux lettres de change.

La *provision* d'une lettre de change doit avoir été faite par le tireur (c'est-à-dire qu'il doit posséder des valeurs entre les mains de celui à qui il mande de payer), ou par celui au profit de qui la lettre est tirée, sans que le tireur cesse d'être personnellement obligé.

L'acceptation suppose la provision ; elle en établit la preuve à l'égard des endosseurs. Celui qui accepte une lettre de change, contracte l'obligation d'en payer le montant, ou au moins la somme pour laquelle il a accepté. Cette acceptation doit être signée et s'exprime par le mot *accepté* ; elle est datée, si la lettre de change est à un ou plusieurs jours ou mois de vue. Le défaut de date de l'acceptation rend le paiement exigible au terme exprimé dans la lettre à compter de sa date.

Le tireur et les endosseurs d'une lettre de change sont garants solidaires de l'acceptation et du paiement à l'échéance. Le refus d'acceptation est constaté par un acte que l'on nomme *protêt faute d'acceptation*. Sur la notification du protêt faute d'acceptation, les endosseurs et le tireur sont respectivement tenus de donner caution pour assurer le paiement de la lettre de change et des frais que le refus d'acceptation a causés.

L'accepteur n'est pas restituable contre son acceptation, quand même le tireur aurait failli à son insu avant qu'il eût accepté.

La lettre de change à vue est payable à sa présentation. L'échéance d'une lettre à un ou plusieurs jours, mois ou usances de vue, est fixée par la date de l'acceptation. L'usance est de trente jours, qui courent du lendemain de la date de la lettre, et les jours sont tels qu'ils sont fixés par le calendrier grégorien.

Une lettre de change payable en foire, est échue la veille du jour fixé pour la clôture de la foire, ou le jour même de la foire, si la foire ne dure qu'un jour. Si l'échéance d'une lettre de change tombe un jour férié légal, elle est payable la veille.

Modèles de lettres de change.

Nantes, ce.....

Bon pour F. 500.

Le premier mai prochain, il vous plaira payer par cette seule de change, à l'ordre de moi-même (ou à l'ordre de M. Bourgeois), la somme de cinq cents francs, valeur que vous avez reçue en marchandises (*ou en argent ou pour solde de compte, etc.*), sans autre avis de votre serviteur.

ALIBOUR.

A M. Bonnet,
négociant à Bordeaux.

Bon pour F. 1,000.

Le,... prochain (*ou à tant de jours de vue*), il vous

5*

plaîra payer à Mr. Bonnefoy ou à son ordre la somme de mille francs, valeur reçue de lui en argent, et que vous passerez en compte suivant avis (ou sans autre avis) de votre serviteur.

Dater et signer.

A M. Nicolle,
négociant à Marseille.

Bon pour F. 2,000.

Le.... prochain, il vous plaira payer, par cette deuxième de change, la première ne l'ayant pas été, à M. Baudouin ou à son ordre, la somme de deux mille francs que vous me devez pour marchandises à vous livrées et pour solde, sans autre avis de votre serviteur.

Dater et signer.

A M. Chabert,
négociant au Havre.

Lettre de crédit.

C'est une lettre missive qu'un négociant, un banquier ou un marchand, adresse à un correspondant et par laquelle il lui mande de fournir, pour son compte, au porteur de la lettre, une certaine somme d'argent ou toute autre valeur. L'on ouvre rarement un crédit illimité. En tout cas, l'on doit bien désigner le porteur, qui devra, en outre, prouver son identité au correspondant, afin d'éviter la fraude des mains étrangères dans lesquelles pourrait tomber cette lettre.

Lettre de voiture.

Les lettres de voiture sont écrites sur papier timbré de 35 centimes, et payent 1 franc d'enregistrement, droit fixe. Celui à qui l'on fait l'envoi supporte ces frais.

Une lettre de voiture doit énoncer la contenance ou le poids de la chose envoyée, le délai dans lequel le transport doit être effectué, le nom et le domicile du destinataire, le nom du voiturier, le prix du transport, le montant de l'indemnité pour retard, et, en marge, la marque et les numéros des objets. Elle est signée de l'expéditeur et du commissionnaire ; celui-ci la copie sur un registre coté, paraphé, sans lacune, blanc ni intervalle, comme suit :

A la garde de Dieu et par la conduite de Mathurin, voiturier de Paris à Tours, il vous plaira recevoir un ballot de coton désigné et numéroté comme ci en marge, du poids de.... kilogrammes, que ledit voiturier doit vous remettre intact dans *trois* jours, sinon il perdra le prix de son transport, qu'autrement vous lui paierez à raison de...

A M. Jacquillard,   Recevez mes salutations dévouées.
fabricant à Tours.   Date et signature.

De la quittance.

Il suffit ordinairement de déclarer la somme reçue, mentionner pour quel objet ou pour quel terme de paiement, et provenant de tel ou tel acte, dater et signer.

Il faudra toujours une quittance par main de notaire, pour obtenir main-levée et la radiation des inscriptions hypothécaires.

La quittance, la décharge, le reçu et le récépissé de pièces doivent être sur papier timbré, aux termes des articles 12 et 26 de la loi du 13 brumaire an VII, et de l'article 1248 du Code Napoléon.

Quittance simple.

Je soussigné B..., reconnais avoir reçu de M. C..., la somme de... francs, qu'il me devait pour fourniture de... *ou* en vertu de... *ou* pour solde de... de laquelle somme je le décharge et tiens quitte.

Quittance de loyer de maison ou de biens.

Je soussigné B..., propriétaire *ou* principal locataire de la maison... *ou* de la ferme de..., etc. (*le désigner*), reconnais avoir reçu de M. C..., locataire, la somme de... francs pour *trois* ou *six* mois de loyer, échus du... de ladite maison *ou* ferme qu'il tient de moi, à bail *ou* à terme, dont quittance pour solde audit jour, et ce, sans préjudice du terme courant.

CHAPITRE XIX.

Réméré ou vente avec faculté de rachat ; échange.

La vente à réméré est un pacte par lequel le vendeur se réserve expressément de reprendre la chose par lui vendue, en remboursant le prix qu'il a reçu. Aujourd'hui, ce pacte ne peut être stipulé pour un terme qui excéderait cinq années, et le terme fixé ainsi par les parties ne peut être changé par les juges ; si le vendeur n'exerce pas son action de rachat dans le temps prescrit, l'acquéreur demeure propriétaire définitif.

Mais pour user du droit de racheter, le vendeur est obligé de rembourser intégralement le prix principal, les intérêts, les frais de vente et d'enregistrement, les réparations nécessaires et la valeur de celles qui ont amélioré le fonds. Le fonds lui revient alors exempt de toutes les hypothèques dont l'acquéreur ou un second acquéreur l'auraient chargé ; seulement, les baux passés de bonne foi, pendant le changement de mains, ne peuvent être cassés.

Si le vendeur, par ignorance ou par nécessité, a cédé à un vil prix, et qu'il soit lésé de plus des sept douzièmes, il peut et doit former sa demande en rescision (rupture du contrat) dans les deux années qui suivent le jour de la vente. Ce délai court contre les femmes mariées, les absens, les interdits et les mineurs venant du chef du majeur qui a vendu, et il n'est pas suspendu pendant la durée du temps stipulé pour le rachat. La rupture du contrat ne peut jamais avoir lieu en faveur de l'acheteur qui aurait trop payé, parce qu'il n'était pas dans la nécessité comme le vendeur. Elle ne peut avoir lieu non plus pour la vente d'effets mobiliers, à cause de l'extrême mobilité de leur prix, de leur facile détérioration par de fréquents déplacements.

Échange.

L'*échange* est un contrat par lequel les parties se donnent réciproquement une chose pour une autre. L'échange diffère de la vente en ce que le prix de la chose cédée n'est point fixé en argent, et que la rescission ne peut être réclamée pour cause de lésion, car ce contrat est l'effet de la convenance et de la libre volonté des contractants.

Cependant celui des co-permutants qui aurait échangé une chose dont il ne serait point propriétaire, ne pourrait contraindre l'autre à lui céder sa chose, et serait lui-même passible de dommages-intérêts pour l'éviction qui viendrait de son fait.

Les échanges d'immeubles ou de jouissances sous seing-privé doivent être enregistrés dans les trois mois de leur date, à peine du double droit.

CHAPITRE XX.

Faillite, banqueroute.

Tout commerçant qui cesse ses paiements est en état de faillite, et tout failli est tenu dans le délai de trois jours d'en faire la déclaration au tribunal de commerce. L'expiration de ce délai change la faillite en banqueroute, et prive de tous les avantages accordés à la qualité de simple failli. A compter du jour de la faillite, le commerçant est dessaisi de l'administration de tous ses biens.

Il ne faut pas ignorer qu'une assemblée amiable de créanciers avant la faillite, n'est qu'un fait privé qui n'a rien de commun avec la faillite. Ce fait n'engage que ceux qui s'y soumettent. (*Voir Concordat.*)

Le failli doit faire tous ses efforts pour obtenir un concordat : à cet effet, il lui est indispensable de réunir l'assentiment de la moitié de ses créanciers, et il faut encore que ceux-ci représentent les trois quarts des sommes reconnues et affirmées. Le concordat ainsi obtenu, lie tous les créanciers, même les absens. Il est toujours très difficile à un failli d'ariver à ce résultat. Le failli qui n'obtient pas de concordat, tombe frappé d'une continuelle minorité, et ne peut plus jamais avoir rien à lui.

S'il est prouvé que le failli a fait des dépenses personnelles au-dessus de ses moyens, ou des pertes au jeu ; s'il a pris inconsidérément des engagements pour le compte d'autrui ; si, étant marié en séparation de biens, il a omis de faire publier l'extrait de son contrat de mariage ; s'il n'a pas les livres prescrits par la loi, et s'ils ne sont pas régulièrement tenus ; s'il a fait un paiment à un créancier au préjudice de la masse, il encourt la peine de deux mois à deux ans de prison.

Tous actes translatifs de propriété immobilière faits dans les dix jours qui précèdent l'ouverture de la faillite, sont nuls. Tous engagements contractés par le débiteur dans les dix jours qui précèdent la faillite, prouvent son improbité et sont nuls ; car il a abusé de la confiance dont il jouissait, dans un moment où il pouvait prévoir sa prochaine déconfiture.

Lorsque le failli a soustrait ses livres, quand il a dissimulé, recélé ou soustrait une partie de son actif, quand il s'est reconnu débiteur d'une somme qu'il ne devait pas, il a encouru la peine de cinq à vingt ans de travaux forcés. Tous ceux qui ont aidé le failli dans ses opérations frauduleuses, sont passibles des mêmes peines.

Des causes principales de la faillite.

Les faillites ont ordinairement pour causes l'incapacité, l'inconduite ou le désir effréné de faire promptement fortune au moyen d'entreprises téméraires. Quelquefois elles sont amenées par la concurrence des monopoleurs et par des pertes imprévues. Aux yeux de ses créanciers, tout failli est, pour ainsi dire, impardonnable.

Il y a des gens qui se hasardent dans les chances du commerce sans en avoir acquis les premières notions, et qui pourtant s'imaginent tout savoir, tout prévoir, quoique aveugles. Dénués de ce tact que donne l'expérience ou un long apprentissage, ils affrontent les ruses du métier, mais échouent en face du moindre calme plat ou de la plus petite bourrasque, parce qu'ils sont inhabiles à la manœuvre pour louvoyer, ou parce qu'ils n'ont jamais connu cette économie sévère qu'on doit toujours pratiquer au beau milieu même des meilleures affaires, et dont le négociant probe et expérimenté ne se départ jamais. En face du danger les incapables et les téméraires ne savent que recourir à l'usure, aux billets de complaisance, aux ventes au dessous du cours, ou à d'autres expédiens tous fort efficaces pour accélérer leur chûte.

Les faillites qui se succèdent sont une preuve évidente et déplorable de l'abaissement des mœurs commerciales. En France, la faillite déborde; depuis quelque temps on en compte dix mille et quelques cents tous les ans, en dehors d'au moins autant d'arrangemens amiables par convocation de créanciers. La faillite engendre la faillite; l'exemple en est contagieux. Il est désolant d'entendre dire tous les jours de sang-froid : Puisque un tel, grand négociant, ou notaire, ou banquier, a déposé son bilan, je puis bien le faire aussi, et profiter, comme lui, du bénéfice de la loi ou de la bonhomie de mes créanciers.

Les suites de ces catastrophes sont épouvantables : c'est la dépréciation des marchandises; c'est l'impudence de certains spéculateurs, annonçant en grosses lettres dans toutes nos villes, bourgs et villages, des ventes avec 40 ou 50 pour cent de rabais, par suite de *faillite.*

L'annonce de marchandises d'une origine aussi ignominieuse devrait être prohibée dans toute la France pour l'intérêt et par respect des marchands honnêtes. Une telle effronterie et une telle immoralité ne peuvent que décourager l'ouvrier mal payé et le fabricant probe, qui voient ainsi fouler les mœurs sous les pieds d'impudens faiseurs.

Le défaut des fonds qui doivent toujours être en proportion des affaires que l'on veut entreprendre, l'absence d'économie dans le ménage, de surveillance, le luxe, le faste de certains industriels, le manque de talent pour bien acheter, bien vendre et faire rentrer les fonds, mais surtout l'excessive facilité de certains greffiers pour accepter un bilan, les mauvais conseils de beaucoup d'hommes d'affaires, parce qu'ils n'ont eux-mêmes que profits à recueillir dans ces sortes de choses ; voilà quelles sont les causes d'un très grand nombre de faillites.

Tout homme qui entreprend une industrie devrait donc :

1° Constituer une mise de fonds relative à l'importance de son entreprise ;

2° Avoir en réserve au moins le huitième de son capital pour parer aux cas imprévus ;

3° Connaître la tenue des livres, avoir acquis des connaissances administratives suffisantes, et ne pas ignorer où et comment il écoulera ses produits ou ses marchandises ;

4° Toujours observer la plus grande régularité dans ses paiemens, en ne perdant jamais de vue son carnet d'échéance ;

5° Emprunter le moins possible et ne jamais faire ni accepter des billets de complaisance ;

6° Ne jamais négliger de faire son inventaire tous les six mois ou tous les ans, et surtout quand il soupçonne un déficit ou une baisse dans ses affaires. Si une chute lui paraît imminente et inévitable, il doit se bien persuader que son intérêt alors est de toujours prendre le devant, afin d'obtenir un répit ou une liquidation amiable.

Les trois quarts des faillites, on est contraint de le reconnaître, sont entachées de fraude ; mais l'indulgence des créanciers, le peu de perspicacité des agens ou syndics, souvent leur manque de moralité, le peu de soin de messieurs les juges-commissaires, surchargés d'autres occupations et qui ne peuvent exercer qu'une surveillance purement nominale et fictive, tout cela ne fait que laisser empirer le mal.

Les faillites au-dessous de 5,000 francs n'ont presque jamais été préparées, c'est vrai ; mais elles sont dues à l'ignorance, à l'incapacité, et il s'y glisse bien un petit peu de fraude. La moitié de celles de 10,000 à 15,000 francs sont dues à la témérité, quelquefois à l'inconduite ; la fraude s'y découvre presque toujours dans les opérations des six derniers mois. Quant à celles de 30, 50, 100 mille francs et au-dessus, beaucoup en ont été filées de longue main ; elles abondent en faux créanciers. Ceux qui les ont ainsi préparées ont toujours su parfaitement ce que c'est que bilan, syndic, convocation de créanciers, etc.

Au début d'une faillite, tous les créanciers crient, menacent ; mais, quelque temps après, absorbés par leurs affaires, ennuyés, fatigués des lenteurs et de tous les frais qui surviennent, pressés enfin de sollicitations, ils se décicent toujours à consentir un concordat.

Les agents et syndics d'une faillite ne devraient jamais être choisis parmi les amis ou les gens de la localité du failli, à cause des connivences. Il serait remédié à ce mal si l'on nommait des commissaires spéciaux, chargés uniquement de poursuivre les faillites, au moins dans les grandes villes ou elles ont le plus d'importance. Ces commissaires, désignés par le gouvernement et honorablement salariés, devraient être choisis parmi les gens qui sont le plus doués d'instruction, de moralité et de perspicacité en affaires commerciales.

Ils se feraient remettre chaque fois tous les documents

relatifs au négoce du failli, feraient l'inventaire, vérifie-
raient les livres, confronteraient les factures, s'assureraient
d'abord si les marchandises achetées depuis au moins six
mois sont suffisamment représentées, soit en nature, soit
en quittances, soit en bons effets à recevoir ; puis ils tâ-
cheraient de découvrir si, depuis quelque temps, le failli
s'est occupé, autant que possible, de faire rentrer les
fonds dus par la clientèle ; si, quelquefois, il n'aurait pas
donné quittance moyennant contre-lettre ; s'il n'a pas fait
figurer quelque facture qu'il ne doit pas ; s'il n'a pas soustrait une partie de ses marchandises ou de ses effets mobiliers ; si les livres et documens expliquant sa déconfiture,
ne sont pas d'une écriture trop fraîche, de différentes
mains, etc. De cette manière, les vérificateurs s'aperce-
vraient bien vite si une faillite provient de la volonté du
commerçant, si elle a été préparée, ou si elle est la conséquence de malheurs réels.

L'on voit trop souvent un failli de mauvaise foi, facilement excusé par ses créanciers et que le tribunal a acquitté, reparaître dans le monde commercial avec les capitaux qu'il a soustraits, et faire entendre qu'il a actuellement un bailleur de fonds, puis se montrer ostensible-
ment exact dans tous ses paiemens ; par ce moyen, arriver à un nouveau crédit, l'accroître avec habileté. Mais,
quelques années après, ses mesures étant prises, on le voit
de nouveau profiter d'un moment de crise favorable à son
projet, et faire encore un tour du même genre, plus lu-
cratif que le premier. Et puis de pareils fripons se retirent
pour jouir du fruit de leurs rapines, s'entourer d'un luxe
impudent et porter la tête altière jusque dans les salons

qu'on s'empresse d'ouvrir à leur fortune ; tandis qu'ils devraient expier leur conduite aux galères, si leur syndic avait été plus clairvoyant ou moins faible.

De l'ouverture de la faillite.

La faillite est ouverte soit par le tribunal de commerce, soit d'après la déclaration du failli qui se trouve obligé de suspendre ses paiemens, soit d'après la requête de certains créanciers, soit même d'après la rumeur publique.

Alors le tribunal ordonne l'apposition des scellés, nomme des agens et un de ses membres commissaire, et ordonne le dépôt du failli dans la maison d'arrêt pour dettes ou bien le fait garder par un agent de la police.

Après ces préliminaires, des syndics provisoires sont nommés lors de l'assemblée des créanciers.

Dans ces entrefaites, le failli a quelquefois préparé son bilan (le tableau de son actif et de son passif, de ce qui lui est dû et de ce qu'il doit), daté, signé et certifié véritable. Il y donne les noms et la désignation précise de ses créanciers, l'indication de la cause de ses dettes et des difficultés que peut présenter le recouvrement de ses créances ; enfin tous les renseignemens qui peuvent fixer sur l'origine et les circonstances de son infortune.

Un failli fait bien d'avoir son bilan prêt, rédigé avec franchise et probité, afin d'éviter des frais de scellés, etc. Pourtant celui qui a préparé cette pièce ne peut pas se mettre à l'abri de tout soupçon.

Quand le failli n'a pas établi son bilan, cette pièce est rédigée par les agens ou par le failli, en leur présence, ou par un fondé de pouvoir, il y est procédé au moyen des livres et papiers du failli, et à l'aide des autres documents qu'on peut se procurer. Ce bilan est aussitôt remis au commissaire qui, dans trois jours au plus, doit avoir dressé la liste des créanciers et l'avoir remise au greffe, plus avoir, par lettres, affiches et par la voie des journaux, fait convoquer tous les créanciers à un jour désigné.

Les créanciers étant réunis, présentent, sans désemparer, une liste triple du nombre des syndics provisoires qu'ils estiment devoir être nommés. Le tribunal prononce leur nomination; et ensuite les agens rendent compte de leur gestion aux syndics en présence du commissaire. Alors les agens cessent leurs fonctions, et la faillite est gérée par les syndics, toujours sous la surveillance du commissaire. Ces syndics requièrent la levée des scellés, procèdent à l'inventaire et à l'estimation de tous les biens du failli.

Dans la huitaine de leur entrée en fonctions, les syndics provisoires sont tenus de remettre au procureur impérial un mémoire rendant sommairement compte de l'état apparent de la faillite, des circonstances et causes qui y ont donné lieu, et des caractères qu'elle peut avoir. Si, d'après ce rapport, qui doit être clair et impartial, le procureur impérial présume qu'il y a banqueroute simple ou frauduleuse, il en donne connaissance au juge commissaire ; dans ce cas, le failli reste en prison et il ne peut plus lui être accordé de sauf-conduit.

Si les syndics et les créanciers jugent que le failli n'a été qu'un homme peu capable, peu économe ou trop téméraire dans ses entreprises, etc. ; ils font en sorte que leur débiteur soit pourvu d'un curateur pour continuer quelque temps son négoce, ou il est formé un contrat d'union, et des syndics définitifs sont nommés pour remplacer les syndics provisoires. Ces syndics définitifs sont tenus, en vertu du contrat d'union, de procéder, dans la huitaine, à la vente des immeubles du failli, s'il en possède, de prendre inscription contre les créances qu'ils ne peuvent faire rentrer, de faire vendre les meubles et toutes les marchandises du failli, etc. Mais que de démarches, que de frais, quel chaos, quelle dévastation !... C'est la ruine du failli, et, en définitive, les créancier ne reçoivent que très peu de chose des ventes où des arrangements trop précipités ont diminué la valeur de l'actif, et où les frais ont absorbé presque tout le reste.

Nous ne parlons pas ici de ce qu'il faut observer dans les divers accidents d'une faillite. Chaque intéressé doit lire les articles 440 et suivants du Code de commerce.

Mais si le failli ne peut être argué de témérité ni de gestion malhonnête, les créanciers, dans ce cas, font bien d'accéder à un concordat amiable et de tirer le meilleur parti possible des ressources de leur débiteur. Leur transaction est toujours régie sous l'influence de l'article 1134 du Code Napoléon; c'est-à-dire que leur convention les lie.

Quand un commerçant prévoit une chute imminente, qui n'est pas le résultat de ses fautes, mais la suite de pertes réelles, du mauvais succès de ses opérations ou de désastres occasionnés par les monopoleurs, etc., il doit se hâter de convoquer ses créanciers et leur exposer avec franchise toute son infortune. Après l'enquête faite par le commissaire, ces créanciers, touchés des malheurs réels qui placent leur débiteur dans une position si déplorable, pro-

posent ordinairement la mise en liberté du failli, et procèdent à la rédaction d'un acte dans le sens et sous la forme
du modèle qui suit :

Modèle de concordat.

Entre les soussignés (noms et prénoms du débiteur et de
tous les créanciers).

A été dit et convenu ce qui suit :

MM......, créanciers sérieux et valables de M....; lesdits
créanciers agissant dans un intérêt commun et après avoir
reconnu en tant que de besoin, que la position fâcheuse du
sieur M... ne provient point de son inconduite ni de quelque cause blâmable que ce soit, mais bien de pertes loya-
lement justifiées, consentent : 1° A lui accorder, dès ce
jour, la remise des intérêts et frais provenant de toutes
créances par ledit M..... à eux dues; 2° ils s'obligent de
payer les frais faits ou qui pourraient être faits par mégar-
de, ainsi qu'à rembourser les billets échus ou à échoir,
afin que le sieur M.. débiteur, ne puisse plus être inquiété à
ce sujet; 3° ils lui accordent et octroyent pour payer le re-
liquat de ce qu'il leur doit, un délai de quatre ans,
lesdites sommes payables par quarts; 4° appréciant justement la triste position du sieur M., remise par eux lui est
faite, dès à présent, de cinquante pour cent sur le total
des sommes par lui dues; lequel total est établi tout
du long dans un compte joint au présent acte, approuvé et paraphé par lesdits créanciers, agissant toujours dans le même intérêt que sus a été dit. En con-

séquence, lesdits créanciers ont signé avec le débiteur, et déclarent donner pleine et entière adhésion et consentement aux conventions ci-dessus, car telle est leur volonté, dont acte fait et signé double.

Dater, signer et parapher les renvois.

Nota. — Pour que cet acte ait son effet, il faut qu'il soit homologué par jugement du tribunal.

CHAPITRE XXI.

Avertissements aux femmes.

La veuve qui convole en seconde noces ne doit jamais se hâter de se dépouiller de ses biens en faveur de celui qu'elle épouse. Elle doit même se marier en séparation de biens, afin que son avoir ne soit pas absorbé par les dettes et hypothèques créées et contractées avant et pendant son nouveau mariage. Il faut qu'elle désigne bien son apport et qu'elle s'en réserve l'administration ; — il faut aussi qu'elle se réserve d'être indemnisée pour tous engagements solidaires, ou pour toutes sommes qu'elle pourrait payer comme caution des dettes personnelles de son époux ; — point de donation en faveur de son futur ; — une femme a toujours le temps de faire son testament pendant le mariage, quand l'intimité et la connaissance parfaite du caractère de son mari lui auront suggéré l'intention de faire des arrangements en sa faveur. — Qu'elle n'oublie pas qu'elle a le droit de révoquer toutes donations faites entre vifs pendant le mariage.

La veuve qui a convolé en secondes noces, a presque toujours eu à le regretter, si surtout ça été avec un veuf, père de plusieurs enfants, à moins qu'elle n'ait bien pris ses précautions.

La veuve mariée sous le régime de la communauté et qui juge à propos d'y renoncer, doit, dans les trois mois après le décès de son mari, faire faire un inventaire exact de tous les biens de la communauté par un notaire nommé à cet effet, et dans les quarante jours après ces trois mois, elle doit faire sa renonciation au greffe du tribunal sur un registre à ce destiné.

La veuve qui n'a pas fait sa renonciation dans le délai ci-dessus, n'est point déchue de cette faculté si elle a fait faire inventaire dans les trois mois et si elle ne s'est point immiscée dans la succession par quelque acte public ou privé ; elle pourra pourtant être poursuivie comme commune pour les frais faits contre elle jusqu'à sa renonciation.

La veuve qui aura diverti quelques effets de la communauté, sera déclarée commune et en supportera les conséquences.

Il faut qu'elle sache que les prélèvements de la femme s'exercent avant ceux des héritiers du mari ; que le choix des meubles et immeubles de la communauté est déféré à la veuve. Dans le cas où les biens de la communauté ne suffiraient pas pour les reprises des droits de l'épouse, elle les exercera sur les biens personnels du mari.

La femme ne peut être poursuivie que pour la moitié des dettes de la communauté, à moins que l'obligation ne soit solidaire.

Le deuil de la veuve est une dette des héritiers du mari ;

ses habits et l'habitation pendant un an doivent lui être fournis sans imputation sur ses autres droits.

La femme hérite naturellement du mari qui ne laisse pas d'héritiers au degré successible ; mais elle doit faire apposer les scellés, procéder à l'inventaire, et se faire envoyer en possession par le tribunal.

En cas de coups et de sévices graves de la part du mari, la femme n'a qu'à s'adresser au président du tribunal civil, qui commettra un avoué pour poursuivre le mari aux frais du Trésor, pourvu qu'elle puisse établir par un certificat délivré par le maire de sa commune, qu'elle ne peut se procurer de l'argent pour frais de poursuites et constatant en outre son état d'indigence. Le juge exigera, sans doute, que les faits soient clairement prouvés. *La réconciliation entre les époux sera aussi préalablement essayée.*

La femme peut demander la séparation de corps pour excès, injures graves, sévices, et pour fait d'adultère du mari commis dans la maison commune.

Toute séparation entre époux faite d'un commun accord est nulle devant la loi.

Pour la séparation de corps, l'époux est tenu de présenter au président du tribunal, requête contenant sommairement les faits sur lesquels sa demande est fondée, avec pièces à l'appui, s'il en existe.

Alors les parties, paraissant devant M. le président, ne peuvent se faire assister d'avoués ni de conseils.

La femme est ordinairement autorisée, pendant le procès, à prendre une autre résidence que le domicile du mari. La décence veut qu'elle se retire dans une maison indiquée par le tribunal ; si elle quitte la maison qui lui est désignée, il n'y aura plus lieu de continuer les poursuites contre le mari.

Dès le commencement de la procédure, la femme peut faire mettre les scellés sur les biens de la communauté, et se faire remettre les effets à son usage personnel.

La séparation de corps entraîne la séparation de biens ; la femme exerce alors ses reprises : 1° sur les immeubles qui lui appartenaient au jour de son mariage, sur ceux qui lui sont survenus depuis par successions, donations ou legs ; 2° sur les biens de la communauté ; 3° en cas d'insuffisance des biens de la communauté, elle exerce ses reprises sur les biens personnels du mari.

Le mari ne peut exercer de reprises que sur les biens de la communauté.

Après ce prélèvement des deux époux, le surplus se partage par moitié ; les dettes de la communauté sont pour moitié à la charge de chacun des époux. La femme obligée *solidairement*, peut cependant être poursuivie pour le tout, *sauf son recours* contre le mari.

La femme dont le mari est commerçant, n'a d'hypothèque légale que sur les biens qui appartenaient au mari lors de la célébration du mariage.

En cas de faillite, elle ne peut exercer aucun privilége sur les biens acquis postérieurement au mariage, parce que les biens sont censés achetés avec l'argent des créanciers, et forment leur garantie. Bien plus, elle est déchue de tous les avantages dont elle avait été gratifiée par contrat de mariage, ou au moins elle ne peut les exercer qu'après tous les autres créanciers. Les immeubles acquis pendant le mariage, bien qu'achetés en son nom, font partie de l'actif de la faillite.

La femme du failli ne peut rien distraire de sa maison, que les habits et le linge à son usage, sans s'exposer à être poursuivie judiciairement, à moins que ce ne soient les bijoux ou autres effets qu'elle pourra justifier lui avoir été donnés par contrat de mariage ou lui être advenus par successions. S'il est aussi prouvé par des actes notariés que les deniers employés pour achat de meubles ou immeubles, proviennent réellement de donations ou successions à elle échues, elle a dans ce cas, par exception à la règle générale, la faculté de reprendre les meubles et immeubles acquis pendant le mariage avec lesdits deniers.

Du reste, elle peut toujours reprendre en nature les immeubles qui lui appartenaient au jour du mariage, et ceux qui lui sont survenus postérieurement par successions, donations ou legs, ainsi que les bijoux et autres objets mobiliers qu'elle a apportés en mariage, comme ceux qui lui ont été légués sous la condition expresse qu'ils n'entreraient pas dans la communauté.

Avis à la demoiselle qui épousera un commerçant....

On voit par cet extrait que, quoique nos lois aient été faites par les hommes, elles n'en sont pas moins bienveillantes quand il s'agit de l'intérêt de la femme. Ces lois portent toutes le cachet de la générosité et du caractère français. On rencontre, il est vrai, quelquefois dans nos Codes certains articles qui, du premier abord, semblent un peu oppressifs envers la femme ; mais le législateur, dans sa sagesse, a cru devoir en agir ainsi pour le bien de la famille et de la société.

Ces dernières lois ne sauraient jamais étouffer les voion-tés justes d'une femme bonne, raisonnable et spirituelle. Celle-ci saura toujours se faire respecter et chérir de son mari, de ses enfants, de sa famille, et étendre son influence sur tout ce qui est raisonnable. L'on s'empressera de ratifier tout ce qu'elle aura fait, et tout ce qu'elle désirera faire. Si l'autorité de l'homme est dans la loi, la force de la femme est, et ne doit être, que dans la persuasion.

CHAPITRE XXII.

Des vices redhibitoires.

Ce sont les défauts cachés de la chose vendue. Ils sont relatifs aux marchandises, et si l'acheteur les avait connus il n'aurait pas acheté ces marchandises ou en aurait donné un prix moindre. Il doit intenter son action dans le plus bref délai, avant de payer le montant de la facture et de la rentrée en magasin si c'est possible.

La loi du 26 mai 1836 a réglé les vices redhibitoires relatifs aux animaux comme suit :

Art. 3. Dans la vente et échange d'animaux domestiques, tels que chevaux, ânes et mulets, la fluxion périodique des yeux et le mal caduc, la morve et le farcin, les vieilles courbatures et l'immobilité, les carnages chroniques, les tics, les hernies et la boiterie intermittente, donnent lieu à une action contre le vendeur. Le délai, pour intenter action contre le vendeur d'animaux, sera de trente jours pour fluxion périodique de maux d'yeux et pour mal caduc, et de neuf jours pour les autres cas.

Dans les ventes de l'espèce bovine, le mal caduc et le renversement du vagin donnent les mêmes droits. Dans la vente de l'espèce ovine, le sang de rate, qui occasionne la mort à la quinzième partie du troupeau, et la clavelée reconnue pendant les neuf jours après l'achat, donnent aussi les mêmes droits. (Reddition ou dommages et intérêts.)

La requête doit être présentée de suite au juge de paix de l'endroit où se trouve l'animal (1). En cas de mort, il faut que l'acheteur prouve par expert que l'accident a été causé, après la vente, par une des maladies spécifiées ci-dessus. Dans le cas où l'animal aurait été mis en contact avec d'autres animaux ayant la morve et le farcin, pour le cheval, l'âne, le mulet, et la clavelée pour les autres animaux, le vendeur sera dispensé de toute garantie.

Nous nous dispensons d'autres détails pour ne pas donner naissance à des procès qui ne produiraient d'autres résultats que d'enrichir les hommes de loi au détriment de braves gens.

CHAPITRE XXIII.

Résumé de notions usuelles.

La date d'un acte sous seing-privé n'est reconnue en justice pour certaine, que du jour où cet acte a été enregistré, ou du jour du décès de l'un de ceux qui l'ont souscrit.

Le papier timbré qui a servi pour un commencemeut d'acte ne peut servir pour un autre acte. L'empreinte du timbre ne peut être couverte d'écriture.

Les actes synallagmatiques ne sont valables que tout autant qu'ils sont faits en autant d'originaux qu'il y a de parties contractantes.

____

(1) Pour marchandises, au président du tribunal de commerce.

La remise d'un titre de créance enregistré ne libère pas le débiteur ; il faut une quittance notariée et enregistrée pour obtenir main-levée et la radiation de l'inscription.

Tous billets doivent être faits sur papier timbré, à peine de 30 francs d'amende au moins, pour le souscripteur et le premier endosseur.

Toute obligation de payer en *argent* ou *marchandises,* non écrite par le souscripteur, doit être approuvée en toutes lettres de la main de celui qui la signe : *Bon pour* ou *j'approuve ce que dessus.* (Sont dispensés de cette formalité les marchands, les artisans, les laboureurs, les vignerons et les gens de journée.)

Le billet dans lequel le mot *solidairement* n'est point exprimé, n'est exigible, à l'égard de ceux qui l'ont souscrit ensemble, que pour chacun leur quote part, et non un seul pour le tout. On doit établir un domicile unique ; ceci est nécessaire afin qu'en cas de poursuites on n'ait besoin de faire signification qu'à un seul.

Les billets simples ne peuvent se transmettre que par un acte de transport. (*Voir Transport.*)

La preuve testimoniale n'est pas admise pour une somme ou une valeur qui dépasse 150 fr. On peut pourtant faire entendre des témoins pour un fait de commerce de valeur supérieure, pourvu qu'il existe déjà un commencement de preuve écrite ou matérielle ; mais simplement à titre de renseignement, et souvent sans serment préalable.

Toutes demandes de dégrèvement d'impôts doivent être faites sur papier timbré, si ce n'est lorsque la cote se porte à moins de 30 fr. Ces sortes de réclamations doivent être faites dans les trois mois après l'émission des rôles annuels.

CHAPITRE XXIV.

Des différentes espèces de saisies.

La saisie-arrêt est celle qui a pour objet d'arrêter dans les mains d'un tiers les sommes par lui dues au débiteur du saisissant ; si elle est faite sans titre, il est indispensable d'obtenir du juge une ordonnance permettant de saisir-arrêter ; si·le créancier a un titre, tel que billet ou reconnaissance, il suffit de le faire enregistrer et d'en donner copie en tête de l'exploit ; si enfin le créancier a un jugement, sa position est plus simple encore, car il n'a pas besoin de scinder sa procédure par une demande en condamnation, il suffit de former aussitôt sa demande en validité. Quoi qu'il en soit, il n'est guère possible de conduire à fin la procédure d'une saisie-arrêt sans dépenser 100 à 120 fr. en frais.

La saisie-gagerie est celle que le propriétaire, qui n'a pas de bail notarié, fait pratiquer sur les meubles de son débiteur, en vertu de l'art. 819 du Code de procédure civile ; elle a besoin d'être validée par un jugement qui la convertit en saisie-exécution, et dans tous les cas elle occasionne beaucoup de frais : 100 à 120 fr.

La saisie-branton est une saisie-exécution qui a pour objet la vente des récoltes ; elle ne peut être faite que dans les six semaines qui précèdent leur maturité ; elle est simple et peu coûteuse ; 10 à 12 fr., plus la signification de l'acte.

La saisie-exécution est celle qui, faite en vertu d'un titre exécutoire, atteint toute espèce de meubles ; elle se conduit à fin sans l'intervention d'aucun tribunal.

Ne peuvent être saisis les outils des artisans, les farines

et menues denrées nécessaires à la consommation du saisi et de sa famille, pendant un mois, à moins que l'exécution ne provienne de ceux qui auraient fourni ces mêmes objets et pour revendication. (Leur revendication n'est valable que dans la huitaine après la livraison.) Une vache ou trois brebis, ou deux chèvres avec le fourrage qui leur est nécessaire pendant un mois, ne peuvent non plus être saisis.

Ne peuvent être saisis pour aucune créance que ce soit, pas même par l'Etat, le coucher nécessaire au saisi ni celui de ses enfants. On entend par coucher, une couchette, deux matelas, un lit de plumes, une paillasse, un traversin, deux oreillers, deux couvertures, une paire de draps, etc., enfin le lit complet. *Idem*, les habits dont le saisi est couvert, pas même son manteau, s'il l'a sur ses épaules, ni sa montre, ni celle de sa femme, s'ils la portent sur eux-mêmes. Si l'huissier veut passer outre, le saisi doit demander à aller en référé.

CHAPITRE XXV.

Réflexions à faire avant d'intenter une action contre un débiteur.

S'il est une détermination qui mérite d'être mûrement réfléchie, c'est assurément celle qui a pour objet de faire poursuivre un débiteur; car alors il s'agit d'entreprendre une guerre qui, dans un grand nombre de cas, n'est point à l'avantage de l'assaillant. Il faut marcher d'après les règles tracées par la loi, c'est-à-dire recourir aux *huissiers*, aux avoués, aux avocats, tous gens fort polis sans doute, mais qu'on ne peut aborder qu'une bourse à la main; il est même indispensable que la bourse soit convenablement garnie. Nous avons connu, nous ne dirons pas des huissiers dont la réputation est faite, ou même des avoués qui, après tout, ne sont autre chose que les anciens procureurs, moins le nom, mais des avocats qui ne se fussent point chargés d'une affaire, quelque bonne, quelque claire, quelque facile qu'elle fût, si l'on n'eût commencé par étaler à leurs yeux une somme d'argent supérieure à celle qui faisait l'objet du procès. Je ne dis pas qu'ils avaient tort, je dis seulement que cela est, et qu'en matière de désintéressement les avocats ne valent pas même les médecins.

Donc, pour en revenir à un commencement de poursuites, nous conseillons au créancier de bien réfléchir sur ce qu'il va entreprendre. Plus la procédure sera simple, moins il y aura d'actes, et plus elle sera claire et facile à juger, cela est incontestable. Que faut-il, en effet, pour obtenir paiement du montant d'un mémoire de serrurier, de menuisier, de maçon, etc. ? Une assignation clairement rédigée et contenant l'objet de la demande, pas autre chose; plus, si l'on ne peut éviter le tribunal de première instance, un avocat pour plaider; et il faut tâcher de l'éviter.

Fixez-vous donc sur l'assignation. Il est assez d'usage, parmi les marchands et les entrepreneurs de bâtimens, de la faire précéder par une signification du mémoire, détaillé article par article : c'est là un acte inutile et presque toujours très coûteux; car les mémoires de bâtimens sont généralement volumineux, et, indépendamment du timbre que cela emploie, l'huissier se fait payer en raison de l'importance de la copie signifiée (chose parfaitement juste d'ailleurs). Cet acte n'est pas nécessaire : la preuve, c'est que, s'il est suivi de paiement, il reste à la charge de celui qui l'a commandé; il est souvent rejeté de la taxe, parce qu'une mise en demeure n'est utile que quand il s'agit d'une *sommation de faire*, jamais quand il s'agit d'une *sommation de payer* Ajoutons qu'il est de règle constante chez les entrepreneurs de bâtiments, de fournir amiablement à leurs pratiques, quelque temps avant d'en demander le paiement, un double de leur mémoire. Supprimez donc les significations de mémoires, ou si, pour obéir à la routine, vous y tenez encore, faites donner votre assignation par le même acte.

Lorsqu'un marchand, un serrurier, un maçon ou un menuisier veulent obtenir paiement du prix de leurs travaux ou fournitures, ils n'ont pas autre chose à faire que de donner à l'huissier le chiffre de la somme qui est due. Celui-ci assigne. Quand celte somme est inférieure à 200 francs, le juge de paix est compétent. Si le défendeur, dans ce cas, conteste le chiffre ou la qualité des travaux et fournitures, le juge de paix nomme un expert de son choix, dont le rapport est presque toujours adopté ; et cela est d'autant plus raisonnable, que le tribunal n'a que ce moyen de s'éclairer.

Si la somme réclamée est supérieure à 200 francs, le juge de paix ne peut connaître de la demande que comme conciliateur ; mais souvent il arrive que les parties, bien conseillées, consentent, au moyen d'un compromis signé à l'audience, à étendre la compétence du juge, qui alors connaît souverainement de leur contestation. L'affaire est instruite avec la célérité et l'économie ordinaires aux tribunaux de paix ; pas d'écritures, pas d'avoué, pas d'avocat, tout n'en marche que mieux. Si le magistrat n'est pas suffisamment éclairé, il nomme l'expert dont nous avons parlé, que presque toujours il dispense de la formalité stérile et coûteuse du serment. Celui-ci se transporte sur les lieux, accompagné des parties qu'il a prévenues d'avance ; il reçoit leurs dires et observations, prend tous les renseignements qu'il juge convenables, et se retire dans son cabinet pour rédiger seul son rapport, qui, comme nous l'avons dit, servira probablement de base au jugement à intervenir.

Comme on le voit, rien de plus simple que cette manière de procéder ; elle est claire, expéditive, peu coûteuse ; elle permet aux parties d'expliquer elles-mêmes leur affaire, ce qui n'est pas un faible avantage. Elle peut s'appliquer à toute espèce de contestations, et si les plaideurs comprenaient véritablement leurs intérêts, ils n'en suivraient pas d'autres. Les tribunaux de première instance en souffriraient sans doute ; les études d'avoués perdraient un peu de leur importance ; les avocats ne seraient plus aussi souvent enroués : mais où serait le mal ?

CHAPITRE XXVI.

Des notaires.

L'institution des notaires date du temps des Romains ; on les appelait autrefois Tabellions. Ils se recrutaient encore parmi les esclaves dans les premiers temps du moyen-âge ; mais la nature de cette profession la fit passer ensuite aux hommes libres, qui acquirent une grande confiance et devinrent les dépositaires des secrets et de la fortune des familles.

Les lois des 25 ventôse an XI et 28 avril 1816, ont donné chez nous une haute importance au notariat. Ce sont les notaires qui ciment, par des actes irrévocables, les liens des familles, qui règlent les intérêts divers, qui coupent court aux procès par la rédaction claire et précise des transactions. Arbitre amiable dans les partages, un notaire habile tranche toujours les difficultés par l'à-propos et l'impartialité de ses avis. Aujourd'hui, qui dit notaire, dit presque toujours honnête homme et homme éclairé.

Le vrai notaire ne sort jamais des limites de sa charge, il reste tout simplement le rédacteur des volontés des parties contractantes. Celui qui va plus loin, celui qui convoite encore les bénéfices de spéculations diverses, n'est qu'un ambitieux, un homme aventureux qui joue l'honneur de son ministère et la fortunes de ses clients.

Les notaires ne peuvent recevoir d'actes qui contiendraient des dispositions en leur faveur, ni les actes de leurs parents en ligne directe, à quelque degré que ce soit, ni en ligne collatérale, jusqu'au degré d'oncle.

Leurs actes doivent être reçus par deux notaires, ou par un notaire et deux témoins mâles, âgés de 21 ans, citoyens français, et domiciliés dans l'arrondissement communal où l'acte est passé.

Le notaire ne peut forcer ceux qui ont passé un acte chez lui d'en retirer expédition.

Il ne peut, sans ordonnance du tribunal, communiquer ses minutes à d'autres qu'aux ayant-droits.

Sous peine d'amende et de dommages et intérêts, il ne peut également livrer l'expédition qu'aux ayant-droits ; il ne lui est pas permis de livrer de seconde grosse sans ordonnance du président du tribunal, sous peine de destitution.

Les actes notariés ont force d'exécution lorsque l'expédition est mise sous forme de *grosse* et qu'ils se terminent par le *mandons*, etc.

Les sous-seing privés n'ont force exécutoire que lorsqu'ils ont été reconnus en justice ou devant notaire, et en vertu de la grosse du jugement ou de l'acte notarié.

La grosse doit porter l'empreinte du cachet du notaire. Il faut qu'elle soit légalisée quand elle doit être mise à exécution hors du département et que l'acte a été passé par devant des notaires de deuxième et troisième classe. Elle doit être pareillemennt légalisée quand elle doit être mise à exécution hors du ressort de la Cour impériale, quoique l'acte ait été passé pardevant un notaire de première classe.

Les honoraires des notaires sont toujours taxés et évalués d'après les bases suivantes :

A Paris, leurs vacations de trois heures se paient 9 fr., dans les villes où il y a une Cour impériale, 8 fr.; où il y a un tribunal de première instance, 6 fr. ; partout ailleurs, 4 francs. Les notaires comptent par vacations toutes les fois que, par leur intervention, il n'y a pas d'acte présentant des sommes à produire des honoraires convenables. L'enregistrement et l'expédition se paient en sus des vacations.

Ils comptent par vacations : pour compulser dans leur étude , pour comptes de tutelle, pour formation de comptes de co-partageants, pour transport requis devant un juge, pour déposer minute des procès-verbaux et se rendre au greffe, pour signification d'actes respectueux avant mariage, etc.

Toutes les fois qu'il leur est alloué des vacations, ils ne peuvent rien exiger pour leurs minutes.

Pour transport à plus d'un myriamètre, il leur est dû une vacation ; une demi-vacation pour chaque myriamètre en plus, aller et retour, et pour frais de route et nourriture encore une demi-vacation.

Pour actes de vente, enchères, adjudications, contrats de mariage, à Paris, ils ont droit à 1 p. 100 quand le montant ne s'élève pas à 10,000 fr.; à partir de 10,000 jusqu'à 50,000, 1[2 p. 100 ; depuis 50,000 jusqu'à 100,000 1[4 pour 100 ; pour les sommes au-dessus, 1[8 de franc p. 100. Dans les villes de Lyon, Marseille, Bordeaux et Rouen, mêmes droits qu'à Paris ; dans les villes de 30,000 âmes, réduction d'un dixième, et d'un cinquième dans les autres localités (1). Il faut payer en plus, l'enregistrement, les frais d'inscription et ceux qu'entraîne la purge des hypothèques pour vente d'immeubles.

Les contrats de mariage sont sujets à un droit d'enregistrement fixe, de 5 fr. 50 c. (décime compris) pour l'apport personnel des époux, et à un droit proportionnel pour les donations qui leur sont faites.

Pour testaments, à Paris, 15 fr. ; Cour impériale, 14 fr.; tribunal de première instance, 12 fr.; ailleurs, 10 fr., enregistrement compris. Si les notaires se transportent à domicile, il leur est dû en plus une ou deux vacations.

---

(1) Les notaires de Paris consentent tous à ne prendre que 8 fr. par mille pour ventes ; pour transactions, 6 fr.; pour baux 5 fr. par mille, et fournissent l'expédition gratis, quand les honoraires prevenant des sommes spécifiées dans l'acte se portent à plus de 30 fr.

Les notaires, ainsi que les avoués, n'ont droit à aucun honoraire ; il ne leur est jamais dû que le coût de leurs actes.

Pour procurations, substitutions, décharges de sommes; pour pouvoirs, consentement à mariage, main-
levée d'opposition, actes de notoriété, certificats de com-
parution, certificats d'exeat, il est dû à Paris 6 fr., en
provincn 5 fr., lorsque ces actes ne doivent pas sortir du
ressort de la Cour impériale, et 50 cent. en plus pour les
faire présenter à la légalisation du président du tribunal,
lorsqu'ils doivent être envoyés dans d'autres départements.

Les actes de dépôt de pièces, de sommes, de substitution, de main-levée d'opposition, de décharges de sommes
et autres petits actes en minute, se paient, à Paris, 12 fr.
et ailleurs 10 fr., et les notaires fournissent la première
expédition gratis.

Les certificats de vie pour toucher des pensions sur l'État
et sur la liste civile sont exempts d'enregistrement. Ils varient, pour les honoraires, de 20 c. à 1 fr., pour les pensions de 51 à 601 fr. Le notaire doit toujours présenter le
tarif. Pour les autres certificats de vie et de résidence, enregistrement, 1 fr.

Les expéditions des actes reçus par notaires, doivent
contenir 25 lignes par pages et 15 syllabes par lignes; elles
sont payées à Paris, 3 fr. par rôle ; dans les villes où il y a
un tribunal de première instance, 2 fr., et partout ailleurs, 1 fr. 50 c.

La transcription au bureau des hypothèques coûte peu
de chose (voir le tarif ci-après), et s'il n'en survient pas
d'autres dans la quinzaine, la vente est fixée et devient incommutable. Si, au contraire, il en existait déjà ou s'il en
survenait dans la quinzaine, il faudrait quittance partielle et
main-levée de chacun des créanciers inscrits : toutefois les
frais de ces diverses quittances ne sont pas à la charge de

l'acquéreur ; il ne doit que le coût de la quittance du montant de son prix (une vacation et 5 fr. 50 c. par mille pour l'enregistrement). Le coût des autres quittances est imputable sur le prix de la vente.

Pour une vente de dix mille francs, il sera payé :

1° Au notaire, 80 centimes pour cent, pour dresser la minute et fournir l'expédition, ci. . . . 80 fr. 00 c.

2° Vacation pour la quittance, environ. 4. 00

3° Pour enregistrer la quittance, ci. . . 55 00

4° Pour l'enregistrement de l'acte de vente, ci. 605

5° Pour les bordereaux d'inscription, ci. 2 50

6° Pour timbre du registre 1 fr. par rôle, 3 00

7° Pour le montant de la créance, 1 fr. par mille, ci. 10 00

8° Pour le timbre du registre de dépôt, 6 centimes par case, ci. 00 60

9° Pour timbre de la reconnaissance, 35 centimes, ci. 00 35

1 0 Pour salaire du conservateur, 1 fr. par mille, ci. . . . . . . , . . . 10 00

Total. . . 770 fr. 45 c.

Quant à la purge légale, toute personne peut la faire elle-même. Il suffit de déposer au greffe du tribunal civil copie littérale de l'acte d'acquisition. (Art. 2194 du Code Napoléon). Le greffier donne un acte du dépôt, lequel énonce les conditions principales de l'acquisition. Cet acte est signifié, aussitôt, par huissier, au procureur impérial, à la femme du vendeur et au subrogé-tuteur s'il y a des mineurs ; il doit contenir l'indication des anciens propriétaires connus ; extrait de cet exploit est inséré dans le journal, et, deux mois après la purge est opérée, moyennant un certificat délivré par le greffier et un autre délivré par le conservateur des hypothèques. Ces certificats établissent la position définitive des immeubles acquis (1).

Cela peut coûter :

1° Pour copie de pièce collationnée et qu'on pourrait faire soi-même. (Voir tarif des avoués) *Pour mémoire.* . . . . 1 fr. 40 c.

2° Pour acte de dépôt. 12   65

3° Pour exploit d'huissier. 7   50

4° Pour insertion au journal (20 à 25 lignes, à 25 c. la ligne). 4   25

5° Pour certificats négatifs. 8   65

Total. . . 34 fr. 45 c.

Quand il n'y a que deux inscriptions sur les biens acquis, il n'y a pas lieu *à ordre* ; s'il y a trois inscriptions ou un plus grand nombre, alors il y a eu lieu *à ordre* ; dans ce dernier cas, la procédure est compliquée et les frais se montent toujours fort haut, de 1,000 à 1,200 f. au moins; dans tous les cas, les frais de notification, etc., sont à la charge du vendeur et ne peuvent être imputés que sur le prix de l'achat. Mais alors les créanciers inscrits ne feraient-ils

(1) L'avoué ne devrait compter que quatre vacations pour faire la purge légale, plus la copie de pièce.

pas sagement de trans'ger entr'eux afin d'éviter une aussi ruineuse procédure ?

Les parties font toujours prudemment de s'entendre d'a-vance avec le notaire pour régler le taux des honoraires. Que le notaire n'allègue pas alors qu'il a de la responsa-bilité, que l'acte est dfficile à rédiger, etc., son état c'est d'être responsable jusqu'à un certain point ; il ne l'est que pour faute *lourde*. Quant à la rédaction, quelque difficik qu'elle paraisse au commun des hommes, elle ne doit jamai l'être pour un notaire habile, parce qu'un notaire doit savoir son état. Une faute lourde de la part d'un notaire, est, dans l'acte qu'il a passé, comparée au dol, et peut le faire condamner à tous dommages et intérêts.

Droits dus par les héritiers, les légataires et les donataires.

La déclaration des mutations doit être faite par eux au receveur de l'enregistrement six mois après le décès de leur auteur, s'ils ne veulent être obligés à payer un demi-droit en sus pour retard et à titre d'amende. Ils peuvent être condamnés à un double droit pour déclaration insuffisante.

Les droits pour retard ou déclaration insuffisante, sont supportés personnellement par les tuteurs quand il y a des mineurs.

Les légataires sont personnellement obligés de payer les droits de mutation pour l'objet qui leur est légué.

Les héritiers avec les légataires ne sont pas solidaires; mais la solidarité existe entre légataires; idem entre héri-tiers ou donataires.

La régie ne peut pas demander l'expertise des biens du

défunt quand il y a un bail courant et que ce bail ne peut être présumé simulé. C'est toujours à la régie de prouver, par des titres en bonne forme, qu'il y a eu omission de biens, lors de la déclaration; elle ne peut pas opposer de simples présomptions.

Quand il n'y a pas de bail, c'est d'après l'impôt et la déclaration estimative des parties que la valeur des biens du défunt s'établit. La régie peut requérir l'expertise pour déclaration insuffisante, et le salaire des experts sera à la charge des héritiers quand, d'après le rapport de ces experts, il sera prouvé que les déclarations avaient été portées à un huitième en moins.

L'expertise n'est pas autorisée pour les biens meubles. La valeur en doit résulter d'un inventaire ou de tout autre acte, tel que la déclaration estimative des parties.

L'évaluation se fait en portant à vingt fois le taux annuel des baux ou le revenu des biens, sans distraction des charges.

La régie suit les sommes de 20 en 20 francs, sans fractions. Le moindre droit qu'elle reçoive, c'est 25 centimes.

Il y a prescription pour la demande des droits de mutation, après décès : — 1° Au bout de deux ans, à compter du jour de l'enregistrement de la déclaration, pour faire expertiser les biens; — 2° Après trois années, quand il s'agit d'une omission de biens; — 3° Après cinq ans à compter du jour du décès, pour les successions non déclarées. (Loi du 22 frimaire, an VII.)

Cette quotité varie suivant qu'elle s'applique à des meubles ou à des immeubles.

On appelle *meubles*, les objets meublans, l'argent, les

billets à recevoir, les bijoux, l'argenterie, les créances diverses, les coupes de bois, les rentes constituées, (les rentes sur l'Etat sont soumises aux droits établis pour les successions ou les donations entre vifs ; il en est de même des fonds publics étrangers ou des actions de compagnies étrangères). (*Loi du* 18 *mai* 1850, *art.* 7 et 10).

On appelle immeubles les maisons, les terres, les biensfonds et les immeubles par destination.

La quotité des droits varie suivant le degré de parenté, et il faut ajouter en outre le décime par franc.

Donations entre vifs, hors Contrats de mariage.

1° En ligne directe, du père au fils, ou du fils au père, meubles, 2 fr. 50 c. ; immeubles 4, fr. pour 100 fr. — 2° Entre époux, meubles, 3 fr. pour 100 ; immeubles 4 fr. 50 c. pour 100 fr. — 3° Entre frères et sœurs, oncles, tantes, neveux et nièces : meubles et immeubles, 6 fr. 50 c. pour 100. — 4° Entre grands-oncles et grand'tantes, petitsneveux et petites-nièces, cousins germains, meubles et immeubles, 7 pour 100. — 5° Entre parents au-delà du quatrième degré jusqu'au douzième, 8 pour 100. — 6° Entre personnes non parentes, 9 pour 100. — *Donations portant partage* des ascendants à leurs descendants directs, meubles et immeubles, 1 fr. pour 100 fr. (*Loi du* 18 *mai* 1850).

Donations entre vifs par contrats de mariage aux futurs.

1° En ligne directe, du père au fils, meubles, 2 fr. 50 c. pour 100 ; immeubles, 4 fr. pour 100. — 2° Entre époux, meubles, 3 fr. pour 100 ; immeubles, 4 fr. 50 c. pour 100. — 3° Entre frères et sœurs, oncles et tantes, neveux et nièces, meubles et immeubles, 6 fr. 50 pour 100. — 4° Entre grands-oncles et grand'tantes, petits-neveux, cousins germains, meubles et immeubles, 7 pour 100. — 5° Entre parents au-delà du quatrième jusqu'au douzième degré, 8 pour 100. — 6° Entre personnes non parentes, 9 pour 100.

Successions, et Mutations par décès en propriété ou en usufruit.

1° En ligne directe, du père au fils ou du fils au père, les biens meubles et immeubles, 1 fr. pour 100. — 2° de l'époux à l'épouse, 3 fr. pour 100. — 3° Entre frères et sœurs, oncles ou tantes, neveux ou nièces, 6 fr. 50 c. pour 100. — 4° Entre grands-oncles, grand'tantes, petits-neveux, cousins germains, 7 fr. pour 100.

L'époux survivant, les enfants naturels, les beaux-pères, gendres, beaux-frères et belles-sœurs appelés à une succession faute de parents à un degré successible, paient comme personnes non parentes, 9 pour 100. (*Loi du 18 mai 1850*).

Autres droits d'enregistrement pour lesquels il faut aussi payer, en outre, le décime par franc.

Pour acte de vente, transport ou rétrocession de meubles, 2 fr. pour 100 ; — d'immeubles, 5 fr. 50.

Pour vente de marchandises par un commissaire priseur ou par autorisation du tribunal de commerce, 50 c. pour 100.

Pour baux à ferme, à loyer, à cheptel, 20 c. pour 100 pour chaque année de toute la durée du bail.

Les billets à ordre, au porteur, les arrêtés de comptes, les cautionnements, les attermoiements entre débiteurs et créanciers, les reconnaissances de dépôt d'argent, les cessions de créances paient 50 c. pour 100. — Les quittances et tous actes portant libération de sommes ou valeurs, 25 c. pour 100. (*Loi du 18 mai 1850*).

Les engagements d'immeubles, les retours pour partage, 2 fr. pour 100. — Les échanges, 2 fr. 50, pris sur la valeur de l'une des deux parts. S'il y a retour, le surplus est assimilé à la vente et paie 5 fr. 50 c. pour 100.

Les actes suivants ne paient qu'un droit fixe.

Certificats de vie et résidence pour chaque individu, 1 fr. (loi du 18 mai 1850). Acquiescements, consentements, purs et simples, pouvoirs, déclarations et affirmations en matière civile ou de commerce, les procès-verbaux dressés à la requête des particuliers, 2 fr.

Les inventaires de meubles, 2 fr. par vacation.

Reconnaissance d'enfant naturel par mariage ; adoption autre que par jugement, 2 fr. — Compromis sans obligation de somme ou valeurs, nominations d'arbitres, exploits d'huissier devant les cours impériales, 3 fr.

Actes de partage de biens meubles et immeubles, entre co-propriétaires à quelque titre que ce soit, pourvu qu'il en soit justifié, — appel des jugements de tribunal civil, de commerce ou d'arbitrage, 5 fr.

Enregistrement d'un jugement en dernier ressort, 10 fr.

Jugement de séparation de biens, — premier acte de recours en cassation, — prestation de serment de notaire, avoué et tout officier ministériel salarié, 25 fr.

Jugement d'adoption, 50 fr. — Arrêt de cour impériale confirmant l'adoption, 100 fr.

Droits à payer au Conservateur des hypothèques.

Pour copie des actes déposés ou transcrits, pour déclaration de changement de domicile ou de subrogation, par rôle de 50 lignes à 18 syllabes, 50 centimes, — duplicata de quittance, 25 c.

Pour salaire d'inscription, 1 fr. par mille.

Pour chaque extrait d'inscription attestant affirmation,

ou négation, c'est-à-dire que tel immeuble est ou n'est pas hypothéqué, 1 franc ; plus 35 cent. de timbre.

CHAPITRE XXVII.

Tarif des frais près les tribuuaux de première instance.

Toute aetion en première instance doit être précédée d'une citation en conciliation.

Sur une demande résultant d'une reconnaissance de 1,000 fr., enregistrement du titre, 5 fr. 50 c.

Requête pour assigner à bref délai, à Paris, 6 fr. 65 c. (1); ailleurs, 5 fr. 90. (La requête dispense des préliminaires de la conciliation et des frais que cela entraîne.)

Assignation, Paris, 6 fr. 40 c. (2); hors Paris, 5 fr. 58 c. — Mise au rôle, 1 fr. 65 c. — Appel de cause, 30 c. — Obtention de jugement par défaut, Paris, 7 fr 50 c.; hors Paris, 5 fr. 65. — Coût du jugement, 5 fr. 50 c. — Rédaction, 1 fr. — Timbre de l'expédition, 10 fr. — Signification, 7 fr. 75 c.; hors Paris, 6 fr. 35 c. — Commandement, 5 fr. 40 c.; hors Paris, 4 fr. 78 c. — Recours sur l'opposition, 1 fr.; hors Paris, 95 c. — Trois

_____

(1) Requête. A Paris, *pour dresser*, 3 fr.; timbre, 35 c.; enregistrement, 3 fr. 30 c.; total, 6 fr. 65 c.

Ailleurs, *pour dresser*, 2 fr. 25 c.; timbre, 35 c.; enregistrement, 3 fr. 30 c.; total, 5 fr. 90 c.

(2) Assignation. A Paris, original, 2 fr.; copie, 50 c.; copie de pièce, 1 fr.; timbre, 70 c.; enregistrement, 2 fr. 20 c.; total, 6 fr. 40 c.

Ailleurs, original, 1 fr. 50 ç.; copie, 38 c.; timbre, 70 c.; copie de pièce, 80 c.; enregistrement, 2 fr. 20 c.; total, 5 fr. 58 c.

Le coût d'une assignation n'est pas toujours conforme; il varie en raison des actes dont il peut être utile de donner copie : il peut donc s'élever quelquefois très haut.

bulletins, 45 c. — Appel de cause, 30 c. — Obtention du jugement définitif, 15 f. ; hors Paris, 11 f. 25 c. Qualités, 3 fr. 75 ; hors Paris, 2 fr. 85 c. — Enregistrement du jugement, 3 fr. 30 c. —Huit rôles pour l'expédition, 10 fr. —Rédaction, 1 fr.—Signification à avoué, 1 fr. ; hors Paris, 95 c. — Inscription, 4 fr. 40 c. — Commandement, 5 fr. 40 c. ; hors Paris, 4 fr. 78 c. — Saisie, 15 fr. 80 c. hors Paris, 13 fr. 30 c. — Affiches, 14 fr. 95 c. ; hors Paris, 14 fr. 48 c. — Récolement, 10 fr. 40 c.; hors Paris, 8 fr. 52 c. —Gardien, 12 jours, 30 fr.; hors Paris, 24 fr.

Le total de ces frais s'élève, à Paris, à 182 fr. 25 c. environ : et hors Paris, à environ 162 fr. 20 c.

Nous avons dû même, à propos de saisie, ne nous occuper que de la plus simple, qui peut se faire dans une seule vacation de trois heures; si elle durait plus long-temps, il faudrait pour chaque vacation suivante, 5 fr. pour les huissiers de Paris, et 3 fr. 75 c. pour ceux hors de Paris.

Du reste, nous engageons toute partie qui est dans le cas de payer des frais, à ne le faire qu'après avoir exigé la taxe : aucun officier ministériel ne peut s'y refuser. C'est qu'on dit qu'il y a eu certains huissiers et avoués qui enflaient toujours leurs états de frais; on a dit même que quelques juges taxateurs ne perdaient pas assez de vue leurs relations sociales avec certains avoués dont ils devaient taxer les honoraires, et qu'ils glissaient sur certains articles, etc. ; ce sont là des calomnies, et nous n'en croyons pas un mot. Mais nous rappellerons surtout que l'exécution forcée d'un jugement est rarement un moyen de se faire payer, et qu'on ne doit y recourir qu'avec une extrême réserve.

L'impossibilité de prévoir tous les incidents que peu faire naître une procédure, même la plus simple en apparence, nous a obligés de baser nos états de frais sur les procédures qui ne donnent matière à aucune difficulté. Il est évident que les résultats varieraient, s'il survenait des incidents donnant lieu à des enquêtes et interrogatoires sur faits et articles, à des expertises, à des descentes sur lieux, ou à toute autre mesure préparatoire.

Toute instance est éteinte par discontinuation de poursuites pendant trois ans ; ce délai est augmenté de six mois dans tous les cas où il y a lieu à demande en reprise d'instance.

La péremption n'a pas lieu de droit ; elle doit être demandée par requête d'avoué à avoué.

La péremption n'éteint pas l'action ; mais le demandeur principal supporte tous les frais de la procédure périmée et ne peut alors opposer aucun des actes de la procédure éteinte ou s'en prévaloir, même contre la prescription.

En matière de commerce comme en matière civile, il existe une indemnité de transport à l'huissier, qui est de 2 fr. pour chaque myriamètre, et autant pour le retour.

Employons donc autant que possible l'huissier de la localité ; celui-là connaît mieux la solvabilité du débiteur, et puis il économise des frais qui ne sont pas toujours remboursés. L'huissier de Paris prendra 4 fr. en plus pour chaque acte fait à Neuilly. Si la procédure comporte dix actes, il faudra débourser 40 francs en plus, bien inutilement.

Tarifs divers (avocats, avoués).

Pour l'obtention d'un jugement par défaut, y compris les qualités et la signification, à Paris, 7 francs 50 centimes; — ailleurs, 5 francs 62 centimes quand la demande n'excède pas 1,000 fr.

A Paris, 10 francs;—ailleurs, 7 fr. 50 cent. quand la demande n'excède pas 5,000 fr.

A Paris 15 fr.;—ailleurs, 11 fr. 25 cent., quand la demadde s'élève au-dessus de 5,000 fr.

Pour obtenir un jugement contradictoire et définitif de 1,000 francs, à Paris 15 francs; — ailleurs 11 francs 25 centimes.

Idem, au-dessus de 1,000 fr. jusqu'à 5,000 fr., à Paris 20 fr.;—ailleurs 15 fr.

Idem au-dessus de 5,000 fr., à Paris 30 fr.; — ailleurs 22 fr. 50 c.

Il est passé à l'avoué qui lève le jugement rendu contradictoirement, pour dresser les qualités et signifier à avoué, le quart de ses droits pour l'obtention du même jugement.

S'il y a plus de deux parties en cause, les honoraires de l'avoué sont élevés à un quart en sus.

Si la procédure comporte des enquêtes, des interrogatoires sur faits et articles ou des expertises, et qu'il intervienne jugement contradictoire sur lesdites enquêtes, etc., il est alloué à l'avoué un demi-droit en sus, plus ses déboursés pour timbre et enregistrement des diverses pièces, etc.

Pour droits de consultation, à Paris 10 francs; — ailleurs 7 fr. 50 c.

Pour tous les petits actes indiqués par le Code de procédure et relatifs à une infinité de circonstances, comme constitutions d'avoué, dénonciations, sommations à avoué, toutes choses que les avoués ne négligent jamais, puisque c'est leur unique métier, ils se font payer, à Paris, 1 fr. pour l'original; — ailleurs, 75 c., et les copies le quart du prix de l'original; — plus, les copies de pièces, à Paris, par rôle, 30 c.; — ailleurs, 25 c.

Les actes de production nouvelle, ceux contenant articulation succincte des faits dont il s'agit de faire preuve, ceux contenant reproches à ces faits, ceux contenant récusation d'experts, etc., sont comptés et payés à Paris 5 fr.; — ailleurs, 3 fr. 75 c. Les copies sont cotées au quart de ces taux, sans compter les copies de pièces qui se paient, à Paris, par rôle, 30 c.; — ailleurs, 25 centimes.

Les requêtes ou défenses grossoyées (actes qui ne servent guère qu'à l'avoué pour se les faire payer) sont taxées, par rôle, à Paris, 2 fr.; — ailleurs, 1 fr. 50 c. Ces actes n'ont jamais moins de quinze rôles; ils en ont quelquefois cinquante, même cent.

L'*avocat* qui plaide contradictoirement est taxé, à Paris, 15 fr.; — ailleurs, 10 fr.

Il est dû à l'avoué qui assiste l'avocat plaidant, à Paris, 1 fr. 50 c.; — ailleurs, 1 fr.

Pour honoraires de l'*avocat* qui a pris jugement par défaut, il est alloué, à Paris, 5 fr.; — ailleurs, 4 fr.

Pour assistance de l'avoué à tout jugement portant remise de cause, et pour fournir des notes par écrit, il est alloué, à Paris, 5 fr.; — ailleurs, 4 fr.

Pour assister les parties qui plaident elles-mêmes; pour assister les avocats dans les plaidoiries qui précèdent jugement interlocutoire et définitif, à Paris, 3 francs; — ailleurs, 2 francs 25 centimes.

(Dans les affaires importantes, les honoraires des avocats ne peuvent être taxés. Ils doivent être réglés amiablement. Ces honoraires, dans certains cas, peuvent s'élever à des milliers de francs.)

Pour dresser les qualités d'un jugement par défaut, à Paris, 5 francs 75 cent.; — ailleurs, 4 francs 80 cent.

Pour dresser les qualités d'un jugement contradictoire sur plaidoiries en délibéré, à Paris, 7 francs; — ailleurs, 5 francs 50 centimes.

Pour qualités d'un jugement en instruction par écrit, à Paris, 10 francs; — ailleurs, 7 francs 50 centimes, et le quart pour les copies.

Pour chacune des vacations qu'ils comptent pour mettre la cause au rôle, pour communiquer les pièces au ministère public, pour retirer ces pièces, pour prendre connaissance des pièces nouvelles, etc., etc., à Paris, 1 franc 50 centimes; — ailleurs, 1 franc.

Vacations pour assister la femme qui renonce à la communauté; idem l'héritier qui renonce à la succession, et pour presque toutes les démarches que l'avoué fait ou juge *pouvoir* faire au greffe, à Paris, 3 francs; — ailleurs, 2 francs 25 centimes.

Vacations pour faire l'extrait d'un jugement, pour faire au greffe une déclaration affirmative sur saisie-arrêt, pour assister au compulsoire, pour requérir l'apposition des scellés, à Paris, 6 francs; — ailleurs, 4 francs 50 centimes.

Les vacations, quand il s'agit de poursuites immobi-
lières, soit pour faire transcrire le procès-verbal de saisie
au bureau des hypothèques, soit pour y faire enregistrer la
dénonciation à la partie saisie, soit pour faire l'extrait de
la saisie et la placarder dans l'enceinte du tribunal, soit
pour se faire livrer l'extrait des inscriptions, soit pour faire
enregistrer l'extrait des placards, soit pour l'adjudication
préparatoire, soit pour faire la déclaration de command,
soit pour requérir que l'immeuble soit vendu pardevant
notaire ou en justice, toutes ces vacations se paient chacune,
à Paris 6 francs ; — ailleurs, 4 francs 50 centimes, — et
pour l'adjudication définitive, à Paris 15 francs ; — ailleurs,
12 francs. — Pour enchérir, à Paris 7 francs 50 centimes;
— ailleurs, 5 francs 63 centimes. — Pour enchérir et se
rendre adjudicataire, à Paris 15 francs ; — ailleurs,
11 francs 52 centimes, sans compter, à Paris 2 francs, et
ailleurs 1 franc 50 centimes par rôle de la grosse du cahier des charges ; — plus l'insertion au journal et 3 francs
pour déposer le cahier des charges au greffe ; — plus la
publication du cahier des charges, ainsi que tous les frais
de la procédure qu'a précédée la saisie.

Pour poursuivre un ordre (d'hypothèque), cela est encore bien plus dispendieux.

Ainsi, pour requérir un juge-commissaire, il en coûte,
à Paris 6 francs ; — ailleurs, 4 francs 50 centimes. — Pour
la requête au juge-commissaire, afin de faire produire les
créanciers inscrits, à Paris 3 francs ; — ailleurs, 2 francs
25 centimes. — Pour se faire délivrer l'extrait des inscriptions par le conservateur des hypothèques, à Paris 6 francs;
ailleurs 4 francs 50 centimes. — Pour la sommation à

avoué des créanciers inscrits de produire dans le mois, à Paris 1 franc ; — ailleurs, 75 centimes. — Pour l'acte de production et la demande de collocation, à Paris 20 francs; — ailleurs 15 francs. — Pour la dénonciation aux créanciers à paraître, à Paris 3 francs ; — ailleurs, 2 francs 25 centimes. — Pour prendre communication des productions, contredire, etc., à Paris 10 francs; — ailleurs, 7 francs 50 centimes, et à l'avoué poursuivant une demi-vacation en plus. — Pour faire rayer une ou plusieurs inscriptions, à Paris 6 francs; — ailleurs, 4 francs 50 centimes. — Pour se faire délivrer le mandement, à Paris 5 francs; — ailleurs, 3 francs 75 centimes. — Pour la consultation des trois avocats, partout 72 francs. — Pour la déclaration de dommages et intérêts, à Paris 60 francs; — ailleurs, 45 francs, par article. — Pour la copie signifiée, à Paris 15 francs ; — ailleurs, 12 francs. — Pour chaque opposition de l'avoué défendeur, à Paris 60 francs ; — ailleurs, 45 francs. — Pour la composition de l'ordre de vente qui doit être dénoncé à chacun des créanciers, à Paris 15 francs; — ailleurs, 12 francs. — Pour chaque journée de campagne d'avoués requis par la loi ou par les parties, à Paris 30 francs; — ailleurs, 22 francs. — Pour le port des pièces sur les lieux, à chaque avoué, 10 francs. — Pour chaque interlocutoire, à Paris 5 francs;— ailleurs, 3 francs 75 centimes... et nous ne parlons pas d'une foule de petits actes dont les états de frais de ces sortes de procédures sont toujours enflés.

Nous n'avons pas connu de créanciers qui ne se soient repentis, qui ne se soient montrés fort penauds à l'issue d'une poursuite d'ordre.

**Réflexions sur les causes qui ruinent les particuliers et les familles
au profit des gens de loi.**

Tout pauvre diable qui se trouve enferré dans un procès
quelconque, au civil surtout, ne fermera pas avant dix ans
la brèche faite à son patrimoine.

Qu'on se souvienne donc que les charges d'avoués, de
greffiers et autres, coûtent fort cher aux titulaires ; qu'il
faut que ceux-ci remboursent la leur à leurs devanciers, et
qu'ils ont en vue de s'enrichir encore. C'est ce qu'ils ne
manquent pas de faire par tous les moyens en leur pouvoir, c'est-à-dire qu'ils n'oublient jamais de faire leurs
propres affaires avant celles de leurs cliens. Ainsi, dès
qu'un malheureux plaideur leur tombe sous la main, il n'y
aura pas une veine qu'ils ne lui ouvrent et ne saignent à
outrance !...

Pourtant que voit-on de toutes parts ? Quand un homme
se persuade à tort ou à raison, que certain titre pourrait
bien lui faire adjuger l'objet qu'il convoite, le voilà aussitôt
qui s'achemine vers un homme de loi ; il l'aborde dans l'incertitude, avec timidité, et il le quitte presque toujours
avec la ferme résolution de plaider. Qu'il sache donc que
tout légiste un peu ingénieux sait toujours donner plusieurs
sens à certaines lois, et les présenter comme favorables à
celui qui le consulte ; qu'il a même l'art de rendre obscures
les clauses les plus lumineuses d'un contrat ; que certains
légistes partagent avec les avoués auxquels ils procurent
une affaire ; que certains jurisconsultes, ex-avoués, ont
presque toujours des relations intéressées avec leur succes-

seur, etc. Aussi, qu'arrive-t-il? Si un individu croit avoir à se plaindre d'un autre, aussitôt un procès est intenté. Chacun des adversaires fait choix d'un avocat. Le grand jour d'audience arrive, et, quoique les deux plaideurs officiels ne connaissent réellement ni l'un ni l'autre leurs clients, ils se démènent et se donnent toutes les peines imaginables pour dénigrer chaque partie adverse ; ils récriminent, procèdent par insinuation, saupoudrent le tout de termes acérés, et rendent irréconciliables des gens qui, sans leurs bons offices, auraient pu redevenir amis.

Ici, c'est une bande de terre qui rapporte tout au plus 7 francs l'an. Mathieu veut l'avoir parce qu'elle manque à sa convenance. Jacques veut la labourer parce qu'il dit qu'il en a la possession. Vite une citation. Si le juge de paix met peu de zèle à les concilier, l'affaire passe aux avoués, au tribunal, aux experts, aux enquêtes, et puis, comme aucune des parties n'est satisfaite, les proportions du procès ont changé, les haines s'en sont mêlées ; l'affaire avec tout son entourage d'animosités mutuelles passe en Cour impériale. Bref, les frais se montent à des milliers de francs, et, pendant quelques années, la terre qui semble n'avoir produit que des herbes parasites, des ronces et des épines, a pourtant valu de beaux et bons écus pour les gens de loi ; mais les plaideurs se sont ruinés.

Là, un arbre végète sur la lisière du pré à Mathurin. A qui l'arbre ? se dit un jour le voisin Nicolas. Mathurin soutient que l'arbre est à lui. Nicolas s'est aussi mis en tête que c'est à lui que l'arbre doit appartenir et qu'il l'aura. Grande question. On va au pétitoire. Survient ensuite une descente sur lieux. Après viennent l'expertise, les interrogatoires, les avoués qui assistent les parties, le juge-commissaire pour interroger des témoins qui répondent oui et non, et le greffier qui griffonne tout cela. Alors les frais se sont un peu plus embrouillés, et le tribunal, qui n'a pas vu les lieux, ni entendu les réponses des témoins, n'y voit goutte ou guère clair ; mais il juge parce qu'il faut qu'il juge. Les frais seront sans doute compensés et l'arbre deviendra ce qu'il pourra. Cependant il faut payer témoins, huissier, commissaire, avoués, experts et avocats. Alors les goussets de MM. Nicolas et Mathurin vont se trouver passablement nets, et leurs familles seront ennemies pour jamais. A qui la faute ?

Certes, il est malheureusement prouvé que, dans certains cas, on ne peut s'empêcher de plaider. Mais si l'on était un peu plus éclairé, et surtout plus loyal dans les actes de la vie, dans les règlemens d'intérêts, et qu'on se montrât moins ambitieux, moins avide ; si les pères de famille étaient moins capricieux, plus équitables, également bienveillans pour tous leurs enfans ; si les frères entre eux et les familles étaient plus amis ; si le voisin n'empiétait jamais sur les droits de son voisin ; si MM. les instituteurs et maîtres de pension apprenaient aux hommes qu'ils forment, à se conduire légalement dans les principales circonstances de la vie ; si dans toutes les communes de France on faisait un petit cours de législation pratique ; si chacun possédait et savait seulement appliquer les notions que donne notre livre, qui contient le petit nombre de lois sur lesquelles roulent les principales affaires, les intérêts les plus usuels, alors chacun agirait avec plus de prudence. L'on verrait bientôt tarir la source d'un grand nombre de procès, dont la cause est souvent futile, mais dont les suites sont toujours désastreuses.

En attendant qu'il en soit ainsi, si une difficulté survient, si des intérêts engagés ne peuvent se régler à l'amiable, choisissons, autant que possible, l'avoué le plus intègre et le plus actif. Celui qui aurait le génie des accommodemens serait le meilleur ; mais il n'agirait pas dans ses intérêts. En effet, si les avoués s'avisaient d'arranger, sans procédure, les affaires de leurs cliens, les cabinets de ces messieurs perdraient bientôt de leur importance...

Ce qui enrichit les huissiers et tous les gens d'affaires, c'est-à-dire la plus large source d'où dérive leur fortune, c'est d'abord l'inexactitude, l'insouciance des débiteurs. Exécutez-vous, débiteurs, gênez-vous un peu plus et payez, ne fût-ce que par à-comptes. Ne perdez jamais de vue que celui qui n'a pas assez d'empire sur soi, assez de vertu, assez de force pour s'imposer certaines privations afin d'être exact à remplir ses engagemens, n'est jamais en mesure à l'échéance. L'homme qui paie se gêne chaque fois évidemment. Celui qui ne paie pas a sans doute, dans sa nature, quelque chose d'incomplet, de vicieux ; il est tout-à-fait aux antipodes de celui qui a trouvé le secret de s'enrichir. En tous cas, personne ne voudra jamais plus l'aider.

Ce qui enrichit encore les gens de chicane, ce sont les actions ou pétitoires pour bornage, empiètemens, règlemens, etc. Cultivateurs, propriétaires, sachez que la plupart d'entre vous doivent leur gêne, quelquefois leur ruine, à des procès longs et compliqués, nés de votre convoitise pour quelques pouces de terre. N'oubliez pas, surtout, que l'homme de loi qui est le plus en vogue dans votre contrée, n'est pas toujours le plus savant ni le plus judicieux, mais bien celui qui sait le mieux manœuvrer les gens qui ont recours à son ministère.

La troisième cause de la prospérité des gens de chicane, et la source des procès les plus ruineux pour les plaideurs, c'est sans contredit l'imprévoyance et la maladroite partialité des père et mère pour certains de leurs enfans. Il y en a qui, non contens de donner le quart de leurs biens à celui qu'ils préfèrent entre cinq ou six, le font encore jouir de tous les revenus et avantages de la maison pendant leur vie, lui font toucher toutes les sommes qu'ils avaient en réserve, vendent aussi certaines terres ou autres biens, et donnent l'argent qui en provient, de la main à la main, à leur benjamin; et tout cela au détriment de ses frères et sœurs. C'est là une malhonnêteté, une immoralité criantes. De là toujours les discussions, la haine, au lieu de l'union des membres de la famille, les procès scandaleux et compliqués, et la ruine qui les atteint, les ploie et leur fait souvent maudire leurs auteurs. Pères de famille, soyez également justes à l'égard de tous vos enfans; donnez-leur l'exemple de l'équité et de l'impartialité; rendez-les unis et forts; faites qu'après vous avoir perdus, ils puissent se rappeler avec des sentimens d'honneur, de respect et d'amour, les actes honorables et justes des auteurs de leurs jours. Ne négligez pas de régler d'avance la succession que vous leur laissez. Evitez-leur ainsi les frais de scellés, d'inventaires, d'estimation, de licitations, qui emportent toujours le meilleur de l'héritage et brouillent encore les héritiers.

La quatrième cause des procès, c'est l'imprévoyance de

certaines clauses dans la rédaction des actes, et dont l'absence ou l'obscurité laissent toujours matière à plaider. La plupart des actes devraient toujours se terminer par un article à peu près semblable à celui-ci : « En cas qu'il sur-
» vienne des différends pour l'exécution des présentes con-
» ventions, les parties entendent qu'il en sera déféré à M.
» le juge de paix du canton, qui sera prié de juger comme
» amiable compositeur ou de nommer au besoin un arbitre
» compétent ; et, après le rapport dudit arbitre, ou d'après
» ses lumières, juger exécutoirement et en dernier ressort
» sur tous les points et pour toutes valeurs, les parties re-
» nonçant d'avance à toutes voies d'appel ; car telle est leur
» volonté expresse et irrévocable. »

La cinquième cause de la richesse des gens de loi, c'est certes la saisie immobilière. Propriétaires, vendez donc, si vous prévoyez ne pouvoir obtenir de répit ou avoir votre argent prêt à l'échéance. Craignez les effets d'une inscription générale prise sur tous vos biens, en vertu d'une condamnation. Quand cela est arrivé, l'on ne vend plus qu'avec des difficultés extrêmes, jamais avantageusement, surtout dans les campagnes, où les gens sont craintifs et ignorent les précautions de sûreté qu'on doit prendre en pareil cas. D'ailleurs, ils espèrent tous acheter à meilleur marché et plus sûrement le jour de la vente par autorité de justice, et ils ont sans doute raison puisqu'ils s'en trouvent bien.

De la Saisie immobilière. — Causes.

L'on ne voit rien de plus commun dans les colonnes de nos journaux de départemens que les annonces d'expropriation par autorité de justice, et il est à remarquer que ce sont les propriétaires les plus ambitieux, les mieux huppés, que ces catastrophes vont atteindre.

Il s'ensuit que telle propriété qui valait 50,000 fr. aux yeux de celui qui la possédait, sera livrée à un autre pour 25 ou 30,000 ; que telle maison qui avait réellement coûté 10,000 fr., ne sera pas vendue plus de 2 ou 3,000, dans certaines localités. Ainsi une famille, précédemment aisée, se trouve plongée dans la consternation et ruinée.

Ici c'est un tel qui a fait bâtir la plus belle maison du bourg. Il était fier de ses 20,000 fr. et du crédit dont il jouissait. La maison finie, il se trouve pourtant débiteur de plus de 10,000 fr. Le propriétaire de cette maison qui produit peu, ne trouve plus rien à emprunter aujourd'hui, et les entrepreneurs commencent à concevoir des craintes. Ils prennent inscription et finissent par faire vendre la belle maison beaucoup moins qu'elle n'a coûté, et sans souvent qu'il en revienne rien à celui qui l'a fait bâtir.

Là c'est le cultivateur un tel qui, depuis dix ans, convoitait le pré de son voisin. Celui-ci s'est enfin décidé à vendre pour 10,000 fr. ce pré qui n'en vaut pas 8,000. Peu importe, l'acquéreur se gênera, empruntera pour avoir la satisfaction et la gloriole de posséder ce pré, parce qu'à ses yeux cette acquisition arrondit si bien son patrimoine. Il prend des engagemens envers l'usurier du bourg voisin. Puis viennent les mauvaises années, les épidémies; et le cultivateur ne pouvant pas payer les intérêts énormes qu'exige l'usurier, celui-ci va devenir impitoyable, obtenir enfin un jugement, puis un commandement *trente-naire*. Le bien de l'emprunteur passera aux mains de l'u-surier pour la moitié de ce qu'il vaut.

D'un autre côté, c'est un assez riche cultivateur qui a suivi quelques classes au collége voisin, et qui n'a pu oublier le luxe des riches de la ville. Il fait embellir son *salon*, prend un permis de chasse, un port d'armes, et achète de *l'argenterie*. Il chasse pour convier et recevoir ses amis dans son salon, et les faire servir de manière à leur donner de lui-même une haute idée. Mais en poursuivant le gibier, en régalant ses amis, en les entourant de luxe, il néglige trop ses terres, dont il sacrifie les meilleurs fruits ; il perd bientôt l'aisance et même la considération et son crédit. Vient un an où les récoltes produisent peu, puis des maladies de bêtes ou de gens, puis un procès. Il faut enfin recourir à l'usure, aujourd'hui pour une modique somme, demain pour une plus forte. Un tel homme sera totalement ruiné en moins de dix ans. Il se sauverait s'il pouvait se décider à vendre un beau pré ou une belle vigne. Mais le *qu'en dirait-on*? l'en empêche ; son orgueil se révolte à cette idée. Plus tard, un créancier prend hypothèque, puis un autre et un autre aussi. Enfin des poursuites rigoureuses arrivent. Aujourd'hui personne ne veut lui prêter ni acheter de lui, et notre homme est forcé de subir l'expropriation.

Un propriétaire devrait savoir et ne jamais oublier que, s'il doit une somme égale à la dixième partie de la valeur de son bien, c'est à dire supérieure au revenu disponible, son intérêt est de se hâter de vendre, s'il ne veut pas que tout son patrimoine devienne la proie des huissiers, des avoués, et de leurs mains droites, messieurs les usuriers; car l'usure est bien lourde, et les terres ne rendent que de bien minces revenus. Personne ne devrait ignorer la règle et la marche des intérêts composés (revenu capitalisé **tous** les six mois). Tout le monde devrait savoir que, de **cette** manière, une somme quelconque, trente mille francs, **par** exemple, à 6 p. 0|0, se trouve doublée en douze ans, et **en** quatorze ans, si le prêt est à 5 0|0.

Craignez donc avant tout la saisie immobilière, car c'est le coup de grâce porté au débiteur ; ce doit donc être **le** cauchemar de tout emprunteur qui possède quelques **biens-fonds.**

Voici en quoi consiste la saisie immobilière, et comment il y est procédé :

Le créancier confie son titre à un huissier qui en **donne** aussitôt copie au débiteur, en lui faisant commandement de payer, faute de quoi et après trente jours, il sera procédé à la saisie réelle de tous ses biens. *(Cet exploit s'appelle commandement trentenaire.)*

Si le créancier n'obéit pas à ce commandement, le délai de trente jours étant expiré, l'huissier procède en effet à la saisie. Pour cela il se transporte sur les lieux, désigne les immeubles qu'il saisit, relate leur nature, leur contenance approximative, deux de leurs confronts, le nom du colon, s'il y en a, la commune et l'arrondissement où ils sont situés. Quinze jours après, copie du procès-verbal de la saisie, visé par le maire de la situation des biens, est signifiée au débiteur. Dans les quinze jours qui suivent, la saisie et l'exploit de dénonciation sont transcrits au bureau des hypothèques. Vingt jours après la transcription **de** cet acte, le poursuivant remet au greffe du tribunal **le** cahier des charges contenant l'énonciation de ses titres, **la** désignation des biens saisis, les conditions de la vente **avec** ja mise à prix, c'est-à-dire le prix auquel il offre de faire monter les enchères.

Huit jours après ce dépôt, le débiteur est sommé de prendre communication du cahier des charges et d'y faire ses observations. Trente jours après, quarante au plus tard, le cahier des charges est publié à l'audience du tribunal. Le jour de la vente est fixé à un délai qui ne peut pas être moindre de trente jours, ni être éloigné de plus de soixante. Ainsi, en moins de trois mois, un débiteur peut être chassé de son bien.

On obtient facilement une expropriation, c'est vrai ; cependant tout ne finit pas là pour le créancier. Une fois la vente faite, l'acquéreur jouit mais ne paie pas. Il faut encore que le créancier fasse, à gros frais, ouvrir ce qu'on appelle *un ordre*. Il remet d'abord son titre à un commissaire devant lequel sont assignés tous les créanciers inscrits, afin qu'ils produisent chacun les leurs. Tous les titres étant produits, le commissaire les classe chacun suivant son rang et il dépose son travail au greffe. On dirait que tout va être terminé, mais souvent ce n'est encore là que le commencement......

Des créanciers inquiets et turbulens prennent connaissance du travail du commissaire et le critiquent ; puis tous les créanciers sont cités devant le tribunal pour y voir défaire ce que le commissaire avait fait, et tout se retrouve ainsi remis en question.

Enfin le tribunal finit tout cela par un jugement. Ce jugement s'est fait long-temps attendre, et il est encore susceptible d'être attaqué par voie d'appel. Ainsi, le poursuivant, outre les incidens survenus en première instance, peut encore avoir un procès à faire vider devant la cour impériale qui, par son arrêt, pourra aussi défaire ce que le premier tribunal avait fait. Ce créancier qui voulait tant rentrer dans ses fonds, qui avait espéré quelque chose de plus, qui avait avancé tous les frais, pourra n'être pas colloqué dans la distribution des deniers de la vente ; et il sortira de cette lutte couvert de la honte d'une mauvaise action et presque aussi ruiné que son débiteur..... D'où il faut conclure qu'un créancier, avant d'essayer de tels moyens pour se faire payer, doit d'avance bien tâter la grosseur de sa bourse, bien consulter la validité de son titre et le rang de son inscription. Qu'il éclaircisse aussi les droits des frères, des oncles et de la femme de son débiteur....

En France, il ne devrait y avoir que des propriétaires aisés. Malheureusement, les bureaux des hypothèques prouvent tout-à-fait le contraire. De là l'impossibilité pour le plus grand nombre de faire faire aucun progrès à l'agriculture. On pourrait pourtant prêter des fonds aux agriculteurs propriétaires, sans encourir les chances d'une procédure ruineuse, et même sans demander une loi spéciale qui mobilise la propriété.

On n'aurait qu'à faire usage des ventes à réméré, c'est à dire avec faculté de rachat, pourvu que les précautions d'usage fussent bien prises (transcription de l'acte et purge légale). En agissant ainsi, un créancier ne sera jamais exposé à perdre un sou, surtout si ses fonds sont placés sur de bonnes terres, prés ou jardins bien situés et à promixité de voisins aisés. Certes, de cette manière, un créancier peut bien, chaque nuit, dormir du sommeil des justes.

Si, au bout de cinq ans, le débiteur ne paie pas, le créancier pourra toujours vendre l'immeuble, et plus cher même qu'il ne l'aura acheté. Mais une fois rentré dans son capital avec intérêt à 5 p. 100, ce créancier fera sagement de se montrer honnête homme en restituant le surplus; car l'homme heureux et riche doit toujours se faire pardonner de l'être; il ne doit jamais s'engraisser des larmes et des malédictions de débiteurs malheureux.

Nota. Le prêteur à réméré qui est cupide, usurier, de mauvaise foi, peut trouver dans cette manière de prêter une facilité déplorable de dépouiller, à vil prix, l'emprunteur malheureux et imprévoyant. Ce genre de prêt est souvent un piége tendu par l'immoralité et la ruse; car une fois le délai des cinq ans écoulé, le vendeur ne peut plus attaquer pour cause de lésion. Il n'a cette faculté que pendant les deux ans qui suivent la date de l'acte. Ainsi, le débiteur se trouve dépouillé au bout de cinq ans, s'il ne paie pas. Il faut, dans ces sortes de cas, stipuler que, si l'emprunteur n'était pas en position de rentrer dans sa propriété, il pourra au moins requérir les enchères trois mois avant l'expiration du terme de cinq ans.

CHAPITRE XXVIII.

TRIBUNAUX.

Des Juges et des Justices de paix, compétence et attributions.

D'après la loi du 25 mai 1838, les juges de paix peuvent connaître de toutes actions purement personnelles et mobilières, en dernier ressort, jusqu'à la valeur de 100 fr. et à charge d'appel jusqu'à 200 fr.

Ils prononcent, sans appel, jusqu'au taux de la compétence en dernier ressort des tribunaux de première instance, sur les contestations entre les hôteliers, aubergistes ou logeurs, et les voyageurs ou locataires en garni, pour dépense d'hôtellerie et pertes ou avaries d'effets déposés dans l'hôtel ou dans l'auberge; — entre les voyageurs et les bateliers, pour retard, frais de route et pertes ou avaries d'effets accompagnant les voyageurs; — entre les voyageurs et les carrossiers ou autres ouvriers, pour fournitures, salaires et réparations aux voitures de voyage.

Idem. Des indemnités réclamées par le locataire pour non jouissance provenant du fait du propriétaire, lorsque le droit à une indemnité n'est pas contesté; — *idem,* des dégradations et pertes dans les cas prévus par les articles 1732 et 1733 du Code Napoléon.

Néanmoins, ils ne connaissent des pertes causées par incendie ou inondation, que dans les limites de 200 francs.

Les juges de paix connaissent, sans appel, jusqu'à la valeur de 100 francs, et à charge d'appel, à quelque valeur que la demande puisse s'élever, des actions de paiement de loyers ou fermages; — des congés, des demandes en résiliation de baux, fondées sur le seul défaut de paiement des loyers ou fermages; — des expulsions des lieux et les demandes en validité de saisie-gagerie; le tout lorsque les locations, verbales ou par écrit, ne dépassent pas annuellement, à Paris, Lyon, Marseille, Bordeaux, Rouen, Nantes, Lille, Saint-Étienne, Nîmes, Reims et Saint-Quentin, 400 francs, et 200 francs partout ailleurs.

Si le prix principal de la location ou du bail consiste en denrées ou prestations en nature, appréciables d'après les

mercuriales, l'évaluation sera faite sur celle du jour de l'é-
chéance, lorsqu'il s'agira du paiement des fermages ; dans
les autres cas, l'évaluation aura lieu suivant les mercuriales du mois qui aura précédé la demande ; — si le prix
principal du bail consiste en prestations non appéciables
d'après les mercuriales, ou s'il s'agit de baux à colons par-
tiaires, le juge de paix déterminera la compétence, en
prenant pour base du revenu de la propriété le principal
de la contribution foncière, multiplié par cinq ;

Idem, des actions pour dommages faits aux champs,
fruits et récoltes, soit par l'homme, soit par les animaux,
et de celles relatives à l'élagage des arbres ou haies, et au
curage, soit des fossés, soit des canaux servant à l'irrigation des propriétés et au mouvement des usines, lorsque
les droits de propriété ou de servitude ne sont pas contestés ; — des réparations locatives mises par la loi à la charge
du locataire ; — des contestations relatives aux engagemens
respectifs des gens de travail, au jour, au mois et à l'année,
et de ceux qui les emploient ; — de celles des maîtres et
des domestiques ou gens de service à gages ; — de celles
des maîtres et de leurs ouvriers ou apprentis, sans néanmoins qu'il soit dérogé aux lois et règlemens de la jurisprudence des prud'hommes ; — des contestations relatives au
paiement des nourrices, sauf ce qui est prescrit par les
lois et règlemens d'administration publique à l'égard des
bureaux de nourrice de la ville de Paris et de toutes les
autres villes ; — des actions civiles pour diffamations verbales et pour injures publiques et non publiques, verbales
ou par écrit, autrement que par la voie de la presse ; —
des mêmes actions pour rixes et voies de fait ; — le tout

lorsque les parties ne se sont pas pourvues par la voie criminelle.

Les juges de paix connaissent en outre, à charge d'appel, des entreprises commises, dans l'année, sur les cours d'eau servant à l'irrigation des propriétés et au mouvement des usines et moulins, sans préjudice des attributions de l'autorité administrative dans les cas déterminés par les lois et par les règlements; — des dénonciations de nouvelle œuvre, complaintes, actions en réintégrande et autres actions possessoires fondées sur des faits également commis dans l'année; — des actions en bornage et de celles relatives à la distance prescrite par la loi et les règlements particuliers à l'usage des lieux pour les plantations d'arbres ou de haies, lorsque la propriété ou les titres qui l'établissent ne sont pas contestés; — des actions relatives aux constructions et travaux énoncés dans l'article 674 du Code Napoléon, sur les distances et les précautions à observer pour ne pas nuire aux voisins, lorsque la propriété et la mitoyenneté du mur ne sont pas contestées; — des demandes en pension alimentaire n'excédant pas cent cinquante francs par an, et seulement lorsqu'elles sont formées en vertu des articles 205, 206 et 207 du Code Napoléon, qui règlent les obligations des enfants, gendres et descendants, etc.

Ils connaissent de toutes demandes reconventionnelles ou en compensation qui, par leur nature ou leur valeur, sont dans les limites de leur compétence, alors même que ces demandes, réunies à la demande principale, s'élèveraient à plus de 200 francs.

Ils connaissent en outre, à quelque somme qu'elles

puissent monter, des demandes reconventionnelles en dommages-intérêts, fondées exclusivement sur la demande principale elle-même.

Lorsque chacune des demandes principales reconventionnelles ou en compensation sera dans les limites de la compétence du juge de paix, en dernier ressort, il prononcera sans qu'il y ait lieu à appel.

Si l'une de ces demandes n'est susceptible d'être jugée qu'à charge d'appel, le juge de paix ne prononcera sur toutes qu'en premier ressort.

Si la demande reconventionnelle ou en compensation excède les limites de sa compétence, il pourra, soit retenir le jugement de la demande principale, soit renvoyer sur le tout, les parties à se pourvoir devant le tribunal de première instance, sans préliminaire de conciliation.

Lorsque plusieurs demandes formées par la même partie sont réunies dans une même instance, le juge de paix ne prononce qu'en premier ressort, si la valeur totale s'élève au dessus de 100 francs, lors même que quelques-unes de ces demandes seraient inférieures à cette somme. Il est incompétent pour le tout, si ces demandes excèdent les limites de sa juridiction.

Dans le cas où la saisie-gagerie ne peut avoir lieu qu'en vertu de permission de justice, cette permission sera accordée par le juge de paix du lieu où la saisie devra être faite, toutes les fois que les causes rentreront dans sa compétence.

S'il y a opposition de la part des tiers pour des causes et pour des sommes qui, réunies, excéderaient cette compétence, le jugement en sera déféré aux tribunaux de première instance.

L'exécution provisoire de tous les jugemens sera ordonnée dans tous les cas où il y a titre authentique, somme reconnue ou condamnation précédente dont il n'y a point eu appel. — Dans tous les autres cas. le juge pourra ordonner l'exécution provisoire, nonobstant appel, sans caution, lorsqu'il s'agira de pension alimentaire ou lorsque la somme n'excèdera pas trois cents francs, et avec caution au dessus de cette somme.

La caution sera reçue par le juge de paix.

S'il y a péril en la demeure, l'exécution provisoire pourra être ordonnée sur la minute du jugement, avec ou sans caution, conformément aux dispositions de l'article précédent.

L'appel des jugemens des juges de paix ne sera recevable ni avant les trois jours qui suivront celui de la prononciation des jugemens, à moins qu'il n'y ait lieu à exécution provisoire, ni après les trente jours qui suivront la signification, à l'égard des personnes domiciliées dans le canton.

Les personnes domiciliées hors du canton auront, pour interjeter appel, outre le délai de trente jours, le délai réglé par les articles 73 et 1033 du Code de procédure civile, qui accordent un délai d'un jour à raison de trois myriamètres de distance, et même beaucoup plus s'il y a lieu à voyage ou envoi et retour.

Ne sera point recevable l'appel des jugemens mal à propos qualifiés en premier ressort, ou qui, étant en dernier ressort, n'auraient point été qualifiés.

Seront jugés à l'appel les jugemens qualifiés en dernier

ressort, s'ils ont statué soit sur des questions de compétence, soit sur des matières dont le juge de paix ne pouvait connaître qu'en premier ressort.

Néanmoins si le juge de paix s'est déclaré compétent, l'appel ne pourra être interjeté qu'après le jugement définitif.

Les jugemens rendus par les juges de paix ne pourront être attaqués par la voie du recours en cassation que pour excès de pouvoir.

Tous les huissiers d'un même canton auront le droit de donner toutes les citations et de faire tous les actes devant la justice de paix. Dans les villes où il y a plusieurs justices de paix, les huissiers exploitent concurremment dans le ressort de la juridiction assignée à leur résidence. Tous les huissiers du même canton seront tenus de faire le service des audiences et d'assister le juge de paix toutes les fois qu'ils en seront requis; les juges de paix choisiront leurs huissiers audienciers.

Dans toutes les causes, excepté celles où il y aurait péril en la demeure, et celles dans lesquelles le défendeur serait domicilié hors du canton ou des cantons de la même ville, le juge de paix pourra interdire aux huissiers de sa résidence de donner aucune citation en justice, sans qu'au préalable il ait appelé, sans frais, les parties devant lui.

Dans les causes portées devant la justice de paix, aucun huissier ne pourra ni assister comme conseil, ni représenter les parties en qualité de procureur fondé, à peine d'une amende de vingt-cinq à cinquante francs, qui sera prononcée sans appel par le juge de paix.

Ces dispositions ne sont pas applicables aux huissiers qui se trouvent dans l'un des cas prévus par l'article 86 du

Code de procédure civile, lequel article leur réserve la faculté de soutenir leurs propres causes, celles de leurs parens, alliés et pupilles.

D'après l'article 33 du Code de procédure civile, presque toutes les demandes susceptibles de transaction doivent être soumises à la conciliation des juges de paix. Il n'y a que les demandes qui requièrent célérité, qui intéressent l'Etat, les mineurs, les interdits et quelques autres, en des cas tout exceptionnels, qui soient dispensées des préliminaires de la conciliation.

Un bon juge de paix ne perd jamais de vue que les procès interrompent toujours les rapports de bon voisinage, détruisent la paix des familles, qu'ils sont le dissolvant le plus funeste de la morale publique, et quelquefois l'origine de crimes qui font gémir la société.

Ainsi, d'après la nouvelle loi, les juges de paix instruits, zélés, paternels, bienveillans, estimés de leurs justiciables et dignes de l'être, peuvent couper la racine à une foule de procès.

Qu'importe souvent que Pierre ou Paul ait cette bande de terre, que cet arbre rabougri soit la propriété de Jacques ou de Mathieu ? il faut qu'il soit adjugé à Jacques si Jacques paraît y avoir plus de droits. Qu'on le leur fasse jouer à tête ou pile plutôt, car la chose principale est de couper court à leur procès et à ses tristes conséquences.

Un bon juge n'oublie jamais que dans ce cas, comme dans une foule d'autres, justice vite expédiée est souvent la meilleure. C'est qu'en effet il est trop notoire que tout homme qui s'engage dans un procès, et se met à fréquenter les huissiers et les avoués, est pour eux ce qu'est la mouche prise aux filets de l'araignée, c'est à dire une proie à sucer par tous les pores. Le pauvre homme finit souvent par faire quelques taches à sa réputation, et par laisser à coup sûr de *pauvres héritiers.*

Le délai pour comparaître en justice de paix est d'un jour ; et. pour appeler en conciliation quand la somme dépasse 200 francs, il est de trois jours. Il n'y a point d'avoué ni d'avocat auprès des juges de paix ; les parties s'y défendent en personne ou par leurs fondés de pouvoir.

Dans le cas où un interlocutoire, c'est-à-dire une preuve, une vérification ou une instruction ont été ordonnées, la cause doit être jugée définitivement au plus tard dans le délai de quatre mois du jour du jugement interlocutoire. Après ce délai, l'instance est périmée de droit.

L'état des frais qui suit est basé sur une demande en paiement d'un billet de 100 fr., qui est la somme pour laquelle on peut être jugé en dernier ressort devant les justices de paix.

Enregistrement du titre, s'il est contesté, 1 fr. 10 c.

Citation à Paris, 4 fr. 43 c. ; ailleurs , 3 fr. 92 c. (1).

Si le domicile du cité est éloigné de plus d'un demi-myriamètre de celui de l'huissier, il est dû à celui-ci 2 fr. en plus y compris le retour.

Appel de la cause, 15 c.

Enregistrement de la condamnation, 1 fr. 10 c.

Expédition en 4 rôles, à 1 fr. 75 c. par rôle, 7 fr.

---

(1) Original, 1 fr. 50 c.: copie, 38 c. ; timbre, 70 c.; enregistrem., 1 fr. 85 c.; total, 4 fr. 43 c. Hors Paris, original, 1 fr. 25 c. ; copie, 82 c.; timbre, 70 c.; enregistrem., 1 fr. 65 c.; total, 3 fr. 92 c.—Il faut un permis du juge de paix pour pouvoir citer.

Inscription, 4 fr. 30 c. *Ce chiffre peut être augmenté de ports de lettres.*

Après l'inscription, le créancier soigneux de ses intérêts peut attendre quelque temps puisqu'il se trouve en règle.

Signification, 5 fr. 23 c. à Paris ; partout ailleurs, 4 fr. 72 c. *Augmentation de 2 fr. par myriamètre s'il y a lieu.*

Opposition, Paris, 4 fr. 23 c. ; ailleurs, 3 fr. 92 c.

Enregistrement du jugement de débouté, 2 fr. 20 c.

Expédition, 7 fr.

Signification à Paris, 5 fr. 23 c. ; partout ailleurs, 4 fr. 72 c. (1).

Ces trois derniers articles n'ont lieu que quand il y a eu jugement par défaut.

Commandt., à Paris, 5 fr. 40 c. ; ailleurs, 4 fr. 78 c. (2).

Saisie et procès-verbal, 15 fr. 80 c. ; hors Paris, 13 fr. 30 c. (3).

Affichage et procès-verbal d'affiche, Paris, 14 fr. 95 c. ; ailleurs, 14 fr. 48 c. (4).

---

(1) Signification. Original, à Paris, 1 fr. 50 c. ; copie 38 c. ; timbre. 70 c. ; enregistrement, 1 fr. 65 c. ; copie de pièce, quatre rôles, à 25 c. 1 fr. ; total, 5 fr 23 c.

Ailleurs, original, 1 fr. 25 c. ; copie, 32 c. ; timbre, 70 c. ; enregistrement ; 1 fr. 65 c. ; copie de pièce, quatre rôles, à 20 c.— 80 c. ; total, 4 fr. 72 c.

(2) Commandement. Original, à Paris, 2 fr. ; copie, 50 c. ; timbre, 70 ; enregistrement, 2 fr. 20 c. ; total, 5 fr. 40.

Ailleurs, original , 1 fr. 50 c. ; copie, 38 c. ; timbre, 70 c. ; enregistrement, 2 fr. 20 c. ; total, 4 fr. 78 c.

(3) Saisie. Original, à Paris, 8 fr., y compris le salaire des recors ; copie, 2 fr. ; timbre, 1 fr. 40 c. ; enregistrement, 4 fr. 40 c., dont 2 fr. 20 c. pour la constitution du gardien ; total, 15 fr. 80 c.

Ailleurs, original, 6 fr. ; copie, 1 fr. 50 c. ; timbre, 1 fr. 40 c. ; enregistrement, 4 fr. 40 c. : total, 13 fr. 30 c.

(4) Affichage. Original, à Paris, 3 fr. ; copie, 75 c. ; enregistre-

Recollement, à Paris, 10 fr. 40 c.; ailleurs, 8 fr. 52 c. (1).

Gardien, 12 jours : à Paris, 30 fr. ; ailleurs, 24 fr.

Il y a en plus les frais pour transport des objets saisis, et au moins une vacation pour la vente. Nous ne parlons même pas des frais d'arbitrage, de descente, d'expertise, ni d'enquête.

Nous terminons cet article en disant qu'on devrait se montrer sobre d'exécutions, parce qu'elles ont presque toujours pour résultat la ruine du débiteur, la perte de la créance, et le regret *d'avoir fait une mauvaise action en pure perte.*

Tribunaux d'arrondissement et de 1re Instance.

Une instance ne peut être introduite et dirigée devant les tribunaux civils, que par ministère d'avoués ; et le service d'avoué est obligatoire pour la partie qui le requiert, à moins qu'il ne s'agisse de former des demandes contraires aux lois et évidemment mal fondées.

Les fonctions des avoués comprennent le droit de *postuler* et de *conclure.* Postuler, c'est faire tout ce qui est nécessaire à l'instruction d'un procès ; — Conclure, c'est présenter au tribunal les diverses questions sur lesquelles

---

ment, 2 fr. 20 c.; visa, 1 fr.; plus, impression des affiches, insertion au journal, salaire de l'afficheur, *pour mémoire*, 8 fr.; total, 14 fr. 95 c.

Ailleurs, original, 2 fr. 25; copie, 58 c.; timbre, 70 c.; enregistrement, 2 fr. 20 c.; visa, 75 c.; impression, insertion, etc., *pour mémoire*, 8 fr.; total, 14 fr. 48 c.; l'insertion, le visa n'ont pas toujours lieu dans les cantons ruraux.

(1) Récollement. Vacation pour l'original, à Paris, 6 fr.; copie, 1 fr. 50 c.; timbre, 70 c.; enregistrement, 2 fr. 20 c.; total, 10 fr. 40 c.

Ailleurs. original, 4 fr. 50 c.; copie, 1 fr. 12 c.; timbre, 70 c.; enregistrement, 2 fr. 20 c.; total, 8 fr. 52

il doit prononcer, — Les causes ne peuvent être soutenues ou défendues que par des avocats.

Les tribunaux de 1re instance connaissent en dernier ressort des sentences rendues par les juges de paix de leur arrondissement ;

Ils connaissent en dernier et premier ressort de toutes les affaires personnelles et mobilières jusqu'à 1,500 fr. de principal, et des affaires réelles dont l'objet principal n'excède pas 75 fr. de rente, soit en rente, soit par prix de bail.

Ils ne connaissent de toutes autres contestations qu'en premier ressort et à charge d'appel.

En matière civile, la cause est portée devant le tribunal du défendeur, et, s'il n'a pas de domicile, devant le tribunal de sa résidence ; — s'il y a plusieurs défendeurs, devant le tribunal du domicile de l'un d'eux, au choix du demandeur. — En matière réelle, la cause est portée devant le tribunal de l'objet litigieux. — En matière de Société, tant qu'elle existe, la cause est portée devant le tribunal du lieu où elle est établie. — En matière de succession, devant le tribunal du lieu où la succession s'est ouverte ; — En matière de garantie, devant le tribunal où la demande originaire est pendante ; — Enfin, en cas d'élection de domicile pour l'exécution d'un acte , devant le tribunal du domicile élu, ou devant le tribunal du domicile réel du défenseur.

Tribunaux de commerce et des tribunaux civils jugeant en matière de commerce.

La circonscription d'un tribunal de commerce est la même que celle du tribunal civil, quand il n'en existe qu'un dans le même arrondissement; mais s'il y a deux ou trois tribunaux de commerce, la circonscription particulière de chacun est alors déterminée par l'ordonnance qui l'a établi.

Quand il n'y a pas de tribunal de commerce, c'est le tribunal civil d'arrondissement qui en remplit la fonction ; et tout ce qui régit les tribunaux de commerce, moins le mode d'élection, s'applique alors aux tribunaux civils jugeant commercialement.

Les tribunaux de commerce connaissent de toutes contestations entre négocians, marchands, fabricans et banquiers ; la compétence de ces tribunaux peut être temporaire à l'égard d'autres personnes, pour entreprises de transport, pour trafic momentané, courtage, pour construction, pour fabrication, pour celui qui souscrit une lettre de change, quelle que soit sa profession.

La procédure se fait sans le ministère d'avoué. Il existe toutefois, auprès de ces tribunaux, des gens d'affaires qu'on appelle *agréés*, mais ils ne peuvent représenter les parties qu'autant qu'ils en ont reçu un pouvoir spécial.

Les tribunaux de commerce ne peuvent prononcer de jugement qu'au nombre de trois juges.

Les tribunaux de commerce jugent en dernier ressort : 1° toutes contestations dans lesquelles les parties auront déclaré vouloir être jugées définitivement ;

2° Toutes les demandes dont le principal n'excède pas une valeur de 1,500 fr.

3° Les demandes en compensation et en dommages et intérêts, lors même que, réunies à la demande principale, elles excèderaient 1,500 fr.

4° De tous appels des décisions de conseils de prud'hommes, quand ces décisions sont sujettes à appel.

Et à charge d'appel :

1° De toutes contestations relatives aux engagements et transactions entre négociants, marchands et banquiers ;

2° Entre toutes personnes pour contestations relatives aux actes de commerce ;

3° Des actions contre les facteurs, commis des marchands, ou leurs serviteurs, pour le fait seulement du marchand auquel ils sont attachés.

4° De tous billets souscrits par les comptables des deniers publics, quand ces billets ne sont pas étrangers à leur commerce ou à leur gestion.

5° De tous différends qui s'élèvent dans le cours des opérations d'une faillite, et qui se rattachent à ces opérations, à l'exception des oppositions au concordat, quand elles sont fondées sur des causes étrangères à la compétence commerciale.

Une dette quelconque contractée par un commerçant, même au moyen d'une simple reconnaissance, se trouvera toujours du ressort du tribunal du commerce; mais un propriétaire, pour ses loyers, ne peut faire assigner le commerçant que devant le tribunal civil.

Les jugemens par défaut ne doivent pas être exécutés avant l'échéance de la huitaine après signification.

Tous jugemens par défaut doivent être exécutés dans les six mois de leur obtention, sinon ils sont réputés comme non avenus.

Etat des frais devant un tribunal de commerce
pour un effet de 1,000 francs.

Protêt, 4 fr. 40 c. (1);—Enregistrement du titre, 5 fr.

---

(1) Nous donnons ici le coût des divers protêts:

1° *Protêt simple* : original et copie, 1 fr. 60 c.; droit de copie de

50 c. — Ces frais peuvent être augmentés de droits de retour retenus par les banquiers.

Dénonciation du protêt, 5 fr. 90 c. Cet acte doit être fait dans le délai de quinzaine, afin de conserver la garantie des endosseurs (1).

Mise au rôle, 1 fr, 65 c. ; — appel de cause, 30 c. ; — rédaction, 1 fr. ; plumitif, 50 c.; pouvoir de l'agréé, 2 fr. — Obtention du jugement, 4 fr. ; — coût d'enregistrement, 5 fr. 50 c. ; — timbre de l'expédition, en six rôles, 3 fr. 75 c. ;—droit d'expédition, 6 fr. 60 c. ; vacation pour la commander, 3 fr.

Signification, à Paris, 7 fr. 25 c. ; — ailleurs, 6 fr. 33 c. (2) ; — commandement, à Paris, 5 fr. 40 c.; ailleurs,

---

l'effet sur l'original et la copie et transcription sur le répertoire, 75 c.; timbre du protêt, 70 c.; timbre du registre, 25 c.; enregistrement, 1 fr. 10 c.; total, 4 fr. 40 c.

2º *Protêt à deux domiciles ou avec besoin* : le protêt simple, 4 fr. 40 c.; pour le second domicile ou besoin, 1 fr.; timbre, 0 f. 35 c. total, 5 fr. 75.

3º *Protêt de deux effets* : le protêt simple, 4 fr. 40 c.; émolument pour le second effet, 50 c.; timbre, 15 c.; total, 5 fr. 05 c.

4º *Protêt de perquisition* : original et copie. 5 fr.; droits de copie, 1 fr. 25 c.; les copies du titre, 50 c.; visa, 1 fr.; timbre de copies, 1 fr. 75 c.; enregistrement, 1 fr. 10 c.; transcription du titre au registre, et du procès-verbal de perquisition et du protêt, 75 c.; papier du registre pour la transcription, 40 c.; total, 11 fr. 75 c.

5º *Protêt au parquet* : le protêt simple, 4 fr. 40 c.; deuxième copie au parquet 50 c.; troisième copie au tribunal, et droit de la copie de titre, 0 fr. 50 c.; visa, 1 fr.; timbre, 70 c.; total, 7 fr. 10 c;

6º *Intervention* : original et copie, 2 fr.; transcription au registre, 25 c.; papier du registre, 15 c.; enregistrement, 1 fr. 10 c. total, 3 fr. 50 c.

(1) *Dénonciation de protêt* : original, 2 fr.; copie de l'exploit, 50 c ; copie de billet et de protêt, 75 c.; copie pièces. 50 c.; timbre, 1 fr. 05 c ; enregistrement; 1 fr. 10 c.; total, 5 fr. 90.

(Le protêt avec la dénonciation conservent la créance pour cinq ans, et le jugement acquiescé la conserve pour trente ans.)

(2) *Signification*. A Paris, original, 2 fr.; copie, 50 c.; copie de

4 fr. 78 c. ; — opposition (1), à Paris, 5 fr. 40 c. ; ailleurs, 4 fr. 78 c. (2) ; — jugement de débouté, à Paris, 3 fr. 30 c. ; plumitif, 50 c. ; rédaction, 1 fr. ; vacation de l'agréé, en demandant, 4 fr. ; — en défendant, 3 fr.; id. pour com. l'expédition, 6 fr. ; timbre d'icelle, 3 fr. 75 c. ; droit d'expédition, 6 fr. 60 c.

Signification, 7 fr. 25 c. ; hors Paris, 6 fr. 38 c. ; — commandement, 5 fr. 40 c.; hors Paris, 4 fr. 78 c. ; — saisie, 15 fr, 80 c. ; hors Paris, 13 fr. 30 c. ; — Affiches, 14 fr. 95 c.; hors Paris, 14 fr. 48 c.

Recollement, 10 fr. 40 c.; hors Paris, 8 fr. 52 c.

Gardien, 12 jours, 30 fr.; hors Paris, 24 fr.

Le total de ces frais se monte à 175 fr., et hors Paris, 158 fr. environ ; et nous ne portons pas les frais d'arbitrage, d'arrestation, d'emprisonnement, etc.

Ne laissons instrumenter l'huissier ou l'homme d'affaires que d'après nos ordres précis. Si nous leur lâchons la bride, ils comprimeront l'orange tellement qu'il ne restera plus que l'écorce pour nous.

---

pièce, six rôles. 1 fr. 50 c. ; timbre, 1 fr. 05 c.; enregistrement. 2 fr. 20 c.; total, 7 fr. 25 c.—Ailleurs, original, 1 fr. 50 c.; copie 38 c.; copie de pièces. six rôles 1 fr. 20 c.; timbre, 1 fr. 05 c ; enregistrement. 2 fr. 20 c.; total, 6 fr. 33 c.

(1) *Opposition.* A Paris, original, 2 fr.; copie, 50 c.: timbre, 70 c.; enregistrement, 2 fr. 20 c.; total, 5 fr. 40 c. — Ailleurs original, 1 fr. 50 c.; copie, 38 c.; timbre, 70 c.; enregistrement, 2 fr. 20 c.; total, 4 fr. 78 c.

(2) Le créancier prudent doit toujours proposer l'acquiescement au jugement, et le débiteur loyal et soigneux de ses intérêts doit l'accepter, en demandant du temps pour s'acquitter. Évitons les frais inutiles.

CHAPITRE XXIX.

Des voies ordinaires pour attaquer les jugements. — De
l'opposition et de l'appel, etc.

Les voies ordinaires pour attaquer les jugements sont
l'opposition, la tierce-opposition, la requête civile, le désaveu et l'appel.

L'opposition est portée devant le même ou devant les
mêmes juges qui ont rendu la décision par défaut. Les jugements par défaut sont ceux rendus contre une partie qui
n'a pas présenté ses moyens de défense, soit faute de comparaître, soit faute de défendre ou conclure à l'audience par
le ministère de l'avoué qu'elle a constitué.

L'opposition à un jugement rendu par défaut en justice
de paix, doit être formée par acte d'huissier dans les trois
jours de la signification du jugement.

L'opposition à un jugement par défaut devant un tribunal de première instance, n'est recevable que pendant huitaine, à compter du jour de la signification à avoué, et elle
doit être faite par requête d'avoué.

S'il n'y a pas d'avoué constitué, l'opposition est recevable jusqu'à l'exécution du jugement. Le jugement est ré
puté exécuté lorsque les meubles saisis ont été vendus, ou
que le condamné a été emprisonné ou recommandé, ou que
la saisie d'un de ses immeubles lui a été notifiée, ou enfin
lorsqu'il y a quelqu'acte duquel il résulte nécessairement
que l'exécution du jugement lui a été connue. L'opposition
dans ce second cas peut être faite par acte judiciaire, ou par
déclaration sur les procès-verbaux d'exécution, à la charge,
par l'opposant, de la réitérer dans la huitaine par requête
d'avoué.

La tierce opposition peut être formée par toute partie dont les droits ont été lésés par un jugement, lors duquel ni elle ni ceux qu'elle représente n'ont été appelés.

La tierce-opposition incidente à une contestation dont un tribunal est saisi, peut être formée par requête à ce tribunal, s'il est égal ou supérieur à celui qui a rendu le jugement : dans tous les autres cas, elle doit être portée devant le tribunal supérieur. La partie qui succombe dans sa tierce-opposition est condamnée à une amende de 50 francs au moins, sans préjudice de dommages-intérêts, s'il y a lieu.

En matière de simple police, l'opposition doit être faite dans les trois jours de la signification du jugement, outre un jour par trois myriamètres, soit par acte notifié, soit en réponse au bas de l'acte de signification.

En matière de police correctionnelle, l'opposition doit être notifiée, tant au ministère public qu'à la partie civile, et faite dans les cinq jours de la signification du jugement, outre un jour par cinq myriamètres.

Dans les deux cas, l'opposant se trouve cité de fait à la première audience, et son opposition est non avenue s'il n'y comparaît pas.

La requête civile est une voie extraordinaire ouverte, dans certains cas déterminés, à la partie condamnée par une décision en dernier ressort. La requête civile est portée au même tribunal qui a prononcé le jugement attaqué. Les principaux cas de la requête civile sont : Si la partie adverse a retenu des pièces décisives; si les pièces qui ont servi de base au jugement ont été, depuis, reconnues ou déclarées fausses.

La requête civile doit être formée dans les trois mois qui

courent, à l'égard des majeurs, du jour de la signification du jugement à personne ou domicile; à l'égard des mineurs, du jour de la signification du jugement faite, depuis leur majorité, à personne ou domicile ; dans les cas de faux ou de découverte de pièces nouvelles, à dater du jour où le faux a été reconnu, ou les nouvelles pièces découvertes.

Le désaveu est encore une voie extraordinaire d'attaquer les jugements. Il est formé contre les huissiers ou avoués qui ont fait quelque offre, aveu ou consentement sans y être autorisés par un pouvoir spécial. Si le désaveu est formé à l'occasion d'un jugement qui a acquis force de chose jugée, il ne peut être reçu après la huitaine, à dater du jour où le jugement est réputé exécuté.

L'appel est le recours à un tribunal supérieur pour faire réformer le jugement d'un tribunal inférieur.

On nomme appelant celui qui demande cette réformation, et intimé celui contre qui elle est demandée.

En règle générale, on peut appeler des jugements et ordonnances rendus en premier ressort et qui n'ont pas acquis l'autorité de chose jugée. Ainsi, l'on peut appeler des jugements provisoires et interlocutoires aussi bien que des jugements définitifs.

On distingue deux sortes d'appel : l'appel *principal* qui attaque la première décision de première instance, et l'appel *incident* qui attaque une décision dont la partie adverse a déjà appelé sur d'autres chefs.

L'appel des jugements des *juges de paix* doit être interjeté dans les trente jours, à partir de la signification.

Le délai d'appel pour les jugements des *tribunaux de commerce* est de trois mois, à partir de la signification.

Le délai pour interjeter appel principal d'un jugement contradictoire est de trois mois, et court du jour de la signification à personne ou domicile; et pour les jugements par défaut, il court du jour où l'opposition n'est plus recevable; mais l'intimé peut interjeter appel en tout état de chose.

L'appel d'un jugement préparatoire ne peut être interjeté qu'après le jugement définitif et conjointement avec l'appel de ce jugement, et le délai ne court qu'après signification du jugement définitif.

L'appel d'un jugement interlocutoire doit être interjeté avant le jugement définitif; il en est de même des jugements qui, pendant le procès, accordent une provision à l'une des parties; mais l'appel n'est pas recevable de la part de celui qui a exécuté volontairement la décision interlocutoire.

Dans certaines circonstances urgentes, les délais de l'appel sont souvent abrégés comme en matière de distribution, d'ordre et de saisie immobilière, où les délais ne sont que de dix jours.

L'appel du jugement de simple police doit être interjeté dans les dix jours de la signification de la sentence, par acte d'huissier ou par déclaration au greffe de la justice de paix.

L'appel des jugements de police correctionnelle doit être fait dans les dix jours par déclaration au greffe du tribunal qui a prononcé le jugement; et si le jugement a été rendu par défaut, l'appel en est interjeté dans les dix jours de la signification du jugement fait à personne ou domicile.

Le commandement peut suivre la signification du jugement; mais il faut un jour franc entre la signification et la saisie, et huit jours francs entre la saisie et la vente.

L'ouvrier ou tout autre individu qui, par sa position, se trouve dans l'impossibilité d'intenter une action juste, par défaut d'argent, soit pour séparation de corps, calomnie, pension alimentaire, et même pour la plupart des cas en matière civile, peut, sur la présentation d'un certificat constatant son état d'indigence, s'adresser au président du tribunal, qui commettra un avoué, afin de suivre la procédure aux frais du Trésor.

CHAPITRE XXX.

Tarif des Honoraires des Greffiers des Justices de Paix.

Il est alloué aux greffiers des justices de paix, pour chaque rôle d'expédition de 20 lignes à la page et de 10 syllabes à la ligne, à Paris, 50 c.; ailleurs, 40 c. Pour procès-verbal de non conciliation, à Paris, 1 fr.; ailleurs, 80 c.

Il n'est rien alloué pour la mention sur le registre du greffe et sur l'original ou la copie de la citation en conciliation, quand l'une des parties ne comparaît pas.

Pour la transmission au procureur impérial de la récusation ou de la réponse du juge, tous frais de port compris, partout, 5 fr.

Il est alloué au greffier les deux tiers des vacations du juge de paix, vacation de trois heures, dans lesquelles ils comptent l'aller et le retour, pour assistance aux conseils de famille, — aux appositions de scellés, — aux reconnaissances et levées des scellés, — aux référés, — aux actes de notoriété, — aux visites des lieux contentieux, — à l'ouverture des portes en cas de saisie, c'est-à-dire, à Paris, 3 fr. 33 c.; où il y a un tribunal de première instance, 2 fr. 50 c.; partout ailleurs, 1 fr. 07 c.

Pour chaque opposition aux scellés qui est formée par déclaration sur le procès-verbal des scellés, et pour chaque extrait des oppositions aux scellés, et à raison par chaque opposition, à Paris, 50 c.; partout ailleurs, 40 c.

Les greffiers du juge de paix ne pourront délivrer d'expéditions entières des procès-verbaux d'appositions, reconnaissances let levées des scellés, qu'autant qu'ils en seront expressément requis par écrit. Ils seront tenus de délivrer des extraits qui leur seront demandés, quoique l'expédition entière n'ait été ni demandée, ni délivrée.

Une ordonnance royale du 6 décembre 1845 détermine ainsi le montant de l'indemnité établie au profit des juges de paix par l'art. 1er de la loi du 20 juin 1845 : « En cas de transport à plus de cinq kilomèt. du chef-lieu du canton, à 6 fr. ; si les opérations durent plus d'un jour, l'indemnité est fixée, suivant la distance, à 5 ou 6 fr. par jour. » Il y a souvent en plus les frais de timbre et les vacations du greffier.

Des émoluments des greffiers des tribunaux civils de première instance , de commerce et de cours impériales.
(Décret impérial du 24 mai 1854.)

Article 1er. Les greffiers des tribunaux civils de première instance ont droit aux émoluments suivants :

1° Pour dépôt de copies collationnées des contrats translatifs de propriété. . . . . 3 fr. 00 c.

2° Pour extrait à afficher . . . . . . 1 fr. 00 c.

Plus, pour chaque acquéreur en sus, lorsqu'il y a des lots distincts. . . . . 0 fr. 50 c.

3° Pour soumission de caution avec dépôt de pièces, déclaration affirmative, déclaration de surenchère ou de commande, certificat relatif aux saisies-arrêts sur cautionnement et aux condamnations pour faits de charge , acceptation bénéficiaire, renonciation à communauté ou succession . . . . 2 fr. 00 c.

4° Pour bordereau ou mandement de collation, certificat de propriété. . . . . 2 fr. 00 c.

Si le montant du bordereau ou du mandement s'élève à 3,000 fr., ou si le certificat de propriété s'applique à un capital de pareille somme, l'émolument est de. 3 fr. 00 c.

5° Pour opérer le dépôt d'un testament olographe ou mystique, non compris le rapport, s'il y a lieu. 6 fr. 00 c.

6° Pour communication des pièces et des procès-verbaux ou états de collocation, dans les procédures d'ordre et de distribution, quel que soit le nombre des parties, si la somme principale à distribuer n'excède pas 10,000 fr. 5 fr. 00 c.

Si elle dépasse ce chiffre. . . . . . . 10 fr. 00 c.

L'allocation accordée par la loi du 22 prairial an VII est supprimée

7° Pour acte, déclaration ou certificat fait ou transcrit au greffe, et qui ne donne pas lieu à un émolument particulier, quelque soit le nombre des parties. 1 fr. 50 c.

8° Pour communication, sans déplacement, de pièces dont le dépôt est constaté par un acte du greffe. 1 fr. 50 c.

Dans les affaires où il y a constitution d'avoué, ce droit ne peut être perçu qu'une fois pour chaque avoué à qui la communication est faite, quelque soit le nombre des parties, et à la charge de justifier d'une réquisition écrite en marge de l'acte de dépôt.

9° Pour recherches des actes, jugements et ordonnances

faits ou rendus depuis plus d'une année et dont il n'est pas demandé expédition :

Pour la première année . . . . 0 fr. 50 c.

Pour chacune des années suivantes. . . 0 fr. 25 c.

10° Pour légalisation. . . . . 0 fr. 25 c.

11° Pour l'insertion au tableau placé dans l'auditoire de chaque extrait d'acte ou de jugement soumis à cette formalité . . . . 0 fr. 50 c.

12° Pour visa d'exploit. . . . . . . 0 fr. 25 c.

13° Pour chaque bulletin de distribution et de remise de cause. . . . . 0 fr. 10 c.

14° Pour la mention de chaque acte sur le répertoire prescrit par l'article 49 de la loi du 22 frimaire an VII. . . . . 0 fr. 10 c.

Art. 2. Lorsque, dans l'exercice de leurs fonctions, les greffiers des tribunaux civils de première instance se transportent à plus de cinq kilomètres de leur résidence, ils reçoivent, pour frais de voyage, nourriture et séjour, une indemnité, par jour, de. . . . . . 8 fr. 00 c.

S'ils se transportent à plus de deux myriamètres, l'indemnité, par jour. est de. , ... 10 fr. 00 c.

Art. 3. Il est alloué aux greffiers des tribunaux civils de première instance, comme remboursement du papier timbré :

1° Pour chaque jugement rendu à la requête des parties, ceux de simple remise exceptés . . . . 0 fr. 80 c.

2° Pour chaque extrait, porté sur un registre timbré. . . . . 0 fr. 40 c.

3° Et pour chaque mention également portée sur un registre timbré. . . . . 0 fr. 15 c.

Des greffiers des tribunaux civils qui exercent la juridiction
commerciale.

Art. 4. Les allocations établies au profit des greffiers des
tribunaux de commerce sont accordées aux greffiers des
tribunaux civils de première instance, qui exercent la juridiction commerciale (1) ; néanmoins ils n'ont droit à aucun

---

(1) Ainsi, ces allocations sont :

1° Pour jugement interlocutoire et préparatoire porté sur la
feuille d'audience, ceux de simple remise exceptés. .   0 fr. 50 c.

Pour chaque jugement expédié et dont les qual.tés se rédigeront
dans le greffe, savoir, s'il est par défaut. .   .. .. .   1 fr. 00 c.

Et s'il est contradictoire. . . . .   2 fr. 00 c.

Procès-verbaux

2° Pour chaque procès-verbal de compulsoire . .   4 fr. 00 c.

3° D'interrogatoire sur faits et articles. . . . .   2 fr. 90 c.

4° De l'assemblée des créanciers pour la formation de la liste de
candidats aux fonctions de syndics provisoires. . .   2 fr. 00 c.

5° De reddition de comptes des agents aux syndics provisoires et
de remise à huitaine pour le concordat. . . . .   3 fr. 00 c.

6° De vérification et affirmation de créances. . .   3 fr. 00 c.

Pour chaque créancier. . . . .   0 fr. 50 c.

Et pour contredit contresigné au procès-verbal, et sur lequel il
y aurait remise à l'audience. . . . .   0 fr. 50 c.

7° De mise en demeure des créanciers non comparants.
. . . .   2 fr. 00 c.

8° De l'assemblée des créanciers dont les créances ont été
admises pour passer au concordat ou au contrat d'union.
. . . .   4 fr 00 c.

9° De reddition du compte définitif des syndics provisoires au
failli, en cas de concordat. . . . .   3 fr 00 c.

10° De reddition de compte des syndics provisoires aux syndics
définitifs. . . . .   3 fr. 00 c.

11° De reddition du compte définitif des syndics aux créanciers
de l'union. . . . .   3 fr. 00 c.

12° De l'assemblée des créanciers pour prendre une délibération quelconque, non prévue par les dispositions précédentes,
. . . .   3 fr. 00 c.

Formalités diverses.

Pour l'affiche et pour l'insertion dans les journaux.   1 fr. 00 c.

Pour la rédaction, l'impression et l'envoi des lettres individuelles
de convocation aux créanciers d'une faillite, par chaque lettre,
au lieu de 20 cent. . . . .   0 fr. 10 c.

Pour la rédaction des certificats délivrés par le greffier, dans les
cas prévus par les lois, règlements ou jugements. .   1 fr. 00 c.

émolument dans les cas prévus par l'article 8 du présent décret.

Art. 5. Les dispositions des articles 2, 3 et 4 sont applicables aux greffiers des tribunaux civils qui exercent la juridiction commerciale ; mais l'allocation à titre de remboursement du timbre employé aux feuilles d'audience, est fixée, pour chaque jugement, à. . . . .   0 fr. 50 c.

Des greffiers des cours impériales.

Art. 6. Les greffiers des cours impériales ont droit aux allocations suivantes :

1° Pour tout acte fait ou transcrit au greffe, quel que soit le nombre des parties. . . . . . .   3 fr. 00 c.

2° Pour chaque bulletin de distribution ou de remise de cause. . . . .   0 fr. 20 c.

Il leur est alloué une somme double de celle dûe aux greffiers des tribunaux civils de première instance pour les formalités prévues aux nᵒˢ 8, 9, 10, 11, 12 et 14 de l'article 1ᵉʳ du présent décret.

Art. 7. Les greffiers des cours impériales ont droit aux allocations établies par les articles 2 et 3 du présent décret. Leur remise, par chaque rôle d'expédition, est fixée à 40 centimes, sans diminution des droits de l'État.

Dispositions générales.

Art. 8. Les greffiers n'ont droit à aucun émolument :

1° Pour les minutes des arrêts, jugements et ordonnances, ou pour celles des actes et procès-verbaux reçus ou dressés par les magistrats avec leur assistance ;

2° Pour les formalités qui n'exigent aucune écriture, ou dont il est seulement fait mention sommaire, soit sur les pièces produites, soit sur les registres du greffe, à l'exception du répertoire ;

3° Pour l'accomplissement des obligations qui leur sont imposées, soit à l'effet de régulariser le service des greffes, soit dans un intérêt d'ordre publique ou d'administration judiciaire.

Art. 9. Les greffiers doivent inscrire, au bas des expéditions qui leur sont demandées, le détail des déboursés et des droits auxquels chaque arrêt, jugement ou acte donne lieu.

A défaut d'expédition, ils doivent faire cette mention sur des états signés d'eux, et qu'ils remettent aux parties ou aux avoués. Il leur est alloué, par chaque état, un émolument de 10 centimes.

Art. 10. Les greffiers ne peuvent écrire sur les minutes ou feuilles d'audience et sur les registres timbrés, plus de trente ligne à la page, et de quinze à vingt syllabes à la ligne, sur une feuille au timbre de 70 centimes ; — plus de quarante ligne à la page, et de vingt à vingt-cinq syllabes à la ligne, lorsque la feuille est au timbre de 1 franc 25 centimes ; — et plus de cinquante lignes à la page, et de vingt-cinq à trente syllabes à la ligne, lorsque la feuille est au timbre de 1 franc 50 centimes.

CHAPITRE XXXI.

Tarif des Honoraires des Experts et Arbitres.

Pour chaque vacation de trois heures, il leur est dû à Paris, 8 fr. ; partout ailleurs, 6 fr.

S'ils constatent quatre vacations par jour, à Paris, 32 fr. ; partout ailleurs, 24 fr.

Pour prestation de serment, il leur est dû le prix d'une vacation.

Pour déposer leur rapport, *idem* une vacation.

Au moyen de cette taxe, les frais d'écrivain et de porte-chaînes restent à leur charge.

La majeure partie des arbitrages ordonnés à l'audience se paient 25 à 30 fr. ; cependant les honoraires varient en raison de l'importance des affaires et du temps qu'elles exigent.

Tarif des Frais d'Huissiers.

Pour original de citation, d'opposition, de demande en garantie, d'exploit d'ajournement, de signification de jugement, de congé, à Paris, 2 fr.; partout ailleurs, 1 fr. 50 c.

Il leur est alloué en plus, 2 fr. pour transport , si leur course est d'un myriamètre, aller et retour. Tous les actes judiciaires et extra-judiciaires de l'huissier, sont de 2 fr. à Paris, et en province, 1 fr. 50 c.

En justice de paix, Paris, 1 fr. 50 c.; ailleurs, 1 fr 25 c.

Pour original de récusation de juge de paix, 3 fr. pour Paris ; ailleurs, 2 fr. 50 c.

Pour procès-verbal de saisie, à Paris, 8 fr., y compris 1 fr. 50 c. pour chacun des deux témoins ; partout ailleurs, 6 fr., y compris 1 fr. pour chacun des deux témoins.

Il leur est dû en plus, 2 fr. pour transport par chaque myriamètre et autant pour retour. Un demi-myriamètre, 2 fr. ; un myriamètre, 4 fr. ; et pour deux myriamètres, 6 fr. ; trois myriamètres, 8 fr. aller et retour compris.

Pour 14 kilomètres jusqu'à 20, ils ont droit à 4 fr., aller et retour compris.

Pour procès-verbal de saisie-brandon, Paris, 6 fr.; villes où il y a tribunal de première instance, 5 fr.; partout ailleurs, 4 fr.

Pour saisie immobilière, Paris, 6 fr.; partout ailleurs, 3 fr.

Pour procès-verbal de consignation de deniers, à Paris, 3 fr. ailleurs, 1 fr. 50 c.

Pour procès-verbal d'emprisonnement, y compris l'écrou et l'assistance de deux recors, Paris, 40 fr.; partout ailleurs, 30 fr.

Vacation en référé, si le débiteur le requiert, à Paris, et ailleurs, 5 fr.

Pour procès-verbal d'emprisonnement, Paris et ailleurs, 2 fr.

Pour chaque copie de tous les actes qui précèdent, le quart du coût de l'original.

Il y a peine d'interdiction pour l'huissier qui prendrait de plus forts droits que ceux qui lui sont alloués par le tarif.

Toutes les fois qu'un huissier refuse d'intervenir, on n'a qu'à s'adresser au président du tribunal civil pour le lui faire enjoindre. Le ministère d'huissier EST OBLIGÉ. (*Potier, Jurisp.*)

A la fin de l'original et de chaque copie il doit faire mention du coût d'icelui, à peine de 5 fr. d'amende.

Voir, pour les autres frais, Justice de paix et Tribunaux de Première Instance et de Commerce.

CHAPITRE XXXII.

Des Actes sous seings-privés et notariés.

L'acte sous-seing privé est celui que les parties ont dressé ou fait dresser hors de la présence d'un officier public et qui ne porte d'autre preuve que leur signature. Celles des parties qui ne l'ont pas écrit en entier doivent mettre en toutes lettres : *Approuvé l'écriture ci-dessus*, avant de signer.

L'acte sous-seing privé doit être fait en autant d'originaux qu'il y a de parties contractantes, et chaque original fait mention du nombre d'originaux qui ont été faits. Mais comme les parties pourraient l'anti-dater, il n'a de date certaine à l'égard des tiers que du jour de son enregistrement, ou du décès de l'une des parties, ou d'un jugement, ou de la confection d'un acte public qui en mentionne la substance, tel que procès-verbal de scellé ou d'inventaire.

Tous actes sous seing-privé, portant transmission de propriété ou d'usufruit de biens immeubles, les baux à ferme ou à loyer, sous-baux, cessions ou subrogations de baux doivent être enregistrés dans les trois mois de leur date.

Il n'y a pas de délai de rigueur pour l'enregistrement des actes privés autres que ceux sus-mentionnés ; ma's il ne peut en être fait aucun usage, soit par acte public, soit en justice ou devant une autorité constituée, qu'ils n'aient été préalablement enregistrés. (Loi du 22 frimaire an VII.)

A l'égard des actes de société commerciale sous seing-privé, des modifications à ces actes, des dissolutions anticipées, forcément il faut qu'ils soient enregistrés dans les quinze jours de leur date, puisque, dans le même délai, à peine de nullité, extrait doit en être déposé au greffe du tribunal de commerce, qui ne peut en accepter le dépôt qu'après enregistrement.

L'acte sous seing-privé, bien rédigé et dûment enregistré, est certes autorisé par la loi ; néanmoins il est prudent de s'adresser à un notaire toutes les fois qu'il s'agit de régler des affaires importantes : c'est que tout le monde n'est pas habile à les bien rédiger, ni à prévenir les cas qui peuvent donner naissance à des procès; d'ailleurs les actes sous seing-privé ne sont exécutoires qu'au moyen d'un jugement...

Les modèles suivans ne seront pourtant pas déplacés dans notre livre ; les observations qui les précèdent seront toujours précieuses pour tous ceux qui se trouveront dans ces diverses positions.

Du Bordereau d'inscription.

L'inscription a pour but la publicité et, partant, la sincérité d'un fait ; ce qui établit la sécurité de la créance.

Nous avons déjà fait sentir l'utilité d'une inscription; souvent elle est un moyen de sauver la créance, surtout lorsqu'elle est prise en vertu d'un jugement; car alors l'hypothèque grève les biens présens et à venir. Elle peut conduire au paiement, surtout quand la somme n'est pas bien forte (de 700 à 1,000 fr. environ), même quand l'immeuble est grevé au-delà de sa valeur, parce que le refus d'en donner main-levée peut entraîner un ordre judiciaire, qui est la procédure la plus coûteuse, et que souvent, afin de l'éviter, le débiteur, et quelquefois même les créanciers, font des sacrifices pour se débarrasser des plus mutins d'entre eux.

Tout créancier peut requérir lui-même l'inscription de son hypothèque ; il suffit pour cela qu'il fasse, sur timbre et en double, un bordereau conforme à celui dont nous allons donner le modèle.

Bordereau de créance hypothécaire, résultant d'un jugement rendu par le tribunal de commerce de... le... 1849, enregistré.

Pierre Durand, propriétaire, demeurant à Paris, rue..., n°..., pour lequel domicile est élu en l'étude de M°..., avoué près le tribunal civil de. . . . , y demeurant; requiert au bureau des hypothèques établi audit . . . . . , et sur tous les biens présens et à venir du sieur Jacques Bertrand, cultivateur, demeurant en ladite ville, l'inscription de l'hypothèque résultant à son profit du jugement sus-énoncé et daté.

Et ce, pour sûreté, conservation et avoir paiement de :
1° la somme de deux cents fr., montant en principal, actuellement exigible, des condamnations prononcées par ledit jugement, ci. . . . . 200 fr.

2° Celle de trente-six fr., montant, non actuellement exigible, de deux années et l'année courante, des intérêts de ladite somme principale, dont la loi conserve le rang, ci. . 36

3° De celle de quarante-huit fr., actuellement exigible, montant des dépens liquidés par le même jugement et du coût d'icelui, ci. 48

4° Et enfin, de celle de deux cents francs, à laquelle sont évalués approximativement es frais de mise à exécution et autres à faire pour arriver au paiement desdites condamnations, ci. 200

Pour réquisition.   Total. . . . 484 fr.
(Signer et faire signifier.)

Les deux doubles de ce bordereau, accompagnés de la grosse du jugement, sont déposés au bureau des hypothèques, qui en réserve un et rend l'autre au créancier lorsque l'inscription est opérée.

Il n'est parlé ici que de l'hypothèque judiciaire, parce que généralement l'inscription de l'hypothèque conventionnelle est prise par le notaire qui a reçu l'acte ; il est même utile de la lui laisser prendre ; on doit lui recommander surtout de prendre toutes précautions de sûreté quand le mari vend, etc. ; c'est à dire faire transcrire l'acte, faire faire la purge légale ou au moins s'assurer si le vendeur possède encore assez d'immeubles pour garantir la dot de sa femme et autres dettes privilégiées ; comme aussi de faire faire un transport en règle de la police d'assurance, quand l'inscription est prise sur une maison assurée. Car si la maison venait à brûler, l'hypothèque ne pourrait pas saisir l'acte d'assurance, les hypothèques ne pouvant s'asseoir que sur des biens immeubles.

Mêmes précautions quand le mari vend ou hypothèque des biens déja affectés par l'hypothèque légale non inscrite de sa femme. C'est que les maris coupables du délit de stellionat, même à leur insu, se comptent par milliers.

Pareillement quand il s'agit de payer le prix d'un immeuble vendu ou hypothéqué par un célibataire. Celui-ci pourrait se marier avant la fin de la quinzaine après la transcription de l'acte de vente ; et alors l'hypothèque légale de sa femme primerait celle prise par le notaire. L'on ne paie que le seizième jour après l'inscription ; de même quand il s'agit de donations entre vifs et de soultes après partages.

APPRENTISSAGE.

Loi relative aux contrats d'apprentissage,
Promulguée le 4 mars 1851.

ART. 1er. Le contrat d'apprentissage est celui par lequel un fabricant un chef d'atelier ou un ouvrier s'oblige à enseigner la pratique de sa profession à une autre personne qui s'oblige, en retour, à travailler pour lui ; le tout à des conditions et pendant un temps convenus.

2. Le contrat d'apprentissage est fait par acte public ou par acte sous seing-privé.

Il peut aussi être fait verbalement ; mais la preuve testimoniale n'en est reçue que conformément au titre du Code civil des *Contrats* ou des *Obligations conventionnelles en général.*

Les notaires, les secrétaires des conseils de prud'hommes et les greffiers de justice de paix peuvent recevoir l'acte d'apprentissage.

Cet acte est soumis pour l'enregistrement au droit fixe de 1 franc, lors même qu'il contiendrait des obligations de sommes ou valeurs mobilières, ou des quittances.

Les honoraires dus aux officiers publics sont fixés à 2 francs.

3. L'acte d'apprentissage contiendra :

1° Les nom, prénoms, âge, profession et domicile du maître ;

2° Les nom, prénoms, âge et domicile de l'apprenti ;

3° Les nom, prénoms, profession et domicile de ses père et mère, de son tuteur ou de la personne autorisée par les parents, et, à leur défaut, par le juge de paix ;

4° La date et la durée du contrat ;

5° Les conditions de logement, de nourriture, de prix et toutes autres arrêtées entre les parties.

Il devra être signé par le maître et par les représentants de l'apprenti.

Des conditions du contrat.

4. Nul ne peut recevoir des apprentis mineurs, s'il n'est âgé de vingt et un ans au moins.

5. Aucun maître, s'il est célibataire ou en état de veuvage, ne peut loger, comme apprenties, des jeunes filles mineures.

6. Sont incapables de recevoir des apprentis :

Les individus qui ont subi une condamnation pour crime ;

Ceux qui ont été condamnés pour attentat aux mœurs ;

Ceux qui ont été condamnés à plus de trois mois d'emprisonnement pour les délits prévus par les art. 388, 401, 405, 406, 407, 408, 423 du Code pénal.

7. L'incapacité résultant de l'art. 6 pourra être levée par le préfet sur l'avis du maire, quand le condamné, après l'expiration de sa peine, aura résidé pendant trois ans dans la même commune.

A Paris, les incapacités seront levées par le préfet de police.

Devoirs des maîtres et des apprentis.

8. Le maître doit se conduire envers l'apprenti en bon père de famille, surveiller sa conduite et ses mœurs, soit dans la maison, soit au dehors, et avertir ses parents ou leurs représentants des fautes graves qu'il pourrait commettre ou des penchants vicieux qu'il pourrait manifester.

Il doit aussi les prévenir, sans retard, en cas de maladie, d'absence ou de tout fait de nature à motiver leur intervention.

Il n'emploiera l'apprenti, sauf conventions contraires, qu'aux travaux et services qui se rattachent à l'exercice de sa profession. Il ne l'emploiera jamais à ceux qui seraient insalubres ou au-dessus de ses forces.

9. La durée du travail effectif des apprentis, âgés de moins de quatorze ans, ne pourra dépasser dix heures par jour.

Pour les apprentis âgés de quatorze à seize ans, elle ne pourra dépasser douze heures.

Aucun travail de nuit ne peut être imposé aux apprentis âgés de moins de seize ans.

Est considéré comme travail de nuit tout travail fait entre neuf heures du soir et cinq heures du matin.

Les dimanches et jours de fêtes reconnues ou légales, les apprentis, dans aucun cas, ne peuvent être tenus vis-à-vis de leur maître à aucun travail de leur profession.

Dans le cas où l'apprenti serait obligé, par suite des conventions ou conformément à l'usage, de ranger l'atelier aux jours ci-dessus marqués, ce travail ne pourra se prolonger au-delà de dix heures du matin.

Il ne pourra être dérogé aux dispositions contenues dans les trois premiers paragraphes du présent article, que par un arrêté rendu par le préfet, sur l'avis du maire.

10. Si l'apprenti, âgé de moins de seize ans ne sait pas lire, écrire et compter, ou s'il n'a pas encore terminé sa première éducation religieuse, le maître est tenu de lui

laisser prendre, sur la journée de travail, le temps et la liberté nécessaires pour son instruction.

Néanmoins, ce temps ne pourra pas excéder deux heures par jour.

11. L'apprenti doit à son maître fidélité, obéissance et respect; doit l'aider, par son travail, dans la mesure de son aptitude et de ses forces.

Il est tenu de remplacer, à la fin de l'apprentissage, le temps qu'il n'a pu employer par suite de maladie ou d'absence ayant duré plus de quinze jours.

12. Le maître doit enseigner à l'apprenti, progressivement et complètement, l'art, le métier ou la profession spéciale qui fait l'objet du contrat.

Il lui délivrera, à la fin de l'apprentissage, un congé d'acquit, ou certificat constatant l'exécution du contrat.

13. Tout fabricant, chef d'atelier ou ouvrier, convaincu d'avoir détourné un apprenti de chez son maître pour l'employer en qualité d'apprenti ou d'ouvrier, pourra être passible de tout ou partie de l'indemnité à prononcer au profit du maître abandonné.

De la résolution du contrat.

14. Les deux premiers mois de l'apprentissage sont considérés comme un temps d'essai pendant lequel le contrat peut être annulé par la seule volonté de l'une des parties. Dans ce cas, aucune indemnité ne sera allouée à l'une ou à l'autre partie, à moins de conventions expresses.

15. Le contrat d'apprentissage sera résolu de plein droit,

1° Par la mort du maître ou de l'apprenti;

2° Si l'apprenti ou le maître est appelé au service militaire ;

3° Si le maître ou l'apprenti vient à être frappé d'une des condamnations prévues en l'article 6 de la présente loi ;

4° Pour les filles mineures, dans le cas de décès de l'épouse du maître, ou de toute autre femme de la famille qui dirigeait la maison à l'époque du contrat.

16. Le contrat peut être résolu sur la demande des parties ou de l'une d'elles ;

1° Dans le cas où l'une des parties manquerait aux stipulations du contrat ;

2° Pour cause d'infraction grave ou habituelle aux prescriptions de la présente loi ;

3° Dans le cas d'inconduite habituelle de la part de l'apprenti ;

4° Si le maître transporte sa résidence dans une autre commune que celle qu'il habitait lors de la convention.

Néanmoins, la demande en résolution de contrat fondée sur ce motif ne sera recevable que pendant trois mois à compter du jour où le maître aura changé de résidence ;

5° Si le maître ou l'apprenti encourait une condamnation emportant un emprisonnement de plus d'un mois ;

6° Dans le cas où l'apprenti viendrait à contracter mariage.

17. Si le temps convenu pour la durée de l'apprentissage dépasse le maximum de la durée consacrée par les usages locaux, ce temps peut être réduit ou le contrat résolu.

De la compétence.

18. Toute demande à fin d'exécution ou de résolution de contrat sera jugé par le conseil des prud'hommes dont

le maître est justiciable, et, à défaut, par le juge de paix du canton.

Les réclamations qui pourraient être dirigées contre les tiers, en vertu de l'article 13 de la présente loi, seront portées devant le conseil des prud'hommes ou devant le juge de paix du lieu de leur domicile.

19. Dans les divers cas de résolution prévus par les articles 14, 15, 16 et 17 de la présente loi, les indemnités ou les restitutions qui pourraient être dues à l'une ou à l'autre des parties, seront, à défaut de stipulations expresses, réglées par le conseil des prud'hommes, ou par le juge de paix dans les cantons qui ne ressortissent point à la juridiction d'un conseil de prud'hommes.

20. Toute contravention aux articles 4, 5, 6, 9 et 10 de la présente loi sera poursuivie devant le tribunal de police et punie d'une amende de cinq à quinze francs.

Pour les contraventions aux articles 4, 5, 9 et 10, le tribunal de police pourra, dans le cas de récidive, prononcer, outre l'amende, un emprisonnement d'un à cinq jours.

En cas de récidive, la contravention à l'article 6 sera poursuivie devant les tribunaux correctionnels, et punie d'un emprisonnement de quinze jours à trois mois, sans préjudice d'une amende, qui pourra s'élever de cinquante francs à trois cents francs.

21. Les dispositions de l'article 463 du Code pénal sont applicables aux faits prévus par la présente loi.

Modèle de Brevet d'Apprentissage.

Les soussignés,

M. A... (*nom, prénoms, profession, demeure*), d'une part,

Et M. B.... (id.), et dame...., son épouse, qu'il autorise, demeurant ensemble à..., d'autre part;

Sont convenus de ce qui suit :

Le sieur et la dame B..., voulant faire apprendre un métier à... leur fils, âgé de..., ici présent, l'ont mis, de son consentement, en apprentissage pour cinq années entières et consécutives, à compter de ce jour, auprès de M. A..., lequel retient en conséquence près de lui ledit sieur B.... fils, pour son apprenti, et promet de lui enseigner, durant ce temps, son métier de..., et tout ce qui y a rapport, et, en outre, de le nourrir, loger, coucher et traiter humainement; mais lesdits sieur et dame B.... entretiendront leur fils d'habits, chaussures et autres vêtemens, suivant son état, et le blanchiront.

De sa part, ledit apprenti a promis d'apprendre de son mieux tout ce qui lui sera enseigné par son maître, de lui obéir en tout ce qu'il lui commandera de licite et honnête, de travailler à son profit, d'éviter son dommage et de l'en avertir toutes les fois qu'il en aura connaissance.

Il ne pourra s'absenter, ni aller servir, ni demeurer ailleurs, pendant lesdites cinq années; s'il vient à s'absenter, ses père et mère promettent de le chercher et faire chercher, et après l'avoir trouvé, si faire se peut, de le ramener au sieur A.... pour achever le temps qui pourrait alors rester à expirer du présent traité, lequel est fait moyennant la somme de...., que M. A... reconnaît avoir reçue desdits sieur et dame B...., dont quittance. En cas de raisons majeures, blessures, sévices, maladies graves, capables d'empêcher le fils B. de finir son apprentissage, les sieurs A. seront tenus de restituer la somme de....

« En cas que, pour l'exécution des présentes, il survienne des différends pendant la durée du temps d'apprentissage, il en sera déféré au conseil des Prud'hommes ou a défaut, à M. le juge de paix du canton qui sera prié de juger comme amiable compositeur et prononcer en dernier ressort sur tous les points et sur toutes valeurs; car telle est la volonté expresse des parties.

« Fait double entre les soussignés, à... ce... *Signatures.*

CHAPITRE XXXIII.
Du Compromis.

Compromettre c'est donner une contestation à décider à des tiers que l'on choisit et au jugement desquels on s'en rapporte.

L'on peut compromettre sur tout ce qui peut être l'objet d'une contestation dans les conventions ordinaires et sur tous les droits dont on a la disposition.

On ne peut compromettre pour question d'état de personnes, pour legs d'alimens, logemens, pour séparation, pour délit ou question de droits sujets à être communiqués au ministère public.

Le compromis doit désigner les objets en litige, ainsi que le nom des arbitres, à peine de nullité.

Il peut être fait par procès-verbal devant les arbitres choisis, ou par acte devant notaire, ou sous signature privée.

Quand le compromis ne fixe pas de délai, il n'est réellement valable que pour trois mois, à moins qu'on ne nomme d'autres arbitres.

En cas de décès de l'un des arbitres, les parties font bien de le prévoir et de spécifier sur le compromis qu'en cas d'empêchement ou de mort de l'un des arbitres nommés, l'absent sera remplacé à leur choix ou au choix de l'arbitre restant.

Formule de Compromis , par acte sous seing-privé.

Entre nous soussignés (*noms, prénoms et domicile*).
a été convenu ce qui suit, savoir :

Pour terminer amiablement les contestations nées ou près de naître entre nous (*expliquer les motifs des différends*), nous sommes convenus de les faire décider par des arbitres respectivement choisis.

En conséquence, moi *Primus*, ai nommé et nomme pour mon arbitre le sieur A....; et moi *Secondus*, le sieur B.... lesquels ont déclaré accepter la mission que nous leur avons proposée.

Nous leur donnons plein pouvoir de juger définitivement chaque point de nos constestations, renonçant à nous pourvoir par aucune voie d'appel ou de requête contre leur décision à venir.

Ils pourront prononcer comme amiables compositeurs, sans être astreints à le faire d'après les règles de droit.

En cas de partage d'opinions sur un ou plusieurs points, ils nommeront un tiers arbitre.

Lesdits arbitres seront tenus de prononcer dans le délai de.... à peine de nullité de leur jugement.

Fait et signé double, à... ce...

Des Devis et Marchés. Constructions.

D'après les art. 1787 et suivans du Code Napoléon, les maçons, charpentiers, peintres, menuisiers et autres ouvriers en bâtiment sont astreints aux règles suivantes :

Il peut être convenu que l'ouvrier fournira son industrie, son travail et même la matière.

Quand l'ouvrier fournit la matière, si la chose vient à périr avant d'être livrée, la perte est pour l'ouvrier, à moins que le maître ou celui qui a commandé la chose, n'ait été mis en demeure de la recevoir.

Dans le cas même où l'ouvrier fournit seulement son travail, si la chose vient à périr pour vice de la matière, quoique sans aucune faute de sa part, l'ouvrier ne pourra réclamer son salaire parce qu'il aurait dû prévenir le maître du vice de la matière employée et refuser son travail pour la mettre en œuvre.

Si un édifice à prix fait périt par vice de construction et même par vice de sol, l'architecte ou l'entrepreneur en reste responsable pendant dix ans.

Lorsqu'un architecte ou un entrepreneur s'est chargé de la construction à forfait d'un ouvrage, d'après un plan arrêté et convenu avec le propriétaire, il ne peut demander aucune augmentation de prix sous prétexte d'augmentation de la main d'œuvre ou des matériaux, pas même sous prétexte d'augmentations ou changemens à ce plan, à moins que ces changemens et augmentations n'aient été arrêtés par écrit et convenus avec le propriétaire.

Le maître peut toujours résilier par sa seule volonté un marché à forfait, quoique l'ouvrage soit déjà commencé; mais dans ce cas l'entrepreneur a le droit de se faire justement dédommager de toutes dépenses, de tous travaux déjà faits et même des bénéfices qu'il aurait pu raisonnablement faire dans l'entreprise.

Les ouvriers, maçons, charpentiers et autres n'ont d'action contre le maître ou propriétaire que jusqu'à concurrence de la somme dont celui-ci se trouve être débiteur envers l'entrepreneur, au moment où leur action est intentée.

L'entrepreneur répond du fait des personnes qu'il emploie.

Le contrat de louage d'ouvrages est dissous par la mort de l'entrepreneur ; mais le propriétaire reste tenu de payer en proportion du prix convenu, à la succession du défunt, la valeur des travaux déjà faits, des matériaux fournis, des dépenses préparatoires, pourvu que ces travaux et dépenses soient reconnus utiles et profitables au propriétaire.

Les entrepreneurs de bâtimens ne doivent pas perdre de vue ce qui a été dit au chapitre de la propriété ; et que, quand il s'agit de construire près ou contre un mur mitoyen des ouvrages capables de lui nuire, comme fosses d'aisance, cheminées, étables, magasin de sel, four, etc., ils doivent, conformément aux règlemens de police, observer la distance ou faire les ouvrages prescrits pour prévenir et empêcher tout préjudice. Celui qui veut construire une cheminée près d'un mur mitoyen, doit élever tout le long un mur bâti en briques ou en pierres de taille. Toute tête de cheminée doit avoir 1 mètre de long au moins et 28 centimètres de large. Celui qui veut construire des latrines, des lieux de dépôts de matières corrosives, doit également élever le long du mur mitoyen un mur en briques ou en pierres de taille.

Celui qui veut construire un four, une forge, doit établir un contre-mur solidement bâti, s'étendant en contre-cour de l'épaisseur de 32 centimètres, laisser un vide de 16 centimètres, vulgairement appelé tour du chat. Celui qui veut construire des latrines, des lieux de dépôts de matières corrosives, doit également élever le long du mur mitoyen un mur en briques ou en pierres de taille. Tous fours et cheminées sont soumis à la visite annuelle des officiers municipaux. Quiconque en néglige l'entretien et le ramonage est passible d'une amende, et, en cas de sinistre, exposé à payer tous dommages causés à ses voisins.

Pour un four ou une forge exigeant un feu considérable et presque continuel, les précautions doivent être encore plus grandes. Ils ne doivent pas oublier que l'âtre d'une cheminée ne peut jamais être posé sur des pièces en bois, surtout quand c'est près d'un mur mitoyen.

Lors même qu'un propriétaire ferait construire un four ou une forge à une grande distance de ses voisins et sur sa propriété, il ne peut le faire qu'en se conformant à toutes les règles de l'art. Si, malgré ces précautions, il arrive accident, le propriétaire du four ou de la forge reste toujours tenu de payer les dommages que son industrie a causés, sauf son recours contre le maçon s'il y a lieu.

La convention par laquelle un voisin permettrait l'une de ces constructions sans distance ni contre-mur solide, serait nulle, illicite ; car, en ceci, il faut toujours observer rigoureusement les règlemens de police.

Formule de marché par acte sous seing-privé, entre l'entrepreneur et le propriétaire.

Les soussignés Jean-Baptiste Allary, entrepreneur de bâtimens, demeurant à Clignancourt, d'une part ; et M. Baudouin, propriétaire, demeurant à Paris, quai Conti, n° 5, d'autre part, sont convenus de ce qui suit, savoir :

Le sieur Allary s'engage à construire la maison que M. Baudouin veut faire bâtir à...., d'après les prix, stipulations et conditions suivants et le plan ci-joint arrêtés et convenus par les parties :

1° Les caves et les fondemens seront creusés à tant le mètre cube ;

2° Les murs de fondation de l'épaisseur de... en pierres brutes, de la dimension de... seront faits à tant le mètre cube;

3° Les murs de façade en pierres de taille de la dimension de... seront payés à tant le mètre superficiel ;

4° La porte d'entrée de la dimension de.... et les croisées de la dimension de.... en pierres de taille à tant le mètre superficiel ;

5° Les enduits de l'intérieur de l'épaisseur de.... en chaux et sable à tant le mètre superficiel ;

6° Les murs de côté et de refend, construits en briques ou en... à tant le mètre superficiel ;

7° Les cloisons en... à tant le mètre superficiel ;

8° Les tuyaux de cheminée en briques ou en..... à tant le mètre superficiel ;

9° Les chambranles en marbre ou en... au prix de...

10° Les carrelages à tant le mètre superficiel ;

11° Désigner bien clairement toutes les parties de charpente à tant le mètre cube;

12° Désigner toutes les parties de menuiserie à tant le mètre courant et superficiel.

13° Les plafonds en plâtre ou en... à tant le mètre superficiel ;

14° Détailler la peinture à tant le mètre courant et superficiel ;

15° Détailler toutes les parties de serrurerie à tant le kilo, et à tant la pièce ;

16° La couverture en ardoises ou en tuiles à tant le mètre superficiel, etc., etc.

Le tout devant s'élever à la somme de...; ce que M. B.., propriétaire, accepte dans tout son contenu ; et il s'engage à payer par mois le solde de... et les... mille francs restans aussitôt après l'entier achèvement de ladite maison, sous la condition expresse que ces ouvrages seront faits d'après les règles de l'art et que les matériaux seront tels qu'ils doivent être, et encore que lesdits ouvrages seront achevés le premier octobre prochain ; passé ledit terme, les ouvrages qui resteraient à faire subiront une diminution de quarante pour cent ; le tout convenu, et pareillement accepté par A..., entrepreneur.

Les soussignés sont convenus aussi qu'en cas de discordance, de quelque nature qu'elle puisse être (si discordance il survient pendant la durée des travaux), les ouvrages ou les cas de discordance seront soumis à des experts désignés par M. le Juge de paix de la localité ; lesquels experts seront autorisés à vider le différend devant ledit juge de paix. Les parties acceptent d'avance, après les rapports des experts ou arbitres, la sentence du juge de paix comme souveraine et exécutoire, à quelque somme que puisse s'élever la valeur du différend, et quelle que soit la nature de ce différend ; ils renoncent absolument et expressément à employer la voie de tous autres tribunaux, même pour les paiemens des prix et sommes convenus ; car telle est leur volonté expresse.

Ainsi convenu, arrêté, fait de bonne foi et signé double à.... ce..,

Modèle de marché entre le maître Maçon et l'Entrepreneur.

Entre les soussignés :

Maximin Godard, maître maçon, demeurant à Montmartre, rue de l'Église, n° 16, d'une part ;

Et Jean-Baptiste Allary, entrepreneur de bâtiments, demeurant à Clignancourt, chemin de Saint-Ouen, n° 6, d'autre part ;

Ont été arrêtées les conventions suivantes, savoir :

Le sieur Godard s'engage, par ces présentes, à faire comme il convient, et au dire d'experts maçons, tous les ouvrages en maçonnerie spécifiés et détaillés dans le plan et le devis de la maison que M. Baudouin veut faire construire d'après le marché que ce propriétaire et ledit entrepreneur ont signé.

Le sieur Godard s'engage à fournir et dresser les échafaudages et accessoires qui devront être établis et consolidés de manière à ne faire courir aucun risque aux travailleurs ;

A fournir, disposer et tenir prêts, à la première réquisition de l'entrepreneur, des matériaux de bonne et acceptable qualité, en pierres de taille, moellons, briques, chaux, plâtre, ciment et tous ceux qui le concernent, et à n'employer que des ouvriers intelligents pour les mettre en œuvre.

Le présent marché est fait moyennant la somme de, *(exprimer cette somme en toutes lettres)*, payable en trois fois, dont un tiers en commençant les travaux, un tiers quand ils seront à la moitié de leur élévation, et le troisième et dernier tiers quand ils seront achevés ; le tout en espèces ayant cours.

Pour la réception de ces travaux, immédiatement après leur achèvement, ainsi que pour toute contestation qui pourrait survenir, les parties en référeront à des arbitres amiables dont la sentence sera souveraine.

Fait double à Montmartre, le......

CHAPITRE XXXIV.

Du mandat ou procuration.

Le mandat ou procuration est un acte par lequel une personne donne à un autre le pouvoir de faire quelque chose pour elle et en son nom. Celui qui donne pouvoir est le mandant ; celui auquel le pouvoir est donné est le mandataire. Le contrat ne se forme et n'existe que par l'acceptation du mandataire.

Pour donner mandat, il faut avoir soi-même la faculté de contracter les obligations ou d'exercer les droits que l'on délègue à un autre par procuration.

Par une dérogation aux règles ordinaires du droit, le mandat peut être donné à un incapable, tel qu'un mineur émancipé, une femme mariée ; mais ceci jette dans des complications qu'il faut éviter.

Le mandat peut être donné ou par acte public ou par écrit sous seing privé ; même par lettre pour des affaires de peu d'importance.

Le mandat est gratuit, s'il n'y a convention contraire, mais celui donné à des arbitres n'est pas gratuit de sa nature; ces arbitres ont droit à des honoraires. (Arrêt de la Cour de Bordeaux, du 14 janvier 1826.)

Il est ou spécial et pour une affaire, ou certaines affaires seulement, ou général et pour toutes les affaires du mandant. S'il s'agit d'aliéner ou hypothéquer, ou de quelque autre acte de propriété, le mandat doit le porter expressément.

Le mandataire ne peut rien faire au-delà de ce qui est porté dans son mandat. Il est tenu de l'accomplir tant qu'il en demeure chargé, et répond des dommages et intérêts qui pourraient résulter soit de l'inexécution, soit des fautes qu'il commet dans sa gestion. — Il est tenu d'achever les choses commencées au décès du mandant, s'il y a péril en la demeure, c'est-à-dire s'il y a perte à différer et attendre.

Le mandataire peut déléguer ses pouvoirs à un autre, mais il répond de celui qu'il s'est substitué : 1° quand il n'a pas reçu le pouvoir exprès de se substituer quelqu'un; 2° quand la personne dont il a fait choix était notoirement incapable ou insolvable.

Le mandant est tenu d'exécuter les engagements contractés par son mandataire, conformément au pouvoir qu'il lui a donné. Il n'est tenu d'exécuter ce qui a été fait au-delà, qu'autant qu'il l'a ratifié expressément ou laissé faire sciemment.

Le mandat finit : 1° par la révocation du mandataire; 2° par sa renonciation au mandat ; 3° par la mort naturelle ou civile, l'interdiction ou la déconfiture, soit du mandant, soit du mandataire.

Le mandant peut révoquer sa procuration quand bon lui semble, et contraindre, s'il y a lieu, le mandataire à lui remettre soit l'écrit sous seing-privé qui la contient, soit l'origine de la procuration, si elle a été délivrée en brevet, soit l'expédition, s'il en a été gardé minute.

La constitution d'un nouveau mandataire vaut révocation du premier, à compter du jour où elle a été signifiée à celui-ci.

Si le mandataire ignore la mort du mandant, ou l'une des causes qui font cesser le mandat, tout ce qu'il a fait dans cette ignorance est valide.

En cas de mort du fondé de pouvoir, les héritiers doivent en donner avis au mandant, et pourvoir, en attendant, à ce que les circonstances exigent pour les intérêts de celui-ci.

Toutes les fois qu'un mandat embrasse une généralité d'opérations, il est sage de se le faire donner par acte public, et autant que possible en minute, afin d'en retrouver une expédition si la première est perdue, ou si l'on a été obligé de l'annexer à un acte quelconque. Il y a d'ailleurs à cela une raison de sécurité pour le mandataire : celui-ci doit toujours être à même d'établir l'étendue de son mandat afin de démontrer qu'il n'en a pas dépassé les limites. Mais quand le mandat n'a qu'un objet déterminé, comme l'assistance à un conseil de famille, à une levée ou à une apposition de scellés, l'acceptation ou la renonciation à une succession, l'établissement de lots et partages, la représentation en justice, etc., il n'a aucun besoin d'être notarié ; un simple acte sous seing-privé, enregistré, suffit.

Tout mandat peut être rédigé d'après les modèles ci-après, pourvu qu'on y exprime clairement l'objet pour lequel le mandat est donné et qu'on le fasse enregistrer.

Mais quand on n'a pas écrit soi-même la procuration que l'on donne, il faut avoir soin d'écrire au bas et lisiblement *Bon pour pouvoir*, avant de signer et dater.

Droits d'enregistrement pour procurations.

Lorsque les procurations ne contiennent point des clauses qui donnent lieu au droit proportionnel, elles ne sont sujettes qu'au droit fixe de 2 fr., plus le décime par franc.

Toute procuration qui désigne plusieurs mandataires qui peuvent agir séparément, est soumise à autant de droits fixes qu'il y a de mandataires nommés.

Si une procuration contient la promesse d'une somme déterminée au profit du mandataire, soit pour honoraires, soit autrement, elle est considérée comme un marché, et sujette au droit proportionnel de 1 pour cent de la somme promise, outre le droit d'enregistrement comme mandat.

Procuration d'un père à son fils pour le suppléer dans son commerce.

Je soussigné, Louis-Étienne Lambert, négociant, domicilié à Provins, déclare nommer par ces présentes, pour mon mandataire spécial, mon fils aîné, Joseph, domicilié audit Provins, pour gérer et administrer ma maison de Melun, pour moi et en mon nom, payer, recevoir, créer tous effets relatifs au commerce que j'y ai établi, donner quittance, poursuivre et faire tous actes nécessaires à mes intérêts, promettant de ratifier ce qu'il aura fait.

A.... ce....   *Signer et faire enregistrer.* Prix : 2 fr. 20.

Procuration pour faire recevoir une somme due.

Je soussigné, Pierre-Louis Baudouin, demeurant à Troyes, rue de la Monnaie, n° 15, déclare donner, par ces présentes, pouvoir au sieur Joseph Isambert, rentier, de recevoir pour moi de Jean-Baptiste Bonnefois, la somme de mille huit cents francs qu'il me doit en vertu de la reconnaissance qu'il m'en a faite (*ou en vertu de tout autre titre qu'il faut désigner*). Mon mandataire donnera décharge au débiteur, ou, à défaut de paiement, fera contre lui, en mon lieu et place, toutes les poursuites de rigueur qu'il croira nécessaires, devant les tribunaux de paix ou de première instance, pour le recouvrement de ladite somme (*ou mettra à exécution les jugements déjà obtenus*). Promettant de ratifier tout ce qu'il aura fait en vue de mes intérêts.

Donné à Troyes, le....

Procuration pour recevoir des Loyers.

Je soussigné, Pierre Monnier, propriétaire, demeurant à Ville-Hardouin, donne, par ces présentes, pouvoir à M. Athanase Raymond, négociant à Rouen, de toucher pour moi les loyers des deux maisons m'appartenant, sises dans ladite ville de Rouen ; de donner aux locataires toutes quittances et décharges des termes payés ; de signifier congé aux locataires en retard de paiement ; de faire toutes poursuites et diligences que les lois autorisent pour le recouvrement des loyers arriérés, ainsi que pour l'exécution des clauses et conditions stipulées dans les baux de location.

Je l'autorise en outre à renouveler les baux finis ou près
de finir ; à donner congé et à louer les locaux vacants ou
près de l'être.

Fait à Ville-Hardouin, le .....

Procuration pour faire lots et partages.

Je soussigné, Pierre-Louis-Joseph Montalais, demeurant
à Orléans, rue Nationale, n° 75, donne par ces présentes,
pouvoir à M. Louis Emery, demeurant à Paris, rue du
Cherche-Midi, n° 24, de faire en mon lieu et place, avec
les sieurs Dampierre et Durieu, mes cohéritiers dans la
succession du sieur Alexandre Bienvenu, mon parent,
décédé à Plaisance, près Paris, le 25 mars dernier, lots et
partage des biens provenant de la succession dudit
Alexandre Bienvenu. Dans le cas où lesdits cohéritiers se
refuseraient à les faire à l'amiable, j'autorise mon mandataire à les y contraindre par les voies de droit, et à faire à
cet effet toutes poursuites et diligences convenables, citer
en conciliation, traduire devant les tribunaux, plaider,
obtenir jugement, faire opposition, saisie-arrêt, saisie-
exécution, substituer et faire généralement tout ce qui sera
convenable pour mes intérêts.

Promettant ratifier ce qui aura été fait.

Orléans, le   Approuver et signer.

Formule de procuration par lettre, sur papier timbré.

Monsieur,

Je vous prie de vouloir bien m'obliger de me représenter
dans *telle affaire*, qui réclame ma présence dans votre ville.

Comme des circonstances impérieuses m'empêchent de
m'absenter en ce moment, je vous envoie plein pouvoir de

traiter pour moi et en mon nom, relativement à cette affaire. Confiant dans le zèle éclairé avec lequel vous voudrez
bien vous charger de mes intérêts, je vous promets de ratifier tout ce que vous aurez fait à cet égard, et vous prie de
croire par avance à toute la reconnaissance avec laquelle
j'ai bien l'honneur d'être, etc.

Dater et signer.

A Monsieur Alexandre Bondoux, à...

Procuration générale

Je soussigné Auguste Bernaudin, propriétaire, demeurant à Paris, place Dauphine, n° 18, donne par ces présentes, au sieur Joseph Billard, rentier, demeurant à Bar-
sur-Seine, département de l'Aube, que je constitue mon
procureur général à l'effet de ce qui suit, et qu'il accepte :

De, pour moi et en mon nom, recevoir tous les revenus,
loyers et fermages de mes biens, donner congé aux fermiers
ou locataires en retard de paiements ; renouveler, au prix
et pour le temps qu'il jugera convenable à mes intérêts, les
baux des locataires ou fermiers sortant ou expulsés ; veiller
à l'exécution des clauses et conditions spécifiées dans les
baux existants et renouvelés ; recevoir rentes, arrérages de
rentes, remboursement, pensions et toutes sommes généralement quelconques à moi dues par quelques personnes
que ce soit ; régler, débattre, arrêter les comptes qui me
concernent ; faire remise de pièces et titres, donner reçus,
quittances et décharges ;

Emprunter de telles personnes qu'il voudra, en mon
nom, jusqu'à la concurrence de vingt mille francs, à raison
de cinq pour cent par an, pour six ans, soit par billets,
obligations, promesses, constitutions ou autrement ; donner

garantie et hypothèques sur tel de mes biens qu'il avisera;

Vendre, céder, transporter, échanger la maison de maître, la ferme, les terres, les vignes et les bois, sis au hameau des Bordes, commune de Lantages, comme il le croira convenable ;

Employer les fonds provenant des recettes de loyers, fermages, revenus, rentes, remboursements, emprunts, ventes, legs, donations ou autrement, à tel paiement qu'il estimera nécessaire pour mes intérêts ;

Accepter, recevoir tous les legs et donations qui pourraient m'être faits, en donner quittance et décharge;

Recueillir toutes successions qui pourraient m'échoir; faire apposer les scellés, s'il y a lieu, sur les effets provenant de pareilles successions, en faire dresser inventaire, ou être présent à la levée de ceux qui auraient été apposés, et à leur inventaire; faire toute opposition auxdits scellés; présenter tous soutiens et observations; accepter purement et simplement toute succession, ou ne l'accepter que par bénéfice d'inventaire; renoncer pareillement à toute succession; faire lots et partages avec tous cohéritiers; et, pour tout ce que dessus, faire saisie-arrêt, opposition, saisie-exécution de meubles et effets, expropriation de biens, et autres poursuites et diligences voulues par la loi;

Citer en conciliation, traduire devant les juges de paix, les tribunaux de première instance et d'appel: fonder, révoquer avoué et défenseur, substituer une ou plusieurs personnes, les révoquer à volonté, en substituer d'autres; élire domicile, procéder en demandant comme en défendant, soit en conciliation, soit devant les tribunaux; obtenir tous jugements, les faire mettre à exécution ; transiger, traiter et compromettre, comme il avisera et pour toutes poursuites, en général, faire tous paiements nécessaires.

Promettant d'avoir le tout pour agréable et le ratifier, et de ratifier chacune des parties du present mandat, lorsque j'en serai requis.

Paris, le 1er octobre 1849.

A. BERNAUDIN.

Procuration d'un mari commerçant, à sa femme, pour affaire commerciale.

Je soussigné, Théophile Raverat, négociant à Rouen, département de la Seine-Inférieure, donne par le présent, pouvoir à Joséphine Thierry, mon épouse et que j'autorise à l'effet de ce qui suit :

De, pour moi et en mon nom, gérer et administrer toutes les affaires de mon commerce, acheter et vendre toutes marchandises, se charger de toutes négociations et commissions, les exécuter et les remplir; souscrire tous billets à ordre, effets de commerce et autres engagements; tirer, accepter toutes traites, lettres de change; signer tou endossements et avals, recevoir et payer; arrêter tous comptes-courants et autres de commerce; faire faire tous protêts, dénonciations, exercer tous recours et garanties; tenir les registres, faire et signer la correspondance; en cas de faillite de mes débiteurs, paraître à l'assemblée des créanciers, accepter et signer ou refuser tout concordat ou contrat d'attermoiement; faire vérifier mes créances, les affirmer sincères et véritables; s'intéresser dans toutes entreprises et établissements, contracter et dissoudre toutes sociétés; acheter et vendre toutes actions; suivre toutes liquidations de commerce, de créances et autres intérêts,

soit sur le gouvernement, soit sur des particuliers ; retirer
toutes ordonnances, inscriptions ou mandats et autres
effets qui seraient donnés en paiement ; exercer toutes
poursuites et diligences ; même la contrainte par corps.

De, pour moi et en mon nom, régir, gérer et administrer toutes les affaires de mon commerce, acheter et vendre
toutes marchandises, payer et recevoir tous effets de commerce, donner quittance et décharge, et faire tout ce qui
est relatif à mon dit commerce, comme je pourrais le faire
moi-même ;

Promettant avoir le tout pour agréable et le ratifier.

A Rouen, le   .

Procuration pour recevoir une succession.

Je soussigné, Nicolas Courtois, négociant à la Rochelle,
rue de l'Escale, n° 4, déclare donner, par ces présentes,
pouvoir à Louis Beleuil, propriétaire à Saintes, d'assister
à la levée des scellés apposés, après décès, au domicile de
Mathurin Bondoux, mercier, mon oncle maternel, décédé
le 25 mars dernier, à Cognac ; d'être présent à l'inventaire détaillé des meubles et effets qui se trouveront avoir
été mis sous le scellé ; prendre connaissance des dettes ac-
tives et passives et de l'état en général de ladite succession, former toute demande ou opposition qu'il croira
convenable ; accepter ladite succession purement et simplement, ou seulement sous bénéfice d'inventaire ; y renoncer même s'il le juge plus prudent. Dans le cas d'acceptation pure et simple ou sous bénéfice d'inventaire, il
fera procéder à la vente des meubles et effets, recevra les
sommes dues, en donnera quittance, ou poursuivra les

débiteurs par toutes les voies de droit, plaidera, obtiendra jugement, saisie-arrêt et saisie-exécution ; transigera au besoin, et fera généralement tout ce qu'il croira nécessaire pour la conservation de mes droits et la satisfaction de mes intérêts, promettant de ratifier ce qu'il aura fait.

A la Rochelle, le...

Procuration pour recevoir un legs.

Je soussigné (nom et prénoms), donne pouvoir à ... de recevoir des mains du sieur A..., demeurant à ..., exécuteur testamentaire du sieur B..., décédé à ..., le ... du mois de ..., la somme de ..., que ledit sieur B... m'a léguée par son testament, en date du ..., en donner quittance et décharge ; et, en cas de refus du sieur A... de faire la délivrance dudit legs, exercer contre lui toutes les poursuites et diligences nécessaires ; substituer, plaider, faire saisie-arrêt, opposition, saisie exécution et généralement tout ce qu'il croira convenable à mes intérêts, promettant avoir le tout pour agréable.

A ..., ce ... mil huit cent cinquante-quatre.

Procuration pour faire rendre un compte de communauté.

Je soussigné (nom et prénoms), donne pouvoir à M. A..., demeurant à ..., de faire rendre compte au sieur B..., demeurant à ..., époux de Joséphine C..., son épouse, décédée sans enfants, à ..., le ..., et dont je suis l'héritier, comme étant son parent (*désigner le degré de parenté*), de la communauté de biens qui a existé entre lui et ladite défunte, depuis le ..., époque de son mariage, jusqu'au ..., époque du décès de ladite Joséphine C..., et, en cas de refus de la part du sieur B... de rendre à l'amiable ledit compte de communauté, l'y contraindre par toutes les voies de droit, et, à cet effet, faire toutes poursuites et diligences, etc., promettant, etc.

A ..., ce ...

Procuration pour prendre livraison de marchandises.

Je soussigné, etc., donne pouvoir à M. A... de prendre livraison de (*désigner ici la nature des marchandises*) que doit me fournir et livrer M. B... ; de les vérifier avant ladite livraison, d'en écarter toutes celles qui ne seraient pas valables et conformes à ...; d'en arrêter le compte, de solder le prix de ... qu'il jugera nécessaire, et de faire généralement à mon lieu et place tout ce que je pourrais faire moi-même, promettant d'avoir le tout pour agréable.

CHAPITRE XXXV.

Des Actes de Société commerciale.

Une société commerciale est l'effet d'un acte par lequel deux ou un plus grand nombre d'associés conviennent de mettre en commun argent ou marchandises, et souvent l'un et l'autre, dans le but de se partager, au prorata de leur mise respective, les bénéfices qui pourront résulter de leurs opérations.

Une société peut être constituée par acte public, mais communément on ne se sert que d'actes sous seing-privés. Ces actes ne sont d'ailleurs soumis à aucune règle particulière. Ils sont en quelque sorte un procès-verbal constatant des conventions antérieurement arrêtées ; pourvu qu'elles soient expliquées clairement et sans ambiguité, l'acte est bien. Il doit particulièrement énoncer les noms dés parties, leur apport, l'objet de la société, sa durée, la raison sociale, son siége, certains cas de résolution, la proportion du partage dans les bénéfices, etc.

Cependant, les sociétés anonymes ne peuvent être formées que par acte notarié, et après autorisation du chef de l'Etat.

L'acte de société doit être enregistré et affiché par extrait dans la quinzaine de sa date, au greffe du tribunal de commerce de l'arrondissement. Cette dernière formalité est prescrite sous peine de nullité.

Modèle d'acte de société commerciale en nom collectif
et en commandite.

Entre les soussignés :

1° M. Jean Bac, négociant, demeurant à Paris, rue Saint-Louis, n° 7 ;

2° M. Pierre Jallon, commis-négociant, demeurant à Paris, rue Saint-Denis, n° 26 ;

2° Et M. Joseph Duvivier, ancien négociant, demeurant à Paris, rue Saint-Martin, n° 80 ;

A été arrêté et convenu ce qui suit :

1° Une société commerciale est formée entre les parties, en nom collectif à l'égard des sieurs Bac et Jallon, et en commandite seulement à l'égard du sieur Duvivier ;

2° Cette société a pour objet des opérations consistant en achat et vente de soierie et draperie ;

3° La durée de cette société sera de neuf années, qui commenceront à courir le 1er avril 1853 pour finir à pareille époque de l'année 1862 ;

4° Le siége de l'établissement est fixé à Paris, rue Saint-Louis-au-Marais, n° 7, et ne pourra être porté ailleurs que du consentement de toutes les parties ;

5° La raison et la signature sociales seront : Bac, Jallon et compagnie. MM. Bac et Jallon auront, tous les deux, la signature sociale, mais ils ne pourront s'en servir que pour les besoins de la société. Tous engagements, traités ou signatures, qui ne seront pas faits par MM. Bac et Jallon, au nom de la raison sociale, n'engageront pas la société ;

6° MM. Bac et Jallon seront gérants de la société et en dirigeront simultanément toutes les opérations, M. Bac étant plus spécialement chargé des achats et paiements de marchandises, M. Jallon de leur vente et de la recette ;

7° M. Bac apporte dans la société le fonds de commerce de soierie et draperie, qu'il exploitait rue Saint-Louis au Marais, n° 7, ensemble clientèle, achalandage, matériel et mobilier industriel, le droit au bail des lieux dans lequel se trouve ledit fonds, le tout évalué à soixante-dix mille francs; il fait apport, en outre, de la somme de trente mille francs espèces, qui seront versés ainsi qu'il sera dit ci-après ;

M. Jallon fait apport dans la société d'une somme de cent mille francs espèces ;

Les deux sus-nommés emploiront tout leur temps et leur industrie aux affaires de la maison ;

L'apport de M. Duvivier, associé commanditaire, est de deux cent mille francs ;

8° M. Duvivier s'oblige à verser le montant de son apport, savoir : cent mille francs le 1er juillet prochain, et les autres cent mille francs trois mois après ;

M. Jallon versera, le 1er juillet, dans la caisse sociale, cinquante mille francs ;

Le surplus de son apport sera payable, par à-comptes de dix mille francs, de trois mois en trois mois, à commencer, le premier versement, le 1er octobre prochain ;

M. Bac, n'ayant à fournir que trente mille francs espèces pour compléter sa mise sociale, n'est tenu à faire des versements, par à-comptes de dix mille francs, de trois en trois mois, qu'à partir de l'époque où M. Jallon aura payé ou aurait dû avoir payé soixante-dix mille francs sur son apport, c'est-à-dire que M. Bac commencera ses versements seulement le 1er avril 1854 ;

Ceux des associés, qui ne pourraient être en mesure de réaliser leur apport aux époques sus-fixées, paieront, à la caisse sociale, l'intérêt à six pour cent des sommes qu'ils resteraient devoir, et ce, jusqu'à complète réalisation de leur mise sociale, sauf le droit, bien entendu, de la part des autres associés, d'exiger la dissolution de la société ;

9° Chaque associé pourra devancer les époques de ses versements ;

10° Il sera prélevé, chaque année, sur les bénéfices, l'intérêt du fonds capital de chaque associé, à raison de cinq pour cent, sans aucune retenue. Cet intérêt sera passé au compte des profits et pertes, et, dans aucun cas, aucun associé ne sera obligé de le rapporter à la masse ;

11° L'intérêt des fonds que les associés verseront dans la caisse sociale, en sus de leur apport, mais avec le consentement des autres co-associés, sera porté au crédit de leur compte-courant, à raison de cinq pour cent par année, et ils en disposeront à leur volonté. En cas de retrait de ces sommes versées en sus des mises sociales, on devra prévenir un mois à l'avance ;

12° Les appointements des commis, salaires des garçons, frais de bureaux quelconques, loyers et généralement tous frais et dépenses de commerce, seront supportés par la société et portés au compte des frais généraux ;

13° Chaque mois, MM. Bac et Jallon prélèveront chacun trois cents francs pour leurs besoins personnels et la représentation de la maison de commerce ; ces articles seront portés au compte de profits et pertes ;

14° Il sera tenu en bonne et due forme une comptabilité en partie double ; tous livres à ce nécessaires seront créés en remplissant les formalités voulues par la loi ; chaque année il sera fait, à l'époque du 30 juin, un inventaire général, dans lequel la situation de la société sera exactement établie. Une copie de cet inventaire sera donnée à chaque associé, et huit jours s'étant écoulés sans observation de la part d'aucun d'eux, l'inventaire sera regardé comme définitif, approuvé et transcrit sur les registres de la société ;

15° Les bénéfices nets se partageront et les pertes seront supportées dans la proportion d'un tiers pour chaque associé ; mais, dans aucun cas, à quelque somme que s'élèvent les pertes, M. Duvivier n'en pourra être tenu au-delà de la somme qu'il verse en commandite ;

16° MM. Bac et Jallon ne pourront prélever leur tiers dans les bénéfices qu'après avoir complété leur mise sociale ; en conséquence, leur part de bénéfices restera dans la caisse de la société, en déduction ou jusqu'à due concurrence de ce qu'ils pourraient rester devoir sur leur apport ;

17° M. Duvivier ne pourra, sous aucun prétexte et pour quelque motif que ce soit, être tenu envers le public ou envers la société à aucune responsabilité quelconque au-delà de sa commandite ; en conséquence, M. Duvivier sera traité, pour ses affaires particulières avec la société, comme simple créancier, c'est-à-dire, qu'en aucun cas, la libre disposition de ses fonds en compte-courant ne pourra lui être refusée, à raison de sa qualité de commanditaire ;

18° M. Duvivier aura le droit de prendre, tous les trois mois, connaissance de la situation de la société, mais dans les bureaux mêmes et sans aucun déplacement des registres, livres et papiers de la société,

19° Dans le cas où les pertes viendraient à absorber quinze pour cent du capital social, chacun des associés aura le droit de demander la dissolution de la société ;

20° Le décès de l'associé commanditaire n'entraînera pas la dissolution de la société, qui continuera avec ses ayant-droits, jusqu'à l'expiration de son terme prévu ;

21° Le décès de M. Bac ou de M. Jallon n'entraînera la dissolution de la société qu'à l'égard de leur succession. Les droits de cette succession seront fixés par le dernier inventaire ; en outre, il sera attribué aux héritiers, à raison du temps qui aura pu s'écouler entre le dernier inventaire et le jour du décès, une indemnité proportionnelle calculée sur la moyenne des bénéfices que l'associé décédé aura pu retirer, chaque année, pendant la même période de temps. Les sommes revenant ainsi à la succession lui seront payées par quart, de mois en mois, mais à commencer, le premier payement, que quarante jours après celui du décès ;

Relativement au remboursement de la mise sociale, il devra être effectué, par douzième, de mois en mois, mais toujours à commencer, le premier payement, seulement quarante jours après le décès ;

En cas de non-exécution d'un seul de ces paiements, et quinze jours après une mise en demeure restée infructueuse, les héritiers pourront provoquer la dissolution de la société et en suivre la liquidation ;

22° Les héritiers de l'associé décédé ne pourront requérir aucune apposition de scellés ou inventaire judiciaire ; ils devront, quel que soit leur nombre, désigner l'un d'entre eux qui seul sera chargé de les représenter ;

23° Il sera facultatif à l'associé survivant de ne pas profiter des conventions ci-dessus et de provoquer la dissolution de la société ; mais il devra faire connaître son option, tant aux héritiers qu'à l'associé commanditaire, dans les vingt jours qui suivront le décès ; faute de ce la société continuera ;

24° A la dissolution de la société, soit par son terme prévu, soit par toute autre cause, il sera d'abord dressé, entre tous les associés, un inventaire des biens et affaires de la société ; MM. Bac et Jallon, ou le survivant, procéderont à la liquidation au mieux des intérêts communs, leurs peines et soins purement gratuits ;

La liquidation devra être faite dans le délai d'une année ; lorsqu'elle sera terminée, les biens, titres et papiers demeureront aux mains du plus jeune des liquidateurs, à la charge par lui d'en aider tous ayant-droits à toute réquisition ;

Après le délai d'une année à compter de la dissolution,

il sera fait des lots des créances non recouvrées, lesquels seront divisés et tirés au sort ;

25° S'il s'élevait quelques difficultés soit entre les associés, soit avec leurs héritiers, au sujet de la présente société, elles seront jugées par juges arbitres amiables compositeurs nommés par les parties, et, à défaut de s'entendre sur le choix de ces arbitres, ils seront désignés par le tribunal de commerce de la Seine, auquel les parties confèrent toute attribution de juridiction ;

26° Tous pouvoirs sont donnés à MM. Bac et Jallou pour déposer et publier les présentes partout où besoin sera.

Fait et passé à Paris, en triple original, le...

Transactions.

Toute contestation, fondée sur un intérêt privé, peut être la matière d'une transaction. On transige sur des droits litigieux dans une succession, sur un partage de bénéfices, sur un compte difficile à établir, sur la suite d'un accident, sur un dommage aux champs, sur des injures verbales, et dans tous ces cas on fait sagement de transiger. C'est à quoi tendent journellement les efforts des juges de paix, et il serait à désirer que les hommes de loi fussent animés des mêmes intentions ; bien des procès, souvent scandaleux et ruineux, seraient peut-être étouffés à leur naissance.

Transigez même à votre détriment, vous y gagnerez en repos, en considération et même en argent, soyez-en sûrs. Celui qui écrit ces lignes a connu un homme qui fut ruiné, mis sur la paille par la perte d'un procès long et compliqué qu'il eût pu éteindre à sa naissance, s'il eût voulu faire le sacrifice d'un *dindon* que son adversaire lui demandait à titre de transaction.

La formule d'une transaction est la même que celle de tous les autres actes synallagmatiques : elle n'a besoin que de contenir le plus clairement possible l'objet sur lequel on transige et les conditions de la transaction ; elle doit être faite en double. En voici le modèle :

Modèle de Transaction.

Entre les soussignés (noms, prénoms, demeures), il a été observé : (*énoncer* clairement la cause *du procès.*)

Les parties voulant terminer les contestations dont il vient d'être parlé, ont arrêté irrévocablement les conventions suivantes :

M. Primus s'oblige à payer à M. Secundus la somme de....

M. Secundus déclare accepter ladite somme et, au moyen de la présente transaction, le procès existant entre lesdites parties, relativement aux causes ci-dessus, demeure éteint et terminé.

Fait double à.... ce....

Nota. Le tuteur ne peut transiger pour le mineur qu'avec le consentement du chef de famille.

Si l'on transige sur un intérêt civil qui résulte d'un délit, cela n'empêche pas les poursuites du ministère public.

Les transactions ne peuvent être attaquées pour cause d'erreur de droit, ni pour cause de lésion ; mais elles sont

nulles quand il peut être prouvé qu'il y a eu dol ou vio-
lence pour les obtenir, ou quand elles sont faites sur des
titres nuls ; id. sur chose jugée, à moins que le jugement
ne soit susceptible d'appel.

CHAPITRE XXXVI.

De la contrainte par corps en matière civile et commerciale.
Loi du 16 décembre 1848.

La contrainte par corps ne peut être stipulée dans un
acte de bail pour le paiement de fermages ruraux.

Les greffiers, les commissaires-priseurs et les gardes du
commerce, comme les notaires, les avoués et les huissiers
seront soumis à la contrainte par corps, pour la répétition de sommes déposées entre leurs mains, comme officiers publics établis à cet effet ; — pour la représentation
de choses déposées aux séquestres ; — pour la représentation de leurs minutes quand elle est ordonnée ; — pour la
restitution de titres à eux confiés, et de deniers par eux
perçus en vertu de leurs fonctions.

L'emprisonnement pour dette commerciale cessera de
plein droit après trois mois, lorsque le montant de la condamnation en principal ne s'élèvera pas à 500 fr.; — après
six mois, lorsqu'il ne s'élèvera pas à 1,000 fr.; — après
neuf mois, lorsqu'il ne s'élèvera pas à 1,500 fr.; — après
un an, lorsqu'il ne s'élèvera pas à 2,000 fr.

L'augmentation se fera ainsi successivement, de trois
mois en trois mois, pour chaque somme qui ne dépassera
pas 500 fr., sans pouvoir excéder trois années pour les
sommes de 6,000 fr. et au-dessus.

Pour toute condamnation en principal au-dessous de

500 fr., même en matière de lettre de change et de billet à ordre, le jugement pourra suspendre l'exercice de la contrainte par corps pendant trois mois au plus, à compter de l'échéance de la dette.

Si la contrainte par corps n'a pas été prononcée pour dette commerciale, le débiteur obtiendra son élargissement en consignant le tiers du principal de la dette et de ses accessoires, et en donnant pour le surplus une caution acceptée par le créancier, ou reçue par le tribunal civil dans le ressort duquel le débiteur sera détenu.

La caution sera tenue de s'obliger solidairement avec le débiteur, à payer les deux tiers qui resteront dus, dans un délai qui ne pourra excéder une année.

Le débiteur, contre lequel la contrainte par corps aura été prononcée par jugement des tribunaux civils ou de commerce, conservera le droit d'interjeter appel du chef de la contrainte, dans les trois jours qui suivront l'emprisonnement ou la recommandation, alors même que le débiteur aura acquiescé au jugement.

La contrainte par corps ne peut être prononcée ni exécutée au profit de la tante, du grand'oncle, ou de la grand'tante, du neveu ou de la nièce, du petit-neveu ou de la petite-nièce, ni des alliés au même degré.

En aucune matière la contrainte par corps ne pourra être exercée simultanément contre le mari et la femme, même pour des dettes différentes.

Dans l'intérêt des enfants mineurs du débiteur, les tribunaux, en prononçant la contrainte par corps, pourront, par le même jugement, en suspendre l'exécution pendant une année au plus.

Tarif des frais en matière de contrainte par corps,
promulgué le 9 mars 1849.

1. Il est alloué à tous huissiers :

Pour l'original de la signification du jugement qui prononce la contrainte par corps, avec commandement, 2 fr. 00.

Pour la copie, le quart. 0   50.

Pour le droit de copie du jugement 2   00.

Sans qu'il puisse être passé d'autres droits en taxe, dans le cas où la signification et le commandement seraient faits par actes séparés;

Pour l'original de la signification du jugement qui déclare un emprisonnement nul. . . . . 2 fr. 00.

Pour la copie à laisser au geôlier ou au gardien, le quart. . . . . 0 fr. 50.

2. Il est alloué aux gardes du commerce ou aux huissiers :

Pour le procès-verbal d'emprisonnement d'un débiteur, y compris l'assistance de deux recors et l'écrou, à Paris, 40 francs, — ailleurs, 30 francs.

Pour la copie du procès-verbal d'emprisonnement et de l'écrou, le tout ensemble. . . . . 2 fr. 00.

Il ne pourra être passé en taxe aucun procès-verbal de perquisition pour lequel les gardes du commerce ou huissiers n'auront point de recours, même contre leur partie; les sommes ci-dessus leur étant allouées en considération de toutes démarches qu'ils pourraient faire, autres que celles expressément rémunérées par le présent tarif;

Pour la vacation tendant à obtenir la vacation du juge

de paix, à l'effet, par ce dernier, de se transporter dans le lieu où se trouve le débiteur condamné par corps, et à requérir son transport. . . . . 2 fr. 00.

Pour vacation en référé, si le débiteur le requiert, 5 f. 00.

Pour un acte de recommandation d'un débiteur emprisonné sans assistance de recors. . . . . . 3 fr. 00.

Pour chaque copie à donner au débiteur et au geôlier ou au gardien, le quart. . . . . 0 fr. 75.

3. Il est alloué aux gardes du commerce :

Pour le dépôt des pièces par le créancier. . 3   00.

Pour le visa apposé sur chaque pièce produite ou signifiée par le créancier ou le débitenr . . . . 0 fr. 25.

Pour le certificat mentionné à l'art. 11 du décret du 14 mars 1808, droit de recherches compris. . . 2 fr. 00.

4. Il est alloué aux huissiers, pour rédaction du pouvoir spécial exigé par l'art. 556 du Code de procédure civile. . . . . 1 fr. 00.

5. Il ne sera alloué aucun droit au geôlier ou gardien, à raison de la transcription sur son registre du jugement prononçant la contrainte par corps.

6. Outre les fixations établies par les quatre premiers articles, seront alloués les simples déboursés de timbre et d'enregistrement justifiés par pièces régulières.

7. Il ne sera rien alloué aux huissiers et aux gardes du commerce pour leur transport jusqu'à un demi-myriamètre (2 *lieues*).

Il leur sera alloué, au-delà d'un demi-myriamètre pour frais de voyage, qui ne pourra excéder une journée de cinq myriamètres, savoir : au-delà d'un demi-myriamètre pour aller et retour . . . . 4 fr. 00.

Au-delà d'un myriamètre, il sera alloué pour chaque demi-myriamètre, sans distinction . . . . 2 fr. 00.

Emprisonnement pour dettes.

Aucune contrainte par corps ne peut être mise à exécution, qu'un jour après la sígnification légale, avec commandement, du jugement qui l'a prononcée, et par l'officier ministériel commis à cet effet.

Le débiteur ne peut être arrêté : — avant le lever ou le coucher du soleil, — les dimanches et jours de fêtes légales, — dans les édifices consacrés au culte et pendant les exercices religieux seulement. — dans une maison quelconque, même dans son domicile, à moins que l'arrestation extraordinaire n'ait été ordonnée par le juge de paix, pour urgence, et, dans ce cas, le juge de paix doit accompagner l'officier ministériel.

Ces sortes d'arrestations sont faites par les huissiers ; à Paris seulement elles peuvent être faites par les gardes du commerce.

Le créancier qui fait arrêter son débiteur, doit consigner, toujours d'avance, la valeur des aliments pour trente jours, à Paris 30 fr., ailleurs 25 fr. S'il oublie ou néglige de consigner, en temps convenable et d'avance, la valeur des aliments, le débiteur sera relâché, et quitte de la dette pour laquelle il était détenu.

Les autres créanciers d'un débiteur arrêté, peuvent le maintenir en prison, par un acte appelé *recommandation*. La recommandation est soumise aux mêmes formalités que l'emprisonnement, et ils contribuent aux aliments par portions égales.

Pertes et avaries de marchandises transportées.
Laissé pour compte.

Les entrepreneurs de transport par terre et par eau, sont tenus d'inscrire sur leur livre-journal, la déclaration de la nature et de la quantité des marchandises et objets, et même leur valeur s'ils en sont requis. Ils sont assujettis pour la garde et la conservation des choses qui leur ont été confiées, aux mêmes obligations que les aubergistes. Ils répondent, non-seulement de ce qu'ils ont déjà reçu dans leur bâtiment ou voiture, mais de ce qui leur a été remis sur le port et dans l'entrepôt, pour être placé dans leur bâtiment ou voiture. Ils sont responsables de la perte ou des avaries des choses qui leur sont confiées, à moins qu'ils ne prouvent qu'elles ont été perdues ou avariées, par cas fortuit ou force majeure.

Le commissionnaire de transport est garant de l'arrivée des marchandises et effets, dans le délai déterminé par la lettre de voiture, hors le cas de force majeure légalement constatée ; il est garant des faits du commissionnaire intermédiaire auquel il adresse les marchandises.

La marchandise sortie du magasin du vendeur ou de l'expéditeur, voyage, s'il n'y a convention contraire, aux risques et périls de celui à qui elle appartient, sauf son recours contre le commissionnaire ou le voiturier.

Si, par l'effet de la force majeure, le transport n'est pas effectué dans le délai de la lettre de voiture, il n'y a pas lieu à indemnité contre le voiturier, pour cause de retard.

Il a été jugé par la Cour de Paris, le 3 mai 1831, que

le voiturier ne cesse pas d'être responsable de la perte des objets ou marchandises à lui confiés, par cela seul qu'ils lui auraient été volés de nuit et à l'aide d'effraction, si, d'après les circonstances, il n'y a pas eu dans cet évènement force majeure.

La réception sans protestation des objets transportés par un voiturier, n'éteint pas l'action du chargeur ou du destinataire, à raison des avaries que ces objets ont souffertes ; il faut de plus qu'il y ait eu paiement du prix du transport (Code de com. 105 ; Cour de Bordeaux, 5 juillet 1839).

En cas de refus ou contestation pour la réception d'objets transportés, leur état est vérifié et constaté par des experts nommés par le président du tribunal de commerce, si la contestation a lieu entre commerçants, ou, à son défaut, par le commissaire ou l'officier de police, ou bien encore par le juge de paix, et par ordonnance au bas de la requête adressée par le plaignant sur papier timbré.

Le dépôt ou séquestre, et ensuite le transport dans un dépôt public, peuvent être ordonnés.

La vente peut être ordonnée en faveur du voiturier, jusqu'à concurrence du prix de la voiture. Le commissionnaire ou le voiturier a un privilége pour les frais de voiture et les dépenses accessoires, sur la chose voiturée (Code Napoléon, 2,102, n° 6).

Toutes actions contre le commissionnaire ou le voiturier, à raison de la perte ou de l'avarie des marchandises, sont prescrites après six mois pour les expéditions faites dans l'intérieur de la France, et après un an pour celles faites à l'étranger ; le tout à compter, pour le cas de perte, du jour où le transport des marchandises aura été effectué, et, pour le cas d'avarie, du jour où la remise des marchandises aura été faite, sans préjudice des cas de fraude ou d'infidélité.

Suivant M. Pardessus, (*Droit com.*, tome 12, n° 537), l'annonce faite au public par les entrepreneurs publics de transport, avec des conditions de prix, de périodicité de jour et d'heure, ne leur permet plus de refuser de partir au moment déterminé, ni d'exiger d'autre prix que ceux indiqués dans leurs annonces. Ils ne peuvent refuser de partir aux jour et heure annoncés, quand même le nombre des personnes ou des objets qu'ils doivent transporter ne suffirait pas pour compléter leur chargement ou couvrir leurs déboursés (Pardessus, n° 553.)

Formule de requête pour avarie, fraude ou infidélité.

A M. *le président du tribunal de commerce de.…* ou à *M. le juge de paix du canton de.…*

Monsieur le président,

Le sieur Joseph Jardin, négociant, demeurant à… a l'honneur de vous exposer :
que, par l'entremise du sieur Quarteron, voiturier, demeurant à…, il lui a été expédié par Monsieur Prudent, négociant à.…
(*désigner les marchandises ou objets.*)
qui viennent d'arriver à l'instant; qu'à la première inspection des ballots, *ou des caisses*, il s'est aperçu qu'elles étaient avariées (*ou que les marchandises sont autres que celles qu'il a demandées*), et qu'il a refusé de les recevoir.

A ces causes, il vous demande, Monsieur le
de nommer des experts pour vérifier et contrôler l'état
desdites marchandises, afin que, sur leur rapport, il soit
statué ce qu'il appartiendra.

Il a l'honneur d'être, Monsieur le

Votre très humble et très obéissant serviteur,

J. JARDIN.

(Le président ou le juge de paix met au bas de cette requête l'ordonnance qui nomme les experts.)

CHAPITRE XXXVII.

IMPOTS ET CONTRIBUTIONS.

Impôts personnel et mobilier. — Des portes et fenêtres.—Des patentes. — Contributions indirectes. — Demandes en réduction.

La contribution personnelle et mobilière est due par tout
habitant français et étranger, de l'un et de l'autre sexe,
jouissant de ses droits et non réputé indigent; la perception s'en fait par douzièmes.

La taxe personnelle se compose de la valeur de trois jour-
nées de travail. Elle ne peut être au-dessous de 1 fr. 50 c.,
ni au-dessus de 4 fr. 50 c. (Art. 28, loi du 23 juillet 1820,
confirmée par l'art. 10 de la loi du 21 avril 1832).

La contribution mobilière a pour base le loyer, ou la valeur du loyer d'habitation.

La taxe personnelle est unique, c'est-à-dire qu'elle n'est
due que dans la commune du domicile réel.

La taxe mobilière est due pour toute habitation meublée,
soit dans la commune de domicile réel, soit dans toute autre commune.

Lorsque, par suite de changement de domicile, un contribuable se trouve imposé dans deux communes, il ne doit de contribution que dans la commune de sa nouvelle résidence.

En cas de décès, comme en cas de vente volontaire ou forcée, ou même lorsqu'un contribuable déménage hors du ressort de sa perception, la contribution personnelle et mobilière est exigible en totalité (Art. 21, loi du 21 avril 1832).

Portes et fenêtres.

La contribution des portes et fenêtres d'un usage commun, telles que les portes cochères, les portes d'allées et les fenêtres d'escalier, est à la charge du propriétaire ou du principal locataire.

Les portes et fenêtres donnant sur les paliers ou dans l'intérieur des appartements, sont exemptes d'impositions.

Les locataires n'ont à payer que les fenêtres ou portes donnant sur rues, cours, jardins, passages d'allées ou autres, lorsqu'ils ne sont pas cloturés aux deux extrémités. Les devantures de boutiques comptent pour autant d'ouvertures qu'elles ont de divisions.

Cette contribution, sauf quelques exceptions rares, est acquittée par le propriétaire, qui a le droit de la répéter sur ses locataires, en raison du nombre d'ouvertures de chaque logement.

Le propriétaire, à moins de stipulations contraires dans les baux ou dans les locations verbales, a le droit de se faire rembourser par l'occupant, la totalité de l'impôt des portes et fenêtres ; cette répétition peut remonter jusqu'à trois et même cinq ans, mais sans dépasser le dernier jour de jouissance.

Des patentes.

Tout individu, français ou étranger, qui exerce en France un commerce, une industrie, une profession, est asjetti à la contribution des patentes. Il n'y a d'exceptions que celles qui sont formellement exprimées par la loi.

La contribution des patentes se compose d'un droit fixe qui est réglé par un tarif, et d'un droit proportionnel.

Le droit fixe est établi eu égard à la population du lieu où s'exerce la profession, l'industrie ou le métier à imposer, ou bien il est fixé, sans égard à cette population, pour les industries mises hors classe dans le tarif.

Le droit proportionnel a pour base la valeur locative, tant de la maison d'habitation que des magasins, boutiques, usines, ateliers, hangars, remises, chantiers et autres locaux servant à l'exercice de la profession imposable. Ce droit est dû, lors même que les locaux sont cédés à titre gratuit.

Les patentes sont personnelles. En conséquence, les associés en nom collectif sont tous assujettis à la patente. Toutefois, l'associé principal paie seul le droit le plus élevé ; les autres associés ne sont imposés qu'à la moitié de ce droit, même quand ils ne résident pas tous dans la même commune que l'associé principal. Mais les associés habituellement employés comme simples ouvriers dans les travaux de l'association, ne sont taxés qu'au 20e du droit fixe payé par l'associé principal (Art. 23, loi du 15 mai 1850.)

Le mari et la femme séparés de biens ne doivent qu'une patente, à moins qu'ils n'aient des établissements distincts.

Le patentable qui ouvre plusieurs établissements, boutiques ou magasins, paie un droit fixe pour l'établissement donnant lieu au droit le plus élevé, soit en raison de la population, soit en raison du commerce, de l'industrie ou de la profession : et, en outre par chacun des autres établissements, boutiques ou magasins, il paie un demi-droit fixe supplémentaire pour chaque localité dans laquelle il exerce, sans que la réunion de ces divers demi-droits puisse dépasser le double du droit fixe principal (Art. 19 de la loi du 15 mai 1850.)

Dans les communes dont la population totale est de 5,000 âmes et au-dessus, les patentables exerçant dans la banlieue des professions imposées eu égard à la population, paient le droit fixe pour la population non agglomérée ; mais les patentables exerçant dans la partie agglomérée, paient le droit fixe d'après le tarif applicable à la population totale.

Les patentables qui veulent réclamer contre la fixation de leur taxe, sont admis à prouver la justice de leurs réclamations par la représentation d'actes de société légalement publiés, par des journaux et livres de commerce régulièrement tenus, et par *tous autres documents*.

Celui qui a besoin de plusieurs expéditions de sa patente, pour en justifier en d'autres lieux que celui de son domicile, peut les requérir sans autres frais que ceux du papier timbré. Il en est de même pour celui qui aurait perdu sa patente.

La contribution des patentes est due, pour l'année entière, par tous ceux qui exercent, au 1er janvier, une profession imposable.

Ceux qui, après le mois de janvier, entreprennent un commerce, une industrie ou profession sujette à patente, ne doivent la contribution qu'à partir du premier jour du mois dans lequel ils commencent d'exercer. Mais la contribution sera due pour l'année entière si, par sa nature, la profession ne peut être exercée pendant toute l'année.

En cas de fermeture, ou de cessation par suite de décès ou de faillite déclarée, les droits ne sont dus que pour le passé et le mois courant. Sur la réclamation des parties, il est accordé décharge de la taxe annuelle.

En cas de cession d'établissement, la patente sera, sur la demande du cédant, transférée à son successeur ; la mutation de cote sera réglée par arrêté du préfet.

La contribution des patentes est payable par douzièmes, et celui qui quitte ou cesse volontairement son commerce, industrie ou profession, ou qui la porte ailleurs avant la fin de l'année, devra acquitter les douzièmes restant. Mais les industriels sans profession fixe, comme marchands étalagistes, colporteurs et autres semblables, sont obligés d'acquitter toute l'année, en prenant leur patente, ou tous les mois qui restent à courir quand ils commencent à exercer.

Le recouvrement de l'impôt des patentes est poursuivi comme celui des contributions directes.

Les réclamations, s'il y a lieu, en matière de contributions directes, doivent être adressées au préfet du département, dans les trois mois de la publication des rôles. Pour les cotes au-dessous de 30 francs, la réclamation est exempte du timbre.

Demande en Réduction de Contribution mobilière.

A Monsieur le Préfet du département de...

Monsieur le Préfet,

Le sieur O... a l'honneur de vous exposer qu'il a été taxé

à la somme de... pour sa contribution mobilière de l'an...; que la maison qui a servi de base pour cet impôt a sans doute été évaluée à un revenu beaucoup plus considérable que celui qu'elle produit réellement.

Pourquoi il vous demande que, d'après une nouvelle évaluation, il lui soi t accordé une réduction qui rétablisse sa taxe de contribution mobilière au taux qu'elle doit être.

Il attend cette faveur de votre équité, et vous salue respectueusement.

Pour demande en Réduction d'Impôt personnel.

A Monsieur le Préfet,

Le sieur O..., a l'honneur de vous exposer qu'il a été imposé au rôle de la contribution personnelle de l'an... à la somme de...; que son loyer n'est que de la somme de... et qu'il ne peut être évalué davantage, et par conséquent que sa taxe n'eût pas dû être portée à....., pourquoi il vous demande une réduction, et l'attend de votre justice.

Réclamation d'un Débitant de Boissons.

A Monsieur le Préfet du département de...

J. J...., débitant de boissons, dûment patenté, demeurant à..... a l'honneur de vous exposer, monsieur le préfet:

Que, pour simplifier sa position, il a, en conséquence de la loi du 17 octobre 1830, demandé à l'administration des contributions indirectes à être placé sous le régime de l'abonnement;

Que l'administration y a consenti, à la charge par l'exposant de payer annuellement une somme de..., qui a été payée, sauf recours à qui de droit;

Que la fixation de cette somme a été déterminée sur des bases erronées (*Voir les quittances ci-jointes, qui peuvent être justifiées par les registres de la régie*);

Qu'en effet, si l'exposant eût été soumis à l'exercice, il n'eût payé, pour l'année courante, qu'une somme de..., car tout porte à croire que les ventes de la présente année n'atteindront même pas, ou ne dépasseront pas le chiffre des années précédentes;

D'où il suit qu'il y a erreur dans la fixation imposée à l'exposant;

Pourquoi il demande qu'il vous plaise, monsieur le Préfet, de vouloir bien donner des ordres pour que la question soit de nouveau examinée et que le chiffre d'abonnement de l'exposant soit réduit à sa véritable importance;

Et vous ferez justice.

Contributions indirectes. — Instruction indispensable aux débitants de boissons.

Les débitans sont obligés de déclarer aux employés le prix de vente de leurs boissons.

Les employés sont tenus d'inscrire ces déclarations telles qu'elles leur sont faites. (*Art.* 481, *loi d'avril* 1816.)

Les employés ne peuvent faire leurs visites que pendant le jour, et encore pendant le temps que le débit est ouvert pour le public. (*Art.* 285, *loi du* 28 *avril* 1816.)

Les débitans ne sont pas tenus de leur fournir de la lumière.

Les débitans ne peuvent faire aucun mélange de vins ni aucune réduction d'eau-de-vie, sans en avoir fait la déclaration vingt-quatre heures d'avance au bureau de la régie. (*Art.* 59, *loi de la même date.*)

Les débitans ne peuvent avoir chez eux des fûts d'une contenance moindre d'un hectolitre, sans autorisation du directeur, ni d'une contenance supérieure à cinq hectolitres, ni mettre en vente, ni avoir en perce à la fois plus de trois pièces de chaque espèce de boissons. (*Art.* 58, *loi de la même date.*)

Les employés doivent donner décharge des vins que les débitans vendent en gros, pourvu qu'ils aient été appelés à leur enlèvement, ou en leur absence, pourvu que la déclaration ait été faite vingt-quatre heures d'avance. Sont réputées ventes en gros, celles qui s'élèvent à un hectolitre en cercle à vingt-cinq litres pour les octrois, ainsi qu'à 25 bouteilles pour le vin en bouteilles.

Et les droits sont payables au fur et à mesure de la vente, pourvu qu'il y ait une pièce entière débitée. (*Art.* 65 *de la même loi.*)

Les débitans peuvent avoir un registre coté et paraphé par le juge de paix, sur lequel les employés sont tenus d'inscrire leurs exercices. *Dans le cas où les employés refuseraient, le débitant peut adresser une plainte au procureur impérial, qui ordonnera immédiatement l'exécution de l'art.* 55 *de la loi du* 28 *avril* 1816.

Les débitans qui désirent s'abonner peuvent le faire à toutes les époques de l'année : ils doivent en adresser la demande au directeur de l'arrondissement, qui est tenu d'en soumettre le chiffre basé sur la vente des années ou de l'année précédente. (*Art.* 1*er de la loi du* 17 *octobre* 1830.) *Le débitant peut toujours faire cesser les exercices en se soumettant à payer provisoirement la somme demandée ; mais si la somme est trop élevée, il faut qu'il fasse* *ses diligences auprès du conseil de préfecture, pour se faire fixer définitivement au juste chiffre qu'il doit payer.*

L'abonnement commence toujours à courir du jour de l'ouverture du trimestre qui suit la soumission de l'abonnement.

Les débitans qui veulent s'affranchir des exercices pour les eaux-de-vie et liqueurs, doivent en faire la déclaration au bureau de la recette buraliste, sur un registre à ce destiné, et payer les droits dans les vingt-quatre heures de l'arrivée des spiritueux. (*Art. 40 de la loi du 21 avril 1832.*)

Il n'est fait mention, dans aucune loi, que les débitans de boissons soient tenus de fournir caution pour obtenir leur licence; cette exigence est donc arbitraire de la part des receveurs dans les banlieues de Paris.

L'emploi des 10 centimes, pour remise de chaque acquit-à-caution, ne pourrait non plus être justifié par les employés de la régie qui les reçoivent.

Ce sont là des abus qu'il serait temps de faire cesser; il est de notre devoir de les faire signaler.

Contraventions.

Les propriétaires des marchandises sont responsables du fait de leurs facteurs, commis ou domestiques, en ce qui concerne les droits, amendes et dépens.

Les objets saisis en contraventions sont saisis outre les peines portées par la loi.

Les contraventions en matière d'impôt sur la boisson sont jugées par les tribunaux correctionnels; mais si la contestation roule sur la légalité de la perception, le différend est jugé par le tribunal civil, le délai d'appel n'est que de huitaine à dater de la signification du jugement.

Les actes inscrits par les employés des contributions indirectes, dans le cours de leurs exercices, sur leurs registres portatifs, ne peuvent être détruits par la simple preuve testimoniale. Ils font foi en justice jusqu'à inscription de faux.

Un décret du président de la république, du 29 décembre 1851, considérant que le nombre toujours croissant des débits de boissons est une cause de désordre et de démoralisation ; que beaucoup de ces établissements sont devenus des lieux de réunions et d'affiliation aux sociétés secrètes, et ont favorisé d'une manière déplorable le progrès des mauvaises passions, porte :

1° Aucun café ou cabaret ne pourra être ouvert, à l'avenir, sans l'autorisation préalable de l'autorité administrative ;

2° La fermeture des établissements anciens ou nouveaux pourra être ordonnée, par arrêté du préfet, soit après une contravention, soit par mesure de sûreté publique.

3° Tout individu qui ouvrira un café ou débit de boissons à consommer sur place, sans autorisation préalable ou malgré une fermeture prononcée, sera poursuivi correctionnellement et puni d'une amende de vingt-cinq à cinquante francs, et d'un emprisonnement de six jours à six mois, son établissement sera fermé immédiatement.

Boissons falsifiées ou nuisibles.

Quiconque vend ou débite des boissons falsifiées ou contenant des mixtions nuisibles à la santé, encourt la peine d'un emprisonnement de six jours à deux ans, et d'une amende de seize francs à cinq cents francs ; les boissons sont en outre saisies et confisquées. Ces peines sont prononcées par les tribunaux correctionnels devant qui les délinquants doivent être traduits.

Le fait de vendre des boissons falsifiées, sans mixtions nuisibles à la santé, entraîne des peines moins sévères, savoir, une amende de six francs à dix francs, et, suivant les circonstances, l'emprisonnement pendant trois jours au plus, la saisie et la confiscation des boissons falsifiées, lesquelles sont répandues. Dans ce cas, ce sont les tribunaux de simple police qui prononcent la peine.

CHAPITRE XXXVIII.

Plaintes.

La plainte est un acte par lequel on défère à la justice un fait que la loi appelle et qualifie infraction, dont la société a à souffrir ou dont on a soi-même éprouvé quelque préjudice.

L'article 63 du Code d'instruction criminelle s'exprime ainsi : « Toute personne qui se trouvera lésée par un » crime ou délit, pourra en porter plainte et se constituer » partie civile devant le juge d'instruction, soit du lieu du » crime ou délit, soit du lieu de la résidence du prévenu, » soit du lieu où il pourra être trouvé. »

Les plaintes peuvent être faites ou adressées directement au procureur impérial, ou au juge d'instruction ou aux autres officiers de police judiciaire.

Elles doivent contenir : 1° l'exposé des faits que l'on défère à la justice, avec toutes les circonstances qui s'y rattachent ; 2° autant que possible les noms, prénoms, âges, domiciles et qualités des auteurs et des complices présumés de ces faits ; 3° les noms, prénoms, domiciles et qualités des témoins qui ont vu ces faits, et des personnes qui en ont connaissance ; 4° donner autant que possible le signalement des auteurs et complices, et, s'ils sont en fuite, les indications qui pourraient mettre la justice sur leurs traces.

A Monsieur le procureur impérial.

Monsieur le procureur impérial,

Le sieur Joseph Grandmaison, propriétaire, demeurant à Chatenay, expose que la nuit dernière, des voleurs, au nombre de deux, se sont introduits, à l'aide d'escalade et de fausses clés, dans sa maison ; que, dans une pièce au rez-de-chaussée, ils ont pris six paires de draps, trois douzaines de chemises, une montre en or et six couverts d'argent marqués J. G.

Il soupçonne être les auteurs de ce crime, les nommés Jean Gouju, âgé de 25 ans, d'une taille moyenne, cheveux noirs et crépus, front bas, nez épaté, visage ovale, barbe rousse ; et Nicolas Testard, âgé de 37 ans, cheveux roux et plats, front large, yeux gris, nez long, visage terreux ; tous les deux mal famés et dont les moyens d'existence sont peu connus. Ils ont été vus vers minuit, rôder autour des lieux par Joseph Tixier, cultivateur, et par un homme à son service.

Pourquoi ledit sieur Grandmaison vous demande acte de ladite plainte et vous prie d'ordonner de suite les recherches et perquisitions nécessaires à l'effet de recouvrer les objets qui lui ont été volés ; et vous ferez justice.

Il a l'honneur d'être avec respect, etc.

A Chatenay, le.....

Pour vol sur une grande route.

A Monsieur le procureur impérial, etc.

Le sieur Benjamin Ducreux, demeurant à Roberville, vous expose qu'hier, 18 de ce mois, vers les six heures du soir, il a été rencontré sur la route de ....., par deux hommes à lui inconnus, armés de bâtons et masqués; lesquels l'ont menacé de le tuer s'il ne leur remettait l'argent qu'il avait sur lui. Après l'avoir dépouillé de la somme de trente francs, ces deux individus se sont retirés dans le bois voisin avec deux autres hommes qui les attendaient à quelque distance et cachés derrière des arbres;

Pourquoi il vous dénonce le présent vol afin que vous avisiez au moyen d'en découvrir les auteurs.

Il a l'honneur d'être avec respect, etc.

A Roberville, le 19 mai 1853.

Pour assassinat.

A Monsieur le procureur impérial, etc.

Le sieur Augustin Lacoste, demeurant à Villeneuve, expose que ce matin il a trouvé son oncle Antoine Noirat, étendu sur le carreau de sa chambre, ayant le corps percé de plusieurs coups de couteau, la tête comme fendue d'un coup de hache, et baigné dans son sang ; que les serrures fracturées et les armoires ouvertes et dégarnies des effets qu'elles renfermaient ne laissent aucun doute que ce crime n'ait été commis par des voleurs.

Les propos qu'il a pu recueillir sur cet assassinat, portent généralement les soupçons sur..... gens mal famés de cette commune, et n'exerçant aucun état connu.

Pourquoi il vous requiert de faire constater le crime et d'aviser aux moyens de poursuivre les coupables.

Il a l'honneur d'être avec respect, etc.

Pour se plaindre d'un fonctionnaire public.

A Monsieur le procureur impérial, etc.

Le sieur Bazancourt, notaire à Poligny, ou le sieur Grippart, huissier de cette commune ou M.... avoué et.... exige de moi, pour la taxe de (*tels actes qu'il faut désigner.*) la somme énorme de.... Comme cette somme exigée constitue une véritable concussion, d'après les règlements sur la taxe des frais de justice, et qu'il entre dans les attributions de votre ministère de réprimer de pareils abus, j'ai recours à votre autorité pour les faire cesser à mon égard, en requérant que cet officier ministériel soit tenu de se conformer au règlement sur la taxe de ses honoraires.

J'attends de votre zèle et de votre impartialité que vous me fassiez obtenir cette justice, et suis, avec respect,

Monsieur le procureur impérial,

Votre très obéissant serviteur.

Pour banqueroute frauduleuse.

Monsieur le Procureur impérial,

Le nommé E..., marchand, *ou* négociant, demeurant à ..., rue ..., ayant cessé ses paiements et fait sa déclaration au Tribunal de

ou, après avoir mis en circulation un grand nombre d'effets souscrits de son nom, et à l'aide desquels il s'est procuré des marchandises de toute espèce, est disparu de son domicile, dans lequel il n'a été trouvé aucun effet mobilier ni marchandises; partie de ces effets et marchandises soustraits à ses créanciers ont été déposés dans les maisons des sieurs R... et S..., ainsi que l'ont déclaré plusieurs personnes, entr'autres les sieurs ..., commissionnaires, qui ont travaillé nuitamment à l'enlèvement de ces effets et marchandises.

Dans cet état de choses, le soussigné ..., comme un des forts créanciers du nommé E..., vous adresse cette plainte pour que, dans votre sagesse et votre prudence, vous avisiez aux moyens d'atteindre le coupable, retiré à ..., sous le nom de..., qui, une fois placé sous la main de la justice, laisserait peut-être à ses créanciers l'espoir de récupérer une partie de ce qu'il leur a enlevé.

En usant de votre autorité dans cette circonstance, vous ferez justice.

Il a l'honneur d'être, avec respect,

Monsieur le procureur impérial,

Votre très obéissant serviteur.

Pour se plaindre d'un garde champêtre.

A Monsieur le maire de la commune de.....

Monsieur le maire,

Le sieur Lambineau, garde champêtre, loin de veiller à la conservation des propriétés de la commune, les laisse journellement à la merci des dévastateurs, des conducteurs et gardiens de bestiaux. Plusieurs propriétaires ont déjà été victimes de sa négligence; et moi-même j'ai eu, le 15 de ce mois, le désagrément de voir une de mes pièces de sainfoin, située dans la contrée de la Charmotte, entièrement dévastée par un troupeau de moutons, sans pouvoir découvrir les auteurs du dommage considérable que j'éprouve.

C'est ce qui m'a déterminé, Monsieur le maire, à vous adresser la présente plainte, pour que vous avisiez au moyen de rendre le sieur Lambineau plus actif dans ses fonctions, et pour que les habitants, qui contribuent aux appointements d'un garde champêtre, puissent au moins se reposer sur sa vigilance.

J'ai l'honneur d'être, avec respect,

Monsieur le Maire,

Votre très obéissant administré.

Pétitions et demandes exemptes du timbre.

L'administration de l'enregistrement et des domaines vient d'indiquer par une Instruction les exemptions du timbre qui peuvent être invoquées. Ces exemptions concernent

1° Les demandes de congés absolus ou limités ;

2° Les pétitions adressées à la Chambre des députés.

3° Les pétitions des déportés ou réfugiés des colonies, tendantes à obtenir des certificats de résidence, passeports et passages pour retourner dans leur pays. Ces trois exemptions sont établies par l'article 16 de la loi du 13 brumaire an VII ;

4° Les observations que les propriétaires qui ont à réclamer contre les articles du classement parcellaire cadastral, doivent, aux termes de l'article 24 de la loi du 15 septembre 1807, fournir au maire, avant l'expiration du mois accordé pour prendre communication du classement;

5° Les réclamations en décharge ou réduction de *Contributions foncières, personnelles, mobilières, des portes et fenêtres et des patentes,* ayant pour objet une cote moindre de 30 francs.

6° Les réclamations auxquelles peut donner lieu la composition de la liste du jury, de la liste des électeurs des tribunaux de commerce et de la liste des électeurs en matière électorale. — Les certificats, actes de notoriété et autres pièces relatives à l'exécution de la loi pour la caisse de retraite de la vieillesse. (Loi du 18 mai 1850).

7° Enfin la disposition de l'article 12 de la loi du 13 brumaire an VII, relative au timbre de pétition n'est pas applicable aux mémoires et à la correspondance adressés par les chambres de commerce, soit au Ministre, soit à l'Administration des Douanes, pour des demandes ou des réclamations d'un objet général.

CHAPITRE XXXIX.

DES ÉLECTIONS ET DES FONCTIONS MUNICIPALES.

Le corps municipal de chaque commune est composé du maire, des adjoints du maire et des conseillers municipaux.

Toutes leurs fonctions sont essentiellement gratuites.

Il n'y a qu'un seul adjoint dans les communes de 2,500 habitans et au dessous ; deux adjoints dans les communes d'une population au dessus de 2,500 habitans jusqu'à 10,000 habitans. Dans les villes d'une population plus forte, il y a un adjoint de plus par chaque excédant de 20,000 habitans.

La Constitution du 15 janvier 1852, a donné au chef de l'État et aux préfets le droit de nommer les maires et les adjoints, et de les choisir même en dehors du conseil municipal.

Les maires et adjoints doivent être âgés de vingt-cinq ans accomplis, et avoir leur domicile réel dans la commune. Ils sont nommés pour trois ans.

Un maire est à la fois, d'après notre législation actuelle : 1° officier de l'Etat civil ; — 2° officier de police judiciaire ; — 3° juge de simple police ; — 4° agent de l'administration générale ; — 5° administrateur et représentant de la commune ; — 6° en fait revêtu d'un pouvoir de commandement pour tout ce qui concerne la police municipale.

Il a le droit de requérir la force armée, dans l'exercice de ses fonctions judiciaires, et lorsqu'il agit au lieu et place du procureur impérial, il peut faire des visites et autres actes qui sont de la compétence de ce magistrat, et, par conséquent, décerner des mandats d'amener contre les prévenus de crimes emportant peine afflictive ou infamante.

Ne peuvent être maires ni conseillers municipaux : les préfets, sous-préfets, secrétaires-généraux et conseillers de préfecture, les ministres des divers cultes en exercice dans la commune, les comptables des revenus communaux, et tout agent salarié par la commune.

Nul ne peut faire partie de deux conseils municipaux.

Les maires et adjoints ne peuvent faire partie du corps de la garde nationale.

Les conseils municipaux sont composés de dix membres dans les communes de 500 habitans ; de douze membres dans celles de 500 habitans à 1,500; de seize membres dans les communes de 1,500 habitans à 2,500 ; de vingt et un dans celles de 2,500 à 3,500 ; de vingt-trois dans celles de 3,500 à 10,000; de vingt-sept dans celles de 10,000 à 30,000 ; et de trente-six membres dans les communes d'une population supérieure.

Ils sont élus par les citoyens ayant leur domicile réel depuis un an dans la commune, et appelés, en vertu du suffrage universel, à nommer les représentants du pays.

Les membres du conseil municipal doivent être, âgés de vingt-cinq ans accomplis, être tous choisis sur la liste des électeurs communaux, et les trois quarts au moins parmi les électeurs domiciliés dans la commune.

Les conseillers municipaux peuvent, par délégation spéciale du maire, remplir en tout ou en partie, les fonctions de maire et adjoint.

Tout conseil municipal doit être choisi parmi les meilleurs pères de famille de la commune. Il doit former une réunion d'hommes d'expériences, de lumière, de jugement, et surtout de gens de mérite dont la vie privée et l'honnêteté politique soient irréprochables, qui aient toujours donné l'exemple du respect à l'autorité et de l'obéissance aux lois.

Les parens, à degré de père, de fils, de frère, et les alliés au même degré, ne peuvent être en même temps membres du même conseil municipal, dans les communes de 500 âmes et au-dessus.

Les conseils municipaux se réunissent quatre fois par an : en février, mai, août et novembre. Le préfet ou le sous-préfet peuvent encore prescrire la convocation extraordinaire des conseils municipaux toutes les fois qu'un intérêt de la commune l'exige. Ou l'autoriser sur la demande du maire

Chaque session peut durer dix jours. Les séances ne sont pas publiques.

La convocation pourra également être autorisée pour une cause spéciale et déterminée, sur la demande du tiers des membres du conseil municipal, adressée directement au préfet, qui ne pourra la refuser que par un arrêté motivé, notifié aux réclamants, et dont ils pourront appeler au chef de l'État.

Est déclaré démissionnaire, tout membre d'un conseil municipal qui aura manqué à trois convocations consécutives, sans motifs reconnus légitimes par le conseil.

En cas de vacances, il devra être procédé au remplacement des membres empêchés, dès que le conseil municipal est réduit aux trois quarts de ses membres.

Dans les sessions ordinaires, les conseils municipaux peuvent s'occuper de toutes les matières qui rentrent dans leurs attributions. Dans les réunions extraordinaires un conseil municipal ne peut s'occuper que des objets pour lesquels il a été spécialement convoqué.

Toute délibération d'un conseil municipal, portant sur des objets étrangers à ses attributions, est nulle de plein droit, de même que les délibérations prises hors de sa réunion égale.

Les conseils municipaux sont toujours consultés sur la distribution des secours publics, sur les circonscriptions relatives aux cultes, sur les projets d'alignemens; quand il s'agit d'acquérir, d'emprunter, d'aliéner, de plaider, de transiger pour la commune. Ils peuvent aussi exprimer leurs vœux sur tous les objets d'intérêt local.

Le conseil municipal ne peut délibérer que lorsque la majorité des membres en exercice assiste au conseil.

Les délibérations des conseils municipaux sont exécutoires après l'approbation du préfet, quand il s'agit de réparer, d'acheter, d'aliéner des propriétés communales n'excédant pas une valeur de 3,000 francs; pour une plus forte somme, il faut une ordonnance ministérielle. Elles sont pareillement exécutoires quand il s'agit de régler les tarifs sur les objets qui forment le revenu de la commune; quand il s'agit de projets d'alignemens, d'ouvertures de rues, de places publiques; quand il s'agit d'accepter des legs ou donations faits à la commune.

Toutefois, le préfet peut suspendre l'exécution de la délibération pendant un délai de trente jours.

Lorsqu'il s'agit de décider de simples jouissances qui ne peuvent pas engager l'avenir, de répartir des pâturages, des affouages de peu d'importance, leurs délibérations sont exécutoires après trente jours, si le préfet ne les a pas annulées.

Le maire, assisté du conseil municipal, dresse le titre de tous les ayant-droit à faire partie de l'assemblée communale. Tout individu omis peut, pendant un mois, à dater de l'affiche, présenter sa réclamation à la mairie.

L'opération de la confection des listes commence chaque année le 1ᵉʳ janvier; elles sont publiée et affichées le 8 du même mois, et closes définitivement le 31 mars.

L'assemblée des électeurs municipaux est convoquée par le chef du département.

Le président a seul la police des assemblées. Il est procédé aux élections au scrutin de liste. La majorité absolue des votes exprimés est nécessaire au premier tour de scrutin; la majorité relative suffit au second.

Les deux tours de scrutin peuvent avoir lieu le même jour. Chaque scrutin doit rester ouvert pendant trois heures au moins, et trois membres du bureau au moins doivent être toujours présens.

Tout membre de l'assemblée a le droit d'arguer les opérations de nullité; et si la réclamation n'est pas consignée au procès-verbal, elle pourra être déposée dans les cinq jours, à compter du jour de l'élection, au bureau de la mairie. On est obligé de donner récépissé de la réclamation qui doit être jugée dans le délai d'un mois par le conseil du département. Quand il n'existe pas de réclamation, l'installation des conseillers municipaux a lieu de plein droit.

Tel est l'esprit de la législation actuelle.

Des maires et de leurs attributions.

Le maire est le représentant de la commune, et quelquefois le délégué du gouvernement.

Quand il agit comme représentant de la commune, il est

indépendant de l'autorité supérieure ; et quand il agit comme délégué du gouvernement, il doit se conformer aux ordres qu'il reçoit.

En cas d'absence ou d'empêchement du maire, l'adjoint le remplace ; et en cas d'absence ou d'empêchément du maire et de l'adjoint, le conseiller municipal qui est le premier dans l'ordre du tableau, devient maire de fait et en remplit toutes les fonctions, c'est à dire que, dans ce cas, les pouvoirs lui en sont délégués.

Dans les grandes villes, les maires peuvent déléguer une partie de leurs fonctions aux adjoints pour le bien du service public et la prompte expédition des diverses affaires du ressort de la mairie.

Les actes de l'autorité civile (naissances, mariages, décès), sont établis par le maire. Tout ce qui tient à l'ordre, à la sûreté, à la commodité de la voie publique, l'exécution des ordres de l'autorité supérieure qui y sont relatifs, est dans ses attributions. Le balayage, la surveillance des constructions et des démolitions, la police de la boucherie, de la boulangerie, l'inspection des denrées et comestibles, la répression des troubles nocturnes et autres abus ou délits, la surveillance des cafés, des auberges, de tous les lieux publics, la conservation et l'administration des propriétés de la commune sont de sa compétence.

Le maire doit veiller sur les fruits et les biens de la campagne, il doit, dans les cas de mortalité des animaux (épizooties), ordonner que les bestiaux malades soient tenus renfermés, et que les bêtes mortes dans les champs, soient enterrées tout de suite ; prendre et faire exécuter toute autre mesure capable d'arrêter et de détruire le mal,

Comme officier de police, il ne peut s'introduire de nuit dans le domicile des citoyens que dans les circonstances suivantes : 1° en cas d'incendie; 2° en cas d'inondation ; 3° en cas de réclamation de l'intérieur de la maison ; 4° dans les maisons de débauche et de jeux de hasard; 5° dans les auberges, cafés, cabarets et autres maisons publiques, jusqu'à l'heure où ces maisons doivent être fermées d'après les règlements de police.

Pour s'introduire de jour dans la maison d'un citoyen malgré sa volonté, les agents de la force publique ne peuvent se présenter qu'en vertu d'une disposition formelle de la loi, ou porteurs d'un ordre émané de l'autorité publique.

C'est lui que regardent l'ordonnancement du budget, les dépenses, l'administration des bâtimens et des propriétés communales, l'obligation de représenter la commune en justice comme demandeur ou comme défendeur et dans les divers actes.

Il fait que la commune soit obligée, sur ses revenus, d'entretenir le local affecté à la mairie, au presbytère, à la justice de paix, si c'est un chef-lieu de canton ; qu'elle paie l'abonnement au *Bulletin des Lois*, les frais de bureau, de recensement, les registres de l'état civil, le traitement du garde champêtre, du commissaire de police, des préposés de l'octroi, de l'instituteur, les frais de clôture et d'entretien du cimetière, etc. Les autres dépenses, comme l'éclairage, le pavage des rues qui ne dépendent pas de la grande voirie, etc., ne sont que facultatives.

C'est le maire qui préside à l'exécution des travaux qui peuvent contribuer à l'agrément et à la salubrité, qui veille au maintien de l'ordre, des bonnes mœurs, de la tranquillité, à la bonne alimentation des habitans de sa commune ; qui fait en sorte que tous les enfans, et surtout les enfans des pauvres, reçoivent une instruction convenable ; qu'il leur soit inculqué de bonne heure toutes les notions du juste et de l'injuste, de probité et de politesse, et de tout ce qu'ils doivent à leurs père et mère ; qu'on les habitue au respect dû aux autorités, aux ministres des cultes, et surtout à vénérer Dieu ; qu'on les forme enfin à l'accomplissement de leurs différens devoirs, pour devenir à leur tour des membres utiles à la société.

Le chef de la commune est particulièrement le père des plus pauvres de ses administrés ; il doit leur procurer tous les adoucissemens possibles à leurs maux, soit en leur faisant avoir du travail, soit, quand les travaux manquent et dans les temps de disette, en leur faisant accorder des secours en nature ou en argent, selon les ressources de la commune et selon ce qu'il peut obtenir de ses autres administrés.

C'est lui que regarde spécialement la police des cultes.

Police rurale.

Les maires, la gendarmerie et les gardes champêtres sont spécialement chargés de la police rurale, qui a pour objet la conservation des fruits et des biens de la campagne.

Entre autres attributions dévolues aux gendarmes, ils sont chargés de saisir tout individu commettant des délits dans les champs, les rivières et les bois, dégradant la clôture des haies ou fossés, encore que ces délits ne soient pas accompagnés de vol, et de dénoncer aux maires ceux qui, dans le temps prescrit, ont négligé d'écheniller, dans les campagnes et jardins où ce soin est prescrit par la loi ou par les règlements de police municipale.

Les gardes champêtres sont officiers de police judiciaire, et, à ce titre, chargés de constater les crimes et délits, mais plus particulièrement les délits ruraux, puisqu'ils sont établis dans la commune pour assurer les propriétés et conserver les récoltes.

Le garde champêtre était autrefois nommé par le maire; un décret du 26 mars 1852 a décidé que les gardes champêtres seraient nommés par les préfets; mais il peut être révoqué sur la demande motivée du maire, pour inconduite, négligence, ou comme manquant habituellement à ses devoirs.

Les délits ruraux sont, suivant leur nature, de la compétence du juge de paix, ou du maire, ou du tribunal correctionnel, et passibles d'amendes ou d'emprisonnement, sans préjudice de l'indemnité qui peut être due à celui qui a souffert du dommage;

L'indemnité et l'amende sont dues solidairement par les délinquants.

Les maris, les pères, mères, tuteurs, maîtres, entrepreneurs de toute espèce, sont civilement responsables des délits commis par leurs femmes et enfants, mineurs, domestiques, voituriers et autres subordonnés; mais s'il y a prison, elle n'est subie que par les délinquants.

Les tribunaux de simple police jugent les délits ruraux dont la peine n'excède pas cinq jours d'emprisonnement et quinze francs d'amende ; et les tribunaux correctionnels tous les autres délits passibles de peines plus fortes. (*Articles 471 et 481 du Code pénal.*)

Chasse et pêche.

D'après la loi du 3 mai 1834, nul ne peut chasser : 1° s'il n'est porteur d'un permis de chasse; 2° si la chasse n'est pas ouverte; 3° s'il n'est porteur d'une autorisation du propriétaire du terrain où il veut chasser.

On ne peut chasser que pendant le jour, à tir et à courre, et avec furets et bourses pour les lapins. Tous les autres moyens sont prohibés.

Les contraventions sont constatées par les procès-verbaux des maires, adjoints, commissaires de police, gendarmes, gardes champêtres et forestiers, gardes-pêche et gardes particuliers assermentés. Les procès-verbaux doivent être affirmés dans les vingt-quatre heures, à peine de nullité. Les délinquants ne peuvent être saisis ni désarmés.

Les tribunaux prononcent une amende de 16 à 100 fr., 1° contre ceux qui chassent sans permis; 2° ceux qui chassent sur le terrain d'autrui sans le consentement du propriétaire; 3° ceux qui, contrairement aux arrêtés du préfet, auront détruit les oiseaux de passage, le gibier d'eau, et qui auront chassé en temps de neige, ou avec des chiens lévriers; 4° ceux qui auront pris ou détruit sur le terrain d'autrui, des œufs ou couvées de faisan, de perdrix ou de cailles. L'amende sera double, si le délit a été commis dans un champ non dépouillé de ses récoltes ou dans un enclos.

Seront punis d'une amende de 50 à 200 fr., et pourront en outre subir six jours à deux mois d'emprisonnement :

1° ceux qui auront chassé pendant la nuit ou à l'aide d'engins défendus ; 3° ceux qui seront trouvés hors de leur domicile, porteurs ou détenteurs d'instruments de chasse prohibés ; 4° ceux qui, pendant la clôture de la chasse, auront vendu, acheté, colporté du gibier. Dans ce dernier cas, la contravention peut être constatée par les employés des contributions indirectes et des octrois, agissant dans les limites de leurs attributions ; 5° ceux qui emploient les appâts pour enivrer le gibier ou le détruire ; 6° ceux qui chassent avec appelants ou chanterelles.

Ces peines pourront être doublées contre ceux qui auront chassé sur le terrain d'autrui pendant la nuit et avec des engins prohibés. Les peines seront toujours portées au maximum, s'il s'agit des gardes champêtres, forestiers et autres agents chargés de la répression des délits de chasse.

Ceux qui auront commis conjointement des délits de chasse, seront condamnés solidairement aux amendes, dommages-intérêts et frais.

Les père et mère, les tuteurs, les maîtres, sont civilement responsables des délits de chasse commis par leurs enfants, pupilles et domestiques. Les tribunaux pourront ordonner la saisie des armes et des engins ; mais le fusil n'est confisqué que quand le délit de chasse a eu lieu dans un temps prohibé.

En temps de chasse prohibé, la recherche du gibier ne pourra être faite que chez les aubergistes, les marchands de comestibles et dans les lieux publics. Le gibier saisi sera livré immédiatement au bureau de bienfaisance le plus voisin, soit par l'ordre du juge de paix, soit par celui du maire.

Sur les 25 francs qui représentent le prix du permis de chasse, 10 fr. appartiennent à la commune où il a été délivré.

Tous les délits de chasse seront poursuivis d'office par le ministère public, sans préjudice du droit conféré aux parties lésées, par l'article 132 du Code d'instruction criminelle.

Toute action relative aux délits ci-dessus mentionnés, sera prescrite par le laps de trois mois, à compter du jour du délit.

De la pêche fluviale.

Le droit de pêche fluviale est exercé, au profit de l'Etat, dans les fleuves, rivières, canaux et contrefossés navigables ou flottables avec bateaux, trains, radeaux et bûches perdues, et dont l'entretien est à la charge de l'Etat ou de ses ayant-causes, dans les bras, noues, baies et fossés qui tirent leurs eaux des fleuves et rivières navigables ou flottables, dans lesquels on peut, en tout temps, passer et pénétrer en bateau pêcheur, et dont l'entretien est également à la charge de l'Etat.

Dans toutes les rivières et canaux autres que ceux qui viennent d'être désignés, les propriétaires riverains ont, chacun de son côté, le droit de pêche jusqu'au milieu du cours de l'eau, sans préjudice des droits contraires établis par possession ou titre.

On ne peut pêcher nulle part sans la permission de celui à qui le droit de pêche appartient, sous peine d'une amende de 20 à 100 fr., indépendamment des dommages et intérêts.

Néanmoins, *il est permis à tout individu de pêcher à*

la ligne flottante, tenue à la main, dans les fleuves, rivières et canaux appartenant à l'Etat, *le temps de frai excepté.* Il faut deux conditions, c'est-à-dire que la ligne ne soit pas une ligne de fond, mais qu'elle soit soutenue sur l'eau au moyen d'une plume ou d'un liége qu'on nomme *flotte,* et ensuite qu'elle ne soit pas fixée en terre d'une manière quelconque. (Chaque préfet détermine les temps, saisons et heures pendant lesquels la pêche est interdite dans son département.)

Le délit de placer dans un cours d'eau quelconque un appareil ou barrage, ayant pour objet d'empêcher entièrement le passage du poisson, est puni d'une amende de 50 à 500 francs, avec confiscation et dommages et intérêts.

Quiconque aura jeté dans les eaux des drogues ou appâts, de nature à enivrer ou détruire le poisson, sera puni d'une amende de 30 à 300 fr., et d'un emprisonnement d'un à trois mois.

La pêche, pendant les temps, saisons et heures prohibées, sera punie d'une amende de 30 à 200 fr.

L'usage de procédés ou modes de pêche ou d'instruments prohibés, sera puni d'une amende de 30 à 100 fr., et du double dans le temps du frai.

Sont prohibés : les filets traînants ; ceux dont les mailles carrées, sans accrues, et non tendues ni tirées en lozanges, auraient moins de trente millimètres de chaque côté, après que le filet a séjourné dans l'eau ; les bires, nasses ou autres engins dont les verges en osier seraient écartées entre elles de moins de trente millimètres.

La pêche fluviale est réglementée par la loi du 15 avril 1829, l'ordonnance du 15 novembre 1830, et la loi du 6 juin 1840, dont nous ne pouvons que donner la substance, et dont feront bien de prendre plus ample connaissance tous ceux qui veulent se livrer au plaisir ou au métier de la pêche.

Les actions en réparation de délits en matière de pêche, se prescrivent par un mois, à compter du jour où ces délits ont été constatés, lorsque les prévenus sont désignés dans les procès-verbaux. Dans le cas contraire, le délai de prescription est de trois mois, à compter du même jour.

Des assurances contre l'incendie. — La grêle, l'inondation, etc.

Les assurances ont pour objet d'indemniser l'assuré d'une perte résultant d'un sinistre arrivé, et dont l'évènement probable est prévu dans la police d'assurance.

Tous les hommes qui travaillent à l'accroissement de la richesse du pays, tous ceux qui possèdent, doivent désirer un système d'assurance puissant, mais surtout moral et à bon marché. Le système de la mutualité paraît, sans contredit, être le seul qui présente ces avantages assez bien réunis, parce c'est un contrat entre les co-assurés.

La mutualité diffère essentiellement des assurances à prime fixe, en ce que chaque individu, faisant partie de l'association, est à la fois assureur et assuré, et en ce que les contractans ne sont sujets à payer aucune somme fixe, ou *prime*. Ils contractent seulement l'obligation de dédommager celui ou ceux d'entre eux qui deviendraient victimes d'un sinistre, en contribuant, chacun pour sa part et sa quotité, à parfaire la somme à laquelle le bien détruit ou le dommage aura été estimé. C'est pourquoi, dans des sinistres

nombreux et imprévus, la mutualité s'est réservé le droit
d'imposer 2, 3, 4 ou 6 centimes en plus, suivant le besoin,
quand l'administration l'a reconnu indispensable et dûment constaté. Ce qui fait que l'assurance mutuelle est
constituée sur une base morale, solide et durable.

L'assurance mutuelle a lieu sans qu'on ait besoin de
dresser et payer une police ; il suffit de déclarer l'objet
qu'on veut assurer et de le faire inscrire sur le registre de
l'association. Quand un sinistre survient, l'indemnité est
payée par tous les assurés au marc le franc.

La même garantie n'existe pas dans les compagnies à
primes fixes. Plusieurs ont mal payé les sinistres, ou ont
failli malgré l'énorme capital annoncé à son de trompe,
mais qui était toujours moins une réalité qu'un appât
trompeur. Si des compagnies à primes fixes se sont main-
tenues jusqu'à ce jour, elles le doivent sans doute au bon-
heur de n'avoir eu à supporter que des sinistres d'un taux
toujours très inférieur à leurs recettes. Dans des cas donnés, elles peuvent faillir aussi. On peut remarquer même
que la plupart s'y attendent, et on a le droit de les en
soupçonner, puisque dans leurs statuts, très savamment
élaborés à leur avantage, elles ont inséré un article spécial
qui leur permet de se dissoudre en cas de pertes excédant
la moitié du capital social. Notons encore que cet énorme
capital, qu'elles affichent partout en si grosses lettres,
n'est pas réalisé, mais qu'il ne présente que la totalité des
polices souscrites, ce qui est bien différent. Cela cependant n'empêche pas les actionnaires de ces compagnies
de se distribuer d'abord, chaque année, de gros dividendes basés sur le chiffre publié. Ce dividende, au

reste, paraît être l'unique but que les actionnaires poursuivent.

Une compagnie à prime fixe a donc à payer trois choses :

1° Les sinistres, mais le moins qu'elle peut, et très souvent à une autre compagnie qui exerce son recours pour le dommage causé aux voisins à elle assurés. Ceci est une réciprocité qui fait passer d'une compagnie à une autre les fonds que l'une des deux est contrainte de verser ;

2° De grands frais d'administration et de courtage plus ou moins contrôlés ;

3° De gros bénéfices à des actionnaires qui les méritent bien peu, puisqu'ils se sont réservés le droit de faillir du moment où il leur faudrait payer de grands sinistres. Ainsi, l'on y perçoit des droits considérables et l'on se réserve de reculer devant un devoir onéreux.....

Il est donc évident que, dans les compagnies à primes fixes, l'assuré s'oblige à engraisser de riches actionnaires peu reconnaissans.

Dans une assurance mutuelle on ne paie que deux choses ;

1° Les sinistres, pas plus nombreux que pour les compagnies à primes fixes; et l'on y a au moins la garantie que tous les désastres seront indemnisés; c'est la garantie de tous par tous ;

2° Les frais d'administration et de courtage, plus sévèrement contrôlés, et jamais de dividendes d'actionnaires.

Il est temps que tous les propriétaires et industriels en France comprennent bien toutes ces choses.

Dans les villes de Versailles, Rouen, Mulhouse, Orléans, Dijon, Strasbourg, Limoges, et partout où l'industrie, l'intelligence et la civilisation sont le plus avancées, partout où l'on a su bien comprendre ses véritables intérêts, l'on s'assure mutuellement, et l'on trouve que c'est plus sage et plus économique.

CHAPITRE XL.

CONSERVATION DES GRAINS EN TEMPS DE PLUIE.

ET DES VIGNES MALADES.

(Instruction du ministre de l'agriculture et du commerce du 22 juin 1849, sur les meilleurs procédés à employer, en temps de pluie, pour la conservation des blés, seigles, etc., qui viennent d'être coupés.)

Premier procédé. Il faut mettre le blé, après le faucillage, en meulons de la manière suivante : on place sur un endroit sec et élevé des champs, par exemple sur le haut d'un sillon, une javelle que l'on replie en deux vers le milieu de la longueur de la paille, en sorte que les épis ne posent pas à terre, mais viennent s'appuyer sur l'extrémité opposée, vers le gros bout de la paille. Un homme auquel on apporte les javelles construit le meulon, en les plaçant circulairement autour de la javelle repliée, de sorte que tous les épis soient dirigés au centre, reposant sur cette javelle, ayant le gros bout de la paille en dehors. Alors le meulon a pour diamètre la longueur de deux javelles bout à bout. Sur le premier rang de javelles on en pose un

second placé de même, puis un troisième, un quatrième
rang, jusqu'à ce que le meulon ait une hauteur d'environ
un mètre. Tous les épis étant réunis au centre, le milieu se
trouve plus élevé que le pourtour. Cette circonstance est
essentielle, parce que tous les brins de paille ayant ainsi
une pente vers le dehors du meulon, l'eau qui pourrait s'y
insinuer tend toujours à s'écouler en dehors.

Lorsque le meulon a environ un mètre de haut, on continue à l'élever de même, mais en croisant toujours un
peu plus les épis au centre, c'est-à-dire en rétrécissant
graduellement le diamètre vers le haut. Lorsque le meulon
se trouve arrivé à une hauteur d'environ 1 mètre 65 centimètres (5 pieds), le centre se trouve fortement bombé
en forme de cône. On le couvre alors d'une forte gerbe
liée par son extrémité inférieure près du gros bout de la
paille, et, en renversant cette gerbe sur le sommet du
cône, on arrange avec soin les épis tout autour, afin que
toute la surface du cône soit également couverte. La gerbe
qui couvre le sommet ressemble ainsi au surtout de paille
dont on revêt une ruche d'abeilles.

Lorsque les grains ne contiennent pas beaucoup d'herbes vertes et qu'ils ne sont pas mouillés au moment où on
les faucille, on peut les mettre en meulon immédiatement
après qu'ils ont été coupés, quoique la coupe ait pu en
être faite avant une parfaite maturité. Dans le cas contraire, il faut attendre qu'ils soient passablement ressuyés
ou que l'herbe ait été convenablement amortie. Mais on
peut toujours mettre le grain en meulon, beaucoup avant
l'instant où il serait possible de le serrer dans les greniers
ou même de le lier en gerbes.

Une fois qu'il est en meulon, il peut y rester huit ou quinze jours, ou même davantage, jusqu'à ce que le temps et les autres travaux permettent de s'occuper de le rentrer. Il n'y souffre d'aucune intempérie ; la maturité du grain s'achève très bien, et celui-ci prend une très belle qualité.

Deuxième procédé. Après avoir aplani grossièrement le sol en le foulant aux pieds, on fait un triangle avec trois gerbes disposées de manière que le gros bout de la paille touche à terre et que les épis de chaque gerbe reposent sur le pied de l'autre. Sur cette première base on place circulairement un rang de javelles, les épis convergeant vers le centre et se touchant vers ce point. On continue à disposer parallèlement à ce premier rang plusieurs lits successifs, jusqu'à ce qu'on soit arrivé à une hauteur d'un mètre 33 centimètres (4 pieds), environ. Alors on place les autres couches de grains de manière que les épis se croisent au centre, ce qui ne tarde pas à élever le centre au-dessus de la circonférence qui se trouve en même temps rétrécie. La paille prend une inclinaison de haut en bas comme un toit, ce qui facilite l'écoulement des eaux ; et on couronne le tout par une gerbe renversée, les épis en bas, comme pour le premier procédé, auquel celui-ci ressemble beaucoup.

Troisième procédé. On emploie avec succès, en Normandie, depuis 1816, le procédé suivant :

Aussitôt que le blé est coupé, il faut en prendre, en une ou plusieurs brassées, une quantité équivalente à trois ou quatre gerbes, les mettre debout, en former un faisceau qu'on aura soin de lier à vingt ou vingt-cinq centimètres des épis; ouvrir ensuite ce faisceau par le bas, de manière à lui donner du pied et à faciliter à l'intérieur la circulation de l'air; enfin, couvrir d'un chapeau formé d'une forte gerbe liée par le bas, qu'on appliquera sur ce faisceau en forme de surtout de ruche, les épis de ce chapeau étant renversés vers la terre.

A l'aide de ce procédé, qui a de l'analogie avec ce qui se pratique pour le chanvre et pour le lin, la pluie glissera le long des tiges sans pénétrer dans le faisceau; et alors même qu'elle prolongerait sa durée, il suffira qu'elle soit suivie d'un jour de beau temps pour qu'il soit possible de lier le blé en gerbes et de le transporter dans les granges.

Ce moyen ne nécessite pas beaucoup plus de main-d'œuvre que le javelage, dans le cas même où un temps favorable aurait permis de s'en dispenser; et il peut en coûter moins, si un temps contraire mettait les cultivateurs dans l'obligation de tourner et retourner les javelles. Il a, d'ailleurs, l'avantage d'atteindre certainement le but, même en dépit d'une pluie de plusieurs semaines; tandis que les javelles, quoique tournées et retournées, n'offrent plus, après huit jours seulement d'un temps humide, que du grain et de la paille avariés. Enfin, il a été reconnu que le blé ainsi disposé profite encore après avoir été coupé, et dans une proportion plus remarquable que celui resté en javelles. En Normandie, où ce procédé est mis en usage, on s'en est si bien trouvé, qu'on l'a étendu à la récolte du seigle, des avoines mêmes, et qu'on le pratique alors que l'état de l'atmosphère présente le plus de sécurité.

Quatrième procédé. Lorsqu'on ne peut rentrer immédiatement les *gerbes liées*, le moyen le plus efficace de les préserver du mauvais temps, consiste à les disposer en croix, que l'on construit de la manière suivante : On place, sur une partie élevée du sillon, deux gerbes opposées l'une à l'autre et disposées en ligne droite, de manière que les épis de l'une couvrent les épis de l'autre. On place ensuite deux autres gerbes disposées de même, mais formant le second membre de la croix. Ces quatre gerbes ont ainsi leurs épis réunis au centre de la croix qu'elles forment. On place ensuite deux autres gerbes couchées verticalement au-dessus des deux premières, puis deux autres au-dessus des deux gerbes qui forment le second membre de la croix. On ajoute un troisième rang de quatre gerbes, disposées de même, de manière que la croix se compose de douze gerbes superposées, trois par trois, les unes aux autres, et dont tous les épis sont réunis au centre qui se trouve un peu plus élevé. Ainsi, les quatre dernières gerbes du rang supérieur, ont une légère inclinaison du centre vers le dehors. On surmonte le tout d'une treizième gerbe que l'on renverse sur le centre de la croix, les épis tournés vers le bas et arrangés symétriquement des quatre côtés. Si ces croix sont construites avec soin, les gerbes peuvent y supporter des pluies même assez prolongées, sans éprouver aucun dommage.

CONSERVATION DE LA VIGNE.

La maladie de la vigne, fort ancienne, à ce qu'il paraît, puisque Pline, le naturaliste, l'a signalée comme existant à son époque (il y a plus de quinze siècles), a été constatée quelquefois depuis, et de nouveau en Angleterre vers 1845, par M. Trucker, jardinier à Margate. C est en 1849 que les primoristes des environs de Paris la remarquèrent dans leurs cultures forcées. Peu considérable d'abord, le fléau fit, en 1850, invasion dans les jardins, et s'attaqua de préférence aux plants exotiques, tels que la madelaine, le chasselas, le frankental, etc. Bientôt les vignobles de pleine terre eux-mêmes furent envahis, et, du nord de la France, l'*oïdium* se répandit sur toute l'Europe, où, depuis lors, il n'a cessé d'exercer ses ravages.

Les savants n'ont proposé aucun remède ; les praticiens, au contraire, se sont mis à l'œuvre et ont employé divers moyens curatifs. Mais leur usage, dans les vastes vignobles de la Bourgogne et du Bordelais, ne serait pas facile, parce qu'ils exigent une main-d'œuvre et des frais excessifs.

C'est pourquoi des praticiens ont mieux aimé chercher les moyens préventifs du mal, dans les soins mêmes que l'on donne chaque année à la vigne. Ils conseillent donc de soigner toujours l'écoulement des eaux stagnantes, qui fatiguent et altèrent depuis quelque temps les meilleurs vignobles, dans les plaines surtout, dans nos hivers trop peu rigoureux ; de tailler les vignes oïdiées le plus tôt possible ; de brûler immédiatement tous les sarments de cesdites vignes ; il ne suffirait pas de les emporter loin des vignobles, car l'oïdium se propage à la ronde, par les seuls mouvements de l'air, comme toute plante microscopique, et ravage même les plantes étrangères avec lesquelles il est mis en contact. Il doit en être de ce soin comme d'un échenillage : ce doit être général et simultané.

Quand on taille une vigne malade de l'oïdium ou suspecte, il faut descendre la taille, c'est-à-dire laisser les

bois à fruit sur les bois antécédents, et non sur ceux de
l'année dernière, sur lesquels, en toute autre circonstance,
on les laisse ordinairement; et même il faut conserver un
faux bois de souche plutôt qu'un avant-bras supérieur.
C'est qu'on a remarqué que l'oïdium s'attaque de préférence aux jeunes bois, et l'altération intérieure de leur tissu
élémentaire doit les faire proscrire pour donner naissance
à d'autres bois nouveaux.

Cette maladie a débuté sur des espèces qui ont subi une
acclimatation forcée, et a respecté les plants vigoureux auxquels notre climat est devenu plus naturel. C'est pour nous
un avertissement bien précis de rechercher les espèces qui
résistent le plus chez nous, et de les propager pour remplacer
cer celles dont le fléau fait sa proie préférée.

Du soufrage des vignes.

*Extrait du rapport que la Commission de la maladie de
la vigne a adressé à M. le Ministre de l'agriculture,
du commerce et des travaux publics, le 7 mai 1854.*

La Commission avait à examiner les résultats de l'emploi du soufre à sec, préconisé comme moyen préventif,
d'une application facile et peu coûteuse.

Elle a visité d'abord les jardins et enclos de Thomery,
près Fontainebleau ; elle s'est ensuite transportée dans les
vignobles en plein champ. Les uns et les autres ne lais-
saient rien à désirer : jets vigoureux, bois parfaitement
aouté, sarments d'une belle couleur, exempts de toute
trace de maladie, yeux bien formés, prouvaient clairement
que Thomery n'avait pas souffert, en 1853, du fléau dont
il avait été gravement atteint en 1851.

Cet état satisfaisant se retrouvait partout, à l'exception pourtant de quatre propriétés où la vigne présentait le plus triste aspect : les pousses étaient grêles, les bois noircis de taches livides ; la plupart des souches portaient encore leurs raisins desséchés, abandonnés sur place. Les possesseurs de ces vignobles maltraités s'étaient abstenus de tout moyen curatif ; tous les autres cultivateurs, au contraire, avaient employé le soufre, et avec le plus grand succès.

Ces faits concluants s'appuyaient sur une épreuve contradictoire et ne permettaient plus le doute sur l'application du soufre à la guérison de la vigne.

Le soufrage est appliqué indistinctement à toutes les vignes. Le soufre, réduit en poudre bien sèche, est projeté à l'aide d'un soufflet perfectionné par M. Gaffet, de Fontainebleau. Chaque soufrée se fait par *allée* et *venue*, afin que toutes les surfaces de la plante soient mises en contact avec le soufre. On y revient à trois reprises chaque année : le premier soufrage a lieu dès que les bourgeons ont atteint quelques centimètres de développement ; le second se donne aussitôt après la floraison de la vigne ; on soufre enfin, une troisième fois, avant la maturité, quand le raisin commence à tourner.

La plupart des propriétaires avaient choisi le matin et le soir pour procéder à ces opérations. Il est bien reconnu aujourd'hui que le soufrage a une vertu curative d'autant plus prompte et plus efficace, qu'il s'effectue par un soleil plus ardent ; alors il est dans toute son énergie.

On emploie de soixante à soixante-dix kilogrammes de soufre par hectare pour les trois soufrages.

Le soufre à sec a réussi dans la Gironde sur les vignes de M. le comte Duchâtel, de MM. de Sèze et Pescatore, et ce moyen curatif gagne de proche en proche.

Arrosage au sulfate de cuivre.

M. F. Hilaire, propriétaire à Nissan, dans l'Hérault, a publié, le 30 avril 1854, les résultats suivants, après deux années d'expériences couronnées d'un plein succès :

« Frappé de la ressemblance dans les caractères symptomatiques et la marche de l'oïdium avec ceux de la carie ou ergot de blé et d'autres céréales (même moisissure, même odeur, mêmes taches sur les ceps que sur le chaume, même fin funeste pour les fruits), M. Hilaire eut l'idée d'employer, contre la maladie de la vigne, le même agent que l'on emploie pour pratiquer le chaulage, ou plus proprement dit aujourd'hui, le sulfatage des blés.

» A cet effet, il prit, la première année, quelques kilogrammes de sulfate de cuivre (vitriol bleu, combinaison de soufre et de cuivre) qu'il fit dissoudre, par chaque kilogramme, dans cent litres d'eau, et, en mai, il arrosa le pied de chacune des souches qui avaient été malades l'année précédente, et celui de celles qui paraissaient déjà atteintes, avec un litre du liquide ci-dessus. Aucune de ces souches ne fut plus malade, et celles qui paraissaient déjà atteintes se guérirent. Toutes portèrent de beaux fruits qui parvinrent à une maturité parfaite, tandis que celles qui n'avaient pas été arrosées et qui paraissaient saines furent, à leur tour, atteintes par la maladie.

» La seconde année, mêmes expériences aussi concluantes. L'emploi de cet agent préventif et curatif en

même temps, dont le prix de revient est excessivement
modique, paraît à M. Hilaire plus avantageusement applicable à la grande culture que le soufrage, qui n'est, selon
lui, dans tous les cas, qu'un palliatif. Tout le monde peut
se convaincre, par une expérience facile, de l'efficacité de
ce traitement. »

Bois communaux. — Affouages.

On a donné le nom d'affouage au droit qu'ont les habitants d'une commune ou d'une section de commune, de
prendre dans les bois communaux le bois nécessaire, soit à
leur consommation journalière de chauffage, soit à des
constructions ou réparations.

L'affouage, comme l'indique son nom, tient au foyer do-
mestique. C'est pour cela qu'une des conditions de ce droit
est, d'une part, la résidence, et d'autre part le feu et le
ménage séparé.

Les coupes à partager en nature pour l'affouage des habitants, ne peuvent être opérées qu'après que la délivrance
en aura été préalablement faite par les agents forestiers.

Le rôle de répartition fait par le conseil municipal doit
être arrêté par le préfet qui le rend exécutoire. La coupe
est faite, ordinairement, par un entrepreneur spécial nommé
par les habitants et agréé par l'administration forestière.

Le maire fait la répartition par feux et non par tête,
c'est-à-dire par chef de famille ou de maison ayant domicile réel et fixe dans la commune.

Sous le nom de feux on ne doit pas seulement entendre

un ménage de gens mariés, mais encore un ménage de célibataire, homme ou femme, fille ou garçon, et il a été cité comme exemple, lors de la discussion de la loi, qu'un curé, un desservant ont droit à l'affouage comme les autres habitants.

Mais les ouvriers ou domestiques qui travaillent à l'année chez un maître qui les nourrit, n'ont pas droit à l'affouage, à moins qu'ils n'aient un ménage particulier, qu'ils n'aient enfin, selon l'expression vulgaire, leur pot-au-feu. Ainsi, quand l'ouvrier tient un ménage pour son compte, de manière qu'on ne puisse pas le regarder comme étant sous la dépendance absolue du propriétaire, il a droit à l'affouage.

L'affouage distribué en nature pour les besoins et les usages des habitants, doit être employé en nature. Aussi, l'article 52 du code forestier interdit aux usagers, sous peine de 10 à 100 francs d'amende, de vendre ou échanger les bois qui leur sont délivrés à ce titre.

Dans les communes où les habitants sont soumis à une rétribution pour subvenir aux dépenses de la coupe, nul ne peut réclamer sa portion de bois avant d'avoir acquitté le montant de sa cote.

En cas de difficultés pour la répartition, les habitants ont recours au conseil de préfecture qui nomme un expert. L'expert nommé fait son opération en présence du maire et de la partie qui réclame ; et ses décisions sont sans appel dès qu'elles ont reçu l'approbation du conseil de préfecture.

Troupeaux et Bestiaux.

Les animaux se divisent légalement en deux catégories principales :

1° Les animaux sauvages qui vivent dans une liberté absolue, et qui n'appartiennent à personne tant qu'ils n'ont pas été placés sous le pouvoir d'un maître ;

2° Les animaux domestiques, tant ceux qui servent pour la culture et l'exploitation des terres, les voyages et autres besoins, que ceux qui sont destinés à nos plaisirs et à notre table.

Les animaux sauvages appartiennent au premier occupant ; les animaux domestiques sont placés au rang des propriétés privées, dont ils sont l'accessoire, et sont protégés d'une manière spéciale par le législateur.

On entend par Bestiaux l'ensemble des animaux domestiques, tels que les bœufs, les vaches et les veaux, les brebis et moutons, les chèvres, les porcs, la volaille, etc.; mais les chevaux, mulets et juments ne sont pas compris dans cette dénomination, d'après un arrêt de la Cour de cassation du 17 juin 1806.

Aucuns bestiaux servant au labourage ne peuvent être saisis ni vendus pour contributions publiques, pas même pour aucune cause de dette, si ce n'est au profit de la personne qui aurait fourni lesdits bestiaux sans qu'ils lui eussent été payés, ou pour l'acquittement de la créance du propriétaire envers son fermier ; et ces bestiaux ne sont toujours que les derniers saisis, en cas d'insuffisance d'autres objets mobiliers.

La même règle a lieu pour les ruches. Pour aucune rai-

son il n'est permis de troubler les abeilles dans leurs cour-
ses et leurs travaux. En cas de saisie légitime, les ruches
ne peuvent être déplacées que du courant de septembre au
courant de février.

Les vers à soie sont aussi insaisissables pendant leur travail, ainsi que la feuille de mûrier qui leur est nécessaire.

Un essaim d'abeilles abandonné appartient au propriétaire ou locataire du terrain sur lequel il s'est enfin fixé.
Mais le propriétaire d'un essaim qui s'envole a le droit de
le réclamer et de s'en saisir tant qu'il n'a pas cessé de le
suivre, ou lorsque, l'ayant perdu de vue, il se présente,
avec la ruche préparée pour le recevoir, sur le terrain où
cet essaim s'est enfin fixé.

Tout propriétaire est libre d'avoir chez lui telle quantité
et telle espèce de bestiaux qu'il lui convient, et de les faire
pâturer à sa guise sur ses terres ; mais il faut qu'il se
conforme aux règlements de la localité pour la vaine pâture.

Les animaux, par leur nature, sont en général regardés
comme biens meubles ; mais ils deviennent biens immeubles par destination, c'est-à-dire quand un propriétaire les
a placés sur un bien-fonds pour servir à l'exploitation de ce
fonds dont alors ils font partie.

Dégâts commis par les animaux. — Peines. — Saisie. — Vente.

Le propriétaire d'un animal ou la personne à qui il est
confié pour son usage, est responsable des dommages que
l'animal a causés, soit que l'animal fût sous sa garde, soit
qu'il fût égaré ou échappé.

Nul agent de l'agriculture, employé avec les bestiaux au
labourage, ou à quelque travail que ce soit, ou occupé à la

garde des troupeaux, ne peut être arrêté, si ce n'est pour crime. Dans ce cas, il est tout de suite pourvu à la sûreté des animaux, et cela sous la responsabilité de ceux qui ont opéré l'arrestation.

L'amende est de 1 à 5 francs inclusivement pour ceux qui auront laissé passer leurs troupeaux ou bêtes de trait, de charge ou de monture sur le terrain d'autrui, avant l'enlèvement des récoltes.

Elle est de 11 à 15 francs inclusivement pour ceux qui auront mené sur le terrain d'autrui des bestiaux de quelque nature qu'ils soient, et notamment dans les prairies artificielles, dans les vignes, oseraies, plants d'oliviers, mûriers, capriers, orangers et autres arbres de même genre ; dans tous les plants et pépinières d'arbres fruitiers et autres, faits de main d'homme, d'après l'article 479 du Code pénal.

Les délits commis le jour dans des bois de dix ans et au-dessus, sont punis d'une amende de 1 franc pour un cochon, 2 fr. pour une bête à laine, 3 fr. pour un cheval ou une bête de somme, 4 fr. pour une chèvre, 5 fr. pour un bœuf, une vache ou un veau. — L'amende sera double si les bois ont moins de dix ans, sans préjudice des dommages-intérêts, s'il y a lieu.

Toute personne qui sera trouvée gardant à vue ses bestiaux dans les récoltes d'autrui, sera condamnée en outre du paiement des dommages, et suivant les circonstances, à un emprisonnement qui toutefois n'excèdera pas une année.

Les dégâts que des bestiaux d'une espèce quelconque, laissés à l'abandon, auront causés à autrui, soit dans l'enceinte des habitations, soit sur un terrain clos, soit dans les champs ouverts, seront payés par les personnes qui ont la jouissance de ces bestiaux. Si ces personnes sont insolvables, les dégâts seront payés par celles qui en ont la propriété.

Le propriétaire, détenteur ou fermier qui éprouvera le dommage, aura le droit de saisir les bestiaux, mais sous l'obligation de les faire conduire, dans les vingt-quatre heures, au lieu du dépôt qui aura été désigné à cet effet par l'autorité municipale. — Si ce sont des volailles, de quelqu'espèces qu'elles soient, qui causent du dommage, celui qui l'éprouvera pourra les tuer, mais seulement sur le lieu et au moment du dégât.

Il sera satisfait au paiement des dégâts par la vente des bestiaux s'ils ne sont pas réclamés dans la huitaine du jour du délit, ou si le dommage n'a pas été payé dans le même délai.

Les animaux, pour quelque cause qu'ils aient été saisis, ne peuvent rester en fourrière ou sous le séquestre, plus de huit jours. Après ce délai, la main-levée provisoire pourra être accordée. S'ils ne doivent ou ne peuvent être restitués, ils sont mis en vente. (Art. 39 du tarif des frais et dépens en matière criminelle.)

Les pâtres, bergers ou gardiens ne pourront mener les troupeaux d'aucune espèce dans les champs moissonnés et ouverts, que deux jours après la récolte entière, sous peine d'une amende de la valeur d'une journée de travail, et du double si les bestiaux ont pénétré dans un enclos rural. (Loi du 6 octobre 1791.)

Mauvais traitements infligés aux animaux. —Vol.

Les mauvais traitements, la mort, l'empoisonnement que l'on fait subir par malice ou sans nécessité, et même les simples coups ou blessures faits, même par imprudence, aux animaux privés placés sous la puissance de l'homme, sont punis criminellement ou correctionnellement de diverses peines, amendes, dommages-intérêts et emprisonnement, qui varient suivant les cas et la gravité des circonstances, et qui peuvent encore entraîner la surveillance de la haute police après la détention de deux ans au moins à cinq ans au plus.

Le vol des bestiaux, dans les champs, est puni correctionnellement de peines sévères ; s'il est commis dans d'autres circonstances, il relève de la justice criminelle.

Celui à qui il a été volé, ou qui a perdu des animaux, peut les revendiquer, comme tout autre objet mobilier, pendant trois ans, à dater du jour de la perte et du vol, contre celui en la possession de qui il les trouve.

Toutefois, si le propriétaire originaire de bestiaux volés ou perdus les trouve en la possession de quelqu'un qui les a achetés d'un marchand vendant de pareils objets mobiliers, ou dans une foire ou marché, ou dans une vente publique, il ne pourra se les faire rendre qu'en remboursant au détenteur le prix qu'ils lui ont coûté ; mais il conserve son recours contre le voleur, s'il le découvre.

Maladies contagieuses des animaux. — Peines sévères pour empêcher la communication.

Comme les animaux constituent un bien précieux, soumis à plus de chances et d'éventualités que les biens-fonds, il importait de réprimer, par des peines sévères , la négligence des propriétaires ou détenteurs de bestiaux atteints de maladies contagieuses, qui laisseraient les effets d'une contagion ruineuse pour l'agriculture en général et pour les propriétaires , s'étendre à des provinces entières. Aussi la loi a-t-elle prononcé de fortes peines contre eux.

· L'article 459 du Code pénal porte : Tout détenteur ou gardien d'animaux ou de bestiaux soupçonnés d'être infectés de maladie contagieuse. qui n'aura pas averti sur-le-champ le maire de la commune où ils se trouvent , et qui, même avant que le maire ait répondu à l'avertissement, ne les aura pas tenus renfermés, sera puni d'un emprisonnement de six jours à deux mois, et d'une amende de seize francs à deux cents francs.

Article 460 : Seront également punis d'un emprisonnement de deux mois à six mois, et d'une amende de cent francs à cinq cents francs, ceux qui, au mépris des défenses de l'administration , auront laissé leurs animaux ou bestiaux infectés communiquer avec d'autres.

Article 461 : Si, de la communication mentionnée au précédent article, il est résulté une contagion parmi les autres animaux , ceux qui auront contrevenu aux défenses de l'autorité administrative, seront punis d'un emprisonnement de deux ans à cinq ans, et d'une amende de cent francs à mille francs; le tout sans préjudice des lois et règlements relatifs aux maladies épizootiques, et de l'application des peines y portées.

La loi du 6 octobre 1791 porte encore : Un troupeau atteint de maladie contagieuse qui sera rencontré au pâturage sur la terre du parcours ou de la vaine pâture, autres que celles qui lui auront été désignées pour lui seul, pourra être saisi par le garde champêtre, et même par toute personne ; il sera ensuite mené au lieu du dépôt qui sera indiqué par la municipalité. — Le maître de ce troupeau sera condamné à une amende de la valeur d'une journée de travail par tête de bête à laine, et à une valeur triple par tête d'autre bétail. Il pourra, en outre, suivant la gravité des circonstances, être responsable du dommage que son troupeau aura occasionné, sans que cette responsabilité puisse s'étendre au-delà des limites de la municipalité.

Cette même loi ajoute : Les bestiaux morts seront enfouis, dans la journée, à quatre pieds (1 mètre 30 centimètres) de profondeur, par le propriétaire, et dans son terrain, ou voiturés à l'endroit désigné par la municipalité, pour y être également enfouis, sous peine, par le délinquant, de payer une amende de la valeur d'une journée de travail par tête de bétail, et les frais de transport et d'enfouissement.

Quant aux moyens d'arrêter ou de guérir le mal, il ne nous appartient pas de les tracer ici, car ils varient selon le genre de contagion. C'est aux hommes spéciaux de les déterminer selon les cas, et à l'autorité administrative de les propager et de veiller à leur bonne application.

Nous ne pouvons que recommander les mesures de précaution qui consistent généralement dans la netteté, la bonne exposition, la bonne aération des étables et écuries, dans la salubrité et la bonne administration des fourrages et autres aliments. Quand le mal se déclare, appeler un homme de l'art au moment convenable, s'en rapporter à son expérience et suivre ses conseils, vaut cent fois mieux que d'accorder une confiance aveugle à des prescriptions banales prônées et vendues par des gens incompétens.

CHAPITRE XLI.

SIMPLIFICATION DU CALCUL DÉCIMAL.

Notions préliminaires.

C'est avec juste raison qu'on a placé le système décimal parmi les plus heureuses conceptions du génie moderne. Il est en effet le présent le plus précieux que les savans aient fait à l'industrie et au commerce. La méthode en est si simple et en même temps si juste, qu'elle met toute appréciation à la portée des intelligences les plus ordinaires.

Tout le mécanisme de ce système consiste à multiplier ou à diviser les quantités de 10 en 10 ; ce qui est bien plus naturel et donne des idées bien plus nettes que les multiples et sous-multiples anciens qui n'avaient nul rapport rationnel entr'eux et avec l'unité principale ; car il n'existait aucune relation suivie entre la livre et ses divisions, l'once, le gros, le grain, etc. ; — entre l'arpent, la perche, la toise, le pied, etc., dont les types même variaient d'une province et d'une ville à l'autre.

Le *mètre* est l'unité des mesures de longueur ;
Le *gramme*, l'unité des mesures de pesanteur ;
Le *litre*, l'unité des mesures de contenance ;
L'*are*, l'unité des mesures de surface ;
Le *stère*, l'unité des mesures de solidité ;
Le *franc*, l'unité pour les monnaies.

Les noms numériques pour désigner les multiples des poids et mesures métriques ont été empruntés du grec; ce sont:

Myria, qui veut dire dix mille (10,000),
Kilo, qui veut dire mille (1,000),
Hecto, qui veut dire cent (100),
Déca, qui veut dire dix (10).

Ces mots multiplient le mètre, le gramme, le litre, l'are, le stère; ainsi, *myria*mètre signifie dix mille mètres; *kilo*mètre signifie mille mètres; *hecto*mètre signifie cent mètres; *déca*mètre signifie dix mètres.

Les sous-multiples du mètre, du gramme, etc., dérivent du latin : ce sont *déci* pour exprimer la dixième partie, *centi* pour exprimer la centième partie, et *milli* pour exprimer la millième partie : *déci*mètre, *centi*gramme, etc.

TABLEAU SYNOPTIQUE DES POIDS ET MESURES MÉTRIQUES.

Mesures de longueur.

Myriamètre = (1) 10,000 mèt.	— Mètre. —
Kilomètre = 1,000 mètres.	Décimètre, 10ᵉ partie du mèt.
Hectomètre = 100 mètres.	Centimètre, 100ᵉ part. du m.
Décamètre = 10 mètres.	Millimètre, 1,000ᵉ part. du m.

Mesures de pesanteur.

Myriagramme = 10,000 gram.	— Gramme. —
Kilogramme = 1,000 gramm.	Décigramme, 10ᵉ part. du gr.
Hectogramme = 100 gramm.	Centigramme, 100ᵉ p. du gr.
Décagramme = 10 grammes.	Milligramme, 1,000ᵉ p. du gr.

Mesures de capacité.

Myrialitre = 10,000 litres.	— Litre.
Kilolitre = 1,000 litres.	C'est la Capacité d'un décimètre cube.
Hectolitre = 100 litres.	Décilitre, 10ᵉ partie du litre.
Décalitre = 10 litres.	Centilitre, 100ᵉ part. du litre.
	Millilitre, non usité.

(1) Ce trait = signifie *égale.*

Mesures de surface.

Hectare=10,000 m. carrés. Are=100 m. c. Centiare=1 m. c.
Le centimètre superficiel = 1 décimètre carré.
Les autres dénominations ne sont pas usitées.

Mesures de solidité.

Décastère =10 st. Stère=mèt. cube. Décistère=la dixième
partie du m. cube. Centistère, =centième partie du m.
cube. Millistère = millième partie du m. cube.

Monnaies.

100 f. =10,000 centimes.　　1 décime = la 10ᵉ partie du fr
10 f. = 1,000 centimes.　　1 centime = la 100ᵉ p. du fr
1 f. =100 centimes.　　1 millime = la 1,000ᵉ p. du f.

Il ne faut pas se laisser rebuter par le grand nombre de dénominations que présente ce tableau; il n'y a de très-usité que le mètre, le décimètre et le centimètre dans les mesures de longueur et de surface;

Le kilogramme, l'hectogramme et le décagramme, dans les mesures de pesanteur;

L'hectolitre, le décalitre, le litre et le décilitre dans les mesures de contenance;

Le stère, le décistère et le centistère dans les mesures de solidité

L'hectare, l'are, le mètre et le centimètre dans les mesures de superficie.

Le franc, le décime et le centime pour les comptes.

Il est essentiel 1° que chacun ait présent à son esprit que le mètre égale 10 décimètres; que 10 décimètres égalent 100 centimètres; ou bien que le mètre exprime la même quantité que 10 décimètres, et que 100 centimètres n'expriment autre chose que le mètre lui-même;

2° Que le kilogramme égale 10 hectogrammes, ou 100

décagrammes, ou 1,000 grammes; que 5 hectogrammes, ou 50 décagrammes, ou 500 grammes expriment une même quantité, et que cela égale un demi-kilogramme, etc.

Que 5 hecto. égalent un demi-kilog. que 5 décag. égalent un demi-hecto., enfin que 5 grammes égalent un demi-décag.

3° Que l'hectolitre, ou 10 décalitres, ou 100 litres ou 1,000 décilitres sont la même chose.

APPRÉCIATION DES POIDS ET MESURES MÉTRIQUES.

Pour bien se pénétrer de la valeur des nouvelles mesures, il faut se faire quelques règles d'une application facile. Ainsi l'on peut se représenter le mètre par une grande enjambée d'homme (3 pieds 11 lignes 1|4). Le décimètre par toute la longueur de l'index (3 pouces 9 lignes). Le centimètre par la largeur du bout du petit doigt (4 lignes 1|2).

L'aune égalait 1 mètre 20 centimètres; donc, pour demander la valeur de 4 aunes, dites tout simplement : 4 aunes égalent 4 mètres, plus 4 fois 2 décimètres (4 mètres 8 décim.); pour demander 6 aunes, dites 6 aunes égalent 6 mètres, plus 6 fois 2 décim., ou 12 décim. ou 1 mètre 20 centim., qui avec les 6 mètres font 7 mètres 20 centim., ainsi de suite. Il suffit de multiplier par 120 toutes les aunes et de séparer deux décimales au produit.

La livre égalait le 1|2 kilog., l'once égalait 32 grammes, et il faut 500 grammes pour faire un 1|2 kilog.

Le gros égalait 40 décigrammes; il faut 500 grammes pour faire un 1|2 kilog.

Le grain égalait 5 centigrammes; il faut 50,000 centigr. pour égaler un 1|2 kilog.

Le pied de roi égalait 32 centim. 1|2, et le pied métrique 33 centim. 1|3.

Le pouce mét. égale 28 mill., moins une très petite valeur.

Le pouce égalait près de 3 centim. (2 centim. et 7 millimètres.) Le pouce métrique égale 28 millimètres, moins une très petite fraction.

La ligne égalait 2 millim. 1|3.

La toise ancienne égalait 1 mètre 95 centim., et la toise métrique 2 mètres.

La lieue de poste égalait 4 kilomètres (ou plus exactement 3 kilom. 950 mètres).

La voie de bois de chauffage égalait 2 stères (1 mètre 90 centim. cubes, et la corde 4 stères).

La solive ou pièce de bois de charpente égalait 1 décistère, plus 28 millièmes (près de 3 centièmes). Donc si la pièce vaut 4 fr., le décistère ne doit valoir que 3 fr. 89 c. (11 c. *en moins*); si la pièce vaut 5 fr.,—4 fr. 86 c. (14 c. *en moins*); si 8 fr.,—7 fr. 78 c. (22 c. *en moins*); si 10 fr. —9 fr. 62 c. (28 c. en moins). Quand le stère vaut 80 fr., le décistère vaut 8 fr., le centistère 80 c., le millistère 8 c.

Le stère est un mètre cube ou 1,000 décim. cubes.

Le centistère est représenté par un bout de bois d'un équarrissage d'un décimètre et d'un mètre de long ; il vaut 10 décimètres cubes. Le décistère représente dix bouts de bois de cette dimension ou 100 décimètres cubes. Le millistère est une planchette d'un décimètre de large et d'un mètre de long sur un centimètre d'épaisseur; il vaut un décimètre cube.

L'arpent de 100 perches et de 22 pieds par perche, égalait un demi-hectare ; et 2 arpens égalaient environ un hectare (10,214 mètres superficiels). *L'hectare est une superficie de 10,000 mètres carrés.*

La perche de 20 pieds égalait 42 mètres carrés; il en fallait près de 240 pour faire 1 hectare.

La perche de 18 pieds égalait 34 mètres ; il en fallait 295, à peu de chose près, pour égaler l'hectare.

Le boisseau égalait 12 litres 1|2; le double boisseau 25 litres; le setier égalait 1 hectolitre.

Si le litre vaut 50 c., le décilitre vaut 5 c.; si 40 c., le décilitre 4 c.

L'acheteur habile demande toujours combien le mètre, combien le stère, combien le kilogramme, combien l'hectolitre? et non combien l'aune, combien la livre, combien la voie, combien la solive, combien le boisseau ? à moins qu'il ne veuille donner une piètre idée de son savoir et de son esprit.

Une fois qu'on sait le prix du mètre ou du kilogramme, il est bien facile d'établir le prix du décimètre ou de l'hectogramme, qui sont le dixième du kilogramme ou du mètre.

Si le kilog. vaut 2 fr. l'hectog. vaut 20 c., on ajoute un 0 au 2; si 3 fr., l'hectog. vaut 30 c.; si le kilog. vaut 3 fr. 50 c., on supprime le 0 et l'hectog. vaut 35 c.; si 3 fr. 35 c., l'hectog. vaut 33 c. 5 m. ou 33 c. 1|2. Pour le centimètre et le décagramme, les francs sont convertis en centimes et les centimes en *dix millièmes.*

Il y a une autre méthode très facile pour opérer de tête sur les dixièmes : il suffit de doubler le nombre quand la valeur de l'entier est en francs. — *Exemples* : Quelle est la dixième partie de 2 fr.? R. 4 sous ; de 3 fr.? R. 6 sous; de 12 fr.? R. 24 sous ; de 12 fr. 50 c.? R. 25 sous.

Quand la valeur de l'entier est représentée en sous, il faut faire le contraire. L'on prend la moitié du nombre pour avoir le dixième; mais c'est une conversion en centimes. — *Exemples* : Quelle est la dixième partie de 8 sous? R. 4 c.; de 14 sous? R. 7 c.; de 20 sous? R. 10 c.

Et la centième partie de 8 fr. est 8 c., et de 8 sous, 4 millièmes.

Quant au 1|2 kilog., l'on opère en prenant le cinquième : Si le 1|2 kilog. vaut 15 sous, on sait que l'hectog. vaut 15 c.; si 25 sous, l'hectog. vaut 25 c. Les gens peu habiles font bien de demander des cinquièmes (1).

ADDITION DES NOMBRES DÉCIMAUX.

Puisque que l'unité se divise en 10 dixièmes, le dixième en 10 centièm., les centièm. en 10 milli., par la même raison, 10 millièm. valent 1 centième, 10 centièm. valent 1 dixième, 10 dixièm. valent un entier, et l'addition des parties décimales se fait de la même manière que celle des nombres entiers; il faut seulement avoir soin de placer régulièrement les

---

(1) Si l'on demande des onces, on embarrassera chaque fois un peu le marchand. L'épicier qui pèse 1,000 onces de café ou de sucre par jour, fera au moins 5 ou 6 fr. de bénéfice net, sans compter ce qu'il gagnera sur le papier que l'on paie toujours au prix de la marchandise, 2 fr. et quelquefois 3 fr. le kilog., ce qui ne vaut réellement que 40 ou 50 c. C'est là un boni *involontaire*, presque toujours prélevé sur de pauvres ouvriers, et sur les chalands les moins aisés.

chiffres exprimant les dixièmes sous les dixièmes, ceux exprimant les centièmes, sous les centièmes, etc

Premier exemple :   8 m. 35 c.
                       3   03
                      15   02, 5 m.
                      ____

Font un total de 26 m. 40, 5 m.

26 mètres 40 centimètres 1|2 ou 40 centimètres 5 mill.

Nous ne donnons pas ici la manière de procéder pour faire une addition. Notre livre ne s'adresse qu'aux personnes qui savent déjà chiffrer.

Deuxième exemple :   5 st. 45 c.
                       6   342 m.
                       0   724 mill.
                            55 m.
                      ____

Font un total de 12 st. 571 mill.

12 stères, 5 décistères, 7 centistères et 1 millistère.

SOUSTRACTION.

La soustraction pour les fractions décimales se fait de la même manière que pour les entiers.

Premier exemple :   de 56 m. 40. c.
                    ôter 15   25
                      ____

Il reste 41 m.   15 centimètres.

Deuxième exemple: de 55   00 centistères.
                    ôtez 00   95
                      ____

Il reste 54 st.   05 centistères.

13*

MULTIPLICATION.

Dans tous les cas il faut opérer comme s'il s'agissait de nombres entiers; seulement il faut séparer, à droite, par la virgule, autant de chiffres qu'il y a de décimales, tant au multiplicande qu'au multiplicateur.

Premier exemple :   25 m. 35 centimètres.

à   3 fr. 20 c.
____

0000
5070
7605
____

Total 82,1200 dix mil.

(82 francs 12 c. 00 dix millièmes.)

Il faut séparer quatre chiffres parce que l'on a opéré avec *quatre* décimales.

Deuxième exemple :   25 m.

à 3 f. 20
____

00
5 0
75
____

80,00, ou 80 fr. 00 centimes.

Il ne faut séparer que deux chiffres parce qu'on n'a opéré qu'avec deux décimales.

Troisième exemple :

Une planche de bois de bateau a 24 c. de large.

et 3 m. de longueur.
____

Quelle est sa superficie? — R. 72 c.

Soixante-douze centimètres superficiels (72 décimètre carrés). Il ne faut séparer que deux chiffres, parce qu'on n'a opéré qu'avec deux décimales.

Combien 72 centimètres,
à raison de 1 f 50 le mètre ?

$$00$$
$$360$$
$$72$$

$$1,08,00$$

(1 fr 08 centimes 00 dix millièmes.)

Il faut séparer quatre chiffres parce que l'on a opér avec quatre décimales.

Combien 5 st. 9 décistères,
à 90 fr. le stère.

$$0$$
$$531,0 \text{ ou } 531 \text{ fr. } 0 \text{ déci.}$$

Il ne faut séparer qu'un seul chiffre parce que l'on n'a opéré qu'avec une seule décimale.

Combien produit une pièce de bois d'un équarrissage de 14 à 15 et de 1 m. 50 c. de long.

$$15$$
$$14$$

$$210 \text{ dix millièmes ou 2 c.}$$

10 dix millièmes,

Qui, multipliés par 1 m. 50 centimètres,

Donnent 0,0315,00 ou 3 centistères 15 dix mil. 00 millionnième.

Il faut séparer six chiffres, parce que d'abord on a multiplié deux décimales les unes par les autres et ensuite par deux décimales encore. L'on suppose deux *zéros* à gauche pour pouvoir placer les virgules régulièrement.

Remarque : Il faut bien se pénétrer que lorsqu'on sépare *six décimales*, le dernier chiffre n'exprime que des millionièmes ; — *cinq*, le dernier n'exprime que des cent millièmes ; — *quatre*, le dernier n'exprime que des dix millièmes ; — *trois*, le dernier n'exprime que des millièmes ; — *deux*, le dernier n'exprime que des centièmes, *un seul*, le dernier qui reste, n'exprime que des dixièmes.

Ainsi: il faut bien se familiariser avec les proportions suivantes. Prenons un nombre quelconque :

15 mètres à 13 décimes le mètre, donnent 19 fr. 5 décimes, *parce que l'opération est faite avec une seule décimale.* — 15 mètres à 13 centimes le mètre, donnent 1 fr. 95 centimes, *parce que l'opération est faite avec deux décimales.* — 15 décimètres à 13 décimes le mètre, donnent également 1 fr. 95 centimes, *parce que l'opération se fait avec deux décimales,* l'une au multiplicande et l'autre au multiplicateur. — 15 centimètres à 13 centimes le mètre, donnent 0 fr. 0195 dix millièmes (ou 1 centime 95 dix millièmes), *parce que l'opération se fait avec quatre décimales;* ainsi de suite.

C'est à dire qu'un entier mult. par des décimales produit des décimales ; par des centièmes, il produit des centièmes ; par des millièmes il produit des millièmes : que des dixièmes mult. par des dixièmes produisent des centièmes, etc., que des centièmes mult. par des centièmes produisent des dix millièmes. *Il faut que tout calculateur ait ces idées constamment gravées dans son esprit.*

Il faut encore bien savoir qu'un centimètre carré n'est que la dix millième partie du mètre et qu'il en faut dix pour égaler un millimètre superficiel (1 centimètre de large sur 1 décimètre de long). — Qu'un décimètre carré (10 centimètres sur 10), n'est que la centième partie du mètre superficiel.

Il faut savoir aussi que pour simplifier les opérations, on dit souvent 13 décimètres sur 13 dé.; au lieu de dire 1 m. 30 c. sur 1 m. 30 c.; — id. 1 m. sur 14 décimètres au lieu de dire 1 m. sur 1 m. 40 c.

Il faut savoir également que 1, 2, 3, 4, 5 dix millièmes se négligent ordinairement, mais que 6, 7, 8 et 9 forcent de 1 le chiffre qui les précède. Ainsi : 45 dix millièmes ne comptent que pour 4 millièmes, mais 46 dix millièmes comptent pour 5 millièmes.

Intérêts.

La plus facile des méthodes pour avoir le montant des intérêts d'une somme quelconque par an, c'est de multiplier le capital par 5, si l'intérêt est à 5; par 6, si l'intérêt est à 6; par 8, si l'intérêt est à 8 p. 0|0. — Placer ensuite la virgule avant les deux derniers chiffres.

Ex. : Quel est l'intérêt de 219 fr.
à raison de   7 fr.?
____

R. 15 fr., 33 c.

Quel est l'intérêt de 500 fr.
à raison de   8 fr.?
____

R. 40 fr., 00 c.

Si l'intérêt était à 6 p. 0|0 il serait très facile de l'avoir par jour, il suffirait de multiplier tout le capital par le nombre de jours et de diviser le total par 6.

Exemple :   600 fr. à   6 p. 0|0 par an.
pour   45 jours
____

3,000
24,00
____

27,000 (6
30   { _______
00   {   4,50
0.   (

On efface toujours le dernier chiffe du dividende à droite avant de faire la division quand le capital ne compte pas de fractions décimales.

Mais l'intérêt n'est pas toujours à 6 p. 100; c'est pour cela que la table qui suit est nécessaire; elle présente un intérêt donné pour un an, divisé par mois, etc.

Si pour 1 an.	11 mois.	10 mois.	9 mois.	8 mois.	7 mois.	6 mois.	5 mois.	4 mois.	3 mois.	2 mois.	1 mois.	15 jours	pour 1 jour
1000 fr.	916,66	833,33	750,00	666 66	583,33	500,00	416,66	333,33	250 00	166 66	83,33	41,66	2,74 0
900	825 00	750,00	675 00	600,00	525,00	450,00	375,00	300,00	225,00	150,00	75,00	35,50	2,46,6
800	736,67	666,66	600,00	533,33	466 66	400,00	343,33	266,66	200,00	133,33	66,66	33,33	2,19,2
700	641,68	583,33	525,00	466,66	408 33	350,00	291,66	233,33	175 00	116,66	58,33	29,16	1,91,8
600	550,00	500,00	450,00	400,00	350,00	300,00	250,00	200,00	150,00	100,00	50,00	25,00	1,64,4
500	458,83	376,66	375,00	333,33	291,66	250,00	208,32	166,66	125,00	83,32	41,66	20,83	1,37,0
400	366,66	333,33	300,00	260,67	233,33	200,00	166,67	133,33	100,00	66,67	33,33	16,66	1,09,6
300	275,00	250,00	225,00	200,00	175,00	150,00	125,00	100,00	75,00	50,00	25,00	12,50	0,82,2
200	183,33	166,67	150,00	133 33	116,67	100,00	83,33	66,67	50,00	33,33	16,67	8,33	0,54,8
100	91,66	83,33	75,00	66,66	58,33	50,00	41,66	33,33	25,00	16,66	8,33	4,16	0,27,4
90	82,50	75,00	67,50	60,00	52 50	45,00	37,50	30,00	22,50	15,00	7,50	3,75	0,24,6
80	73,66	66,66	60,00	53,33	46,66	40,00	33,33	26,66	20,00	13,33	6,66	3,83	0,21,9
70	64,16	58,33	52,50	46,66	40,83	35,00	29,16	23,33	17,50	11,66	5,83	2,91	0,19,1
60	55,00	50,00	45,00	40,00	35,00	30,00	25,00	20,00	15,00	10,00	5,00	2,50	0,16,4
50	45 83	37,66	37,50	33,33	29,16	25,00	20,83	16,66	12,50	8,33	4,16	2,08	0,13,7
40	36,66	33,33	30,00	26,66	23,33	20,00	16,67	13,33	10,00	6,66	3,33	1,67	0,10,9
30	27,50	25,00	22,50	20,00	17,50	15,00	12,50	10,00	7,50	5,00	2,50	1,25	0,08 2
20	18,33	16,66	15,00	13,33	11,66	10,00	8,33	6,66	5,00	3,33	1,66	0,88	0 05,4
10	9,16	8,33	7,50	6,66	5 83	5,00	4,16	3,33	2 50	1 66	0 83	0,41	0 02,7
9	8,25	7,50	6,75	6,00	5,25	4,50	3,75	3,00	2,25	1 50	0,75	0,35	0 02,4
8	7,36	6 66	6,00	5,33	4,66	4,00	3,33	2 66	2,00	1,33	0,66	0 33	0,02,1
7	6,41	5,83	5,25	4,66	4,08	3,50	2,91	2,33	1,75	1,16	0,58	0,29	0 01,9
6	5,50	5,00	4,50	4,00	3,50	3 00	2,50	2,00	1,50	1,00	0,50	0,25	0,01,6
5	4,58	3,76	3,75	3 33	2,91	2,50	2,08	1,66	1,25	0,83	0,41	0,20	0,01,3
4	3,66	3,33	3 00	2,66	2,33	2,00	1,66	1,33	1,00	0,66	0 33	0,16	0,01,0
3	2,75	2,50	2,25	2,00	1,75	1,50	1,25	1,00	0,75	0,50	0,25	0 13	0,00,8
2	1,83	1 66	1,50	1,33	1,16	1,00	0,83	0,66	0,50	0,33	0,16	0,08	0,00,5
1	0,91	0,83	0,75	0,66	0,58	0,50	0,41	0,33	0,25	0,16	0,08	0,04	0,00,2

Si une somme produit 60 fr. par an, et qu'on désire savoir ce qu'elle produirait pour 15 jours, l'on prend les sommes de la colonne 15 jours en face 60 et l'on trouve 2 fr. 50 cent.

EXPLICATION DU TABLEAU

PAR

DES EXEMPLES VARIÉS POUR TOUS LES BESOINS.

—

Pour bien se familiariser à l'usage de ce tableau, on fera bien de ne s'appliquer d'abord qu'à des multiplications et à des divisions, afin d'en bien saisir tout le mécanisme.

Ce tableau-barême résout toutes les propositions d'arithmétique avec une admirable promptitude. Des lignes coloriées empêchent que l'œil ne s'y égare.

MULTIPLICATIONS.

Premier exemple : Combien valent 8 mètres de drap, à 14 fr. le mètre?—Rép. 112 fr. (Voyez sous 14 vis à vis 8, c'est à dire sur la ligne 8, dans la colonne 14) = 112.

Deuxième exemple : Combien valent 41 hectol. de froment à 36 fr. l'hectol.?—Rép. 1,476 fr. que vous trouverez sur la ligne 41 dans la colonne 36

Troisième exemple : Combien 39 pistoles font-elles de francs?—Rép. la pistole valant 10 fr., vous trouverez 390 fr. sur la ligne 39 dans la colonne 10.

Quatrième exemple : Combien 36 louis font-ils de francs?—Rep. le louis valant 24 fr., vous trouvez 864 fr. sur la ligne 36 dans la colonne 24.

Cinquième exemple : Combien font 12 mètres de drap à 15 fr. le mètre? — Rép. 180 fr., que l'on trouve sur la ligne 12 dans la colonne 15.

Sixième exemple : Combien 8 mètres d'étoffe à 1 fr 40 c.

à 14 décimes le mètre)?—Rép. 112 décimes, ou 11 fr. 20 c. (ligne 8, colonne 14.)

Septième exemple : Combien font 20 livres de pain à 19 cent. la livre?—Rép. 380 cent. ou 3 fr. 80 cent.; voyez sur la ligne 20 dans la colonne 19. — Quand on multiplie des centimes par des entiers, le troisième avant-dernier chiffre exprime des francs, les autres à la suite expriment des centimes. L'on sépare donc deux chiffres parce qu'on a opéré avec deux décimales.

Nota. Quand les objets valent 1 fr. 20 cent., 1 fr. 40 cent., 2 fr. 50 cent., etc., servez-vous des colonnes 12, 14, 25 et y supposez un zéro, ou mieux et plus commodément exprimez ces valeurs en décimes tout simplement, c'est plus régulier. Ainsi, dites : 12 décimes, 14 décimes, etc. Cette habitude étant prise, le tableau ne présente plus la moindre difficulté.

Huitième exemple : Combien valent 3 mètres d'étoffe à 1 fr. 50 cent. (15 décimes) le mètre.—Rép. 450 décimes ou 15 fr. L'on ne sépare qu'un chiffre par la virgule, parce que l'opération s'est faite avec une seule décimale.

Neuvième exemple : Combien valent 8 centimètres à 1 fr. 40 c. (ou 14 déc.) le mètre?—Rep. 112 millimes ou 11 centimes 2 millimes. Quand l'entier vaut des décim., le centième vaut des millim.

Dixième exemple : Combien valent 30 centimètres de drap à 15 fr. le mètre?—Rép. (Voir ligne 30, dans la colonne 15.) = 450 cent. ou 4 fr. 50 cent. — Quand l'entier vaut des francs, le centième vaut des centimes.

Onzième exemple : Combien valent 41 cents de briques à 7 fr. le cent?—Rép. (Voyez sur la ligne 41 dans la colonne 7.) = 287 fr.—Combien valent 41 briques à 7 fr. le cent.—Rép. 287 cent. ou 2 fr. 87 cent., parce que si cent briques valent 7 fr., 1 brique ne vaut que 7 cent.

Douzième exemple : Combien valent 50 kilos (un quintal) de viande à 84 cent. le kilo ?—Rép. 42 fr. 00 (V. ligne 84 sur la colonne 50.) — Combien 5 kilos de cette viande ?—Rép. 4 fr. 20 cent. (Même ligne 84, colonne 5. — Combien 5 hectos? Rép. 42 cent. Quand le kilo vaut des centimes, l'hecto vaut des millimes.

Treizième exemple : Combien font 5 kilos de pain à 39 cent. le kilo?—Rép. 195 cent. ou 1 fr. 95.—Combien 5 hect.?—Rép. 19 cent. 5 mil. L'on sépare trois chiffres, parce que l'opération se fait avec trois décimales. (Même ligne, même colonne.)

Quatorzième exemple : Combien font 5 kilos de pain à 19 cent. 5 mil. (19 cent. et demi)?—Rép. d'abord comme à l'exemple précédent ; puis pour les 5 millimes, voyez aux fractions à droite, colonne 5e, sur la ligne 5. = 25 mill. qui, ajoutés à 1 fr. 95 cent. font 1 fr. 97 cent. 5 mill.

Quinzième exemple : Combien font 20 sacs de farine à 42 fr. 50 cent. le sac?—Rép. : d'abord sur la ligne 20, dans la colonne 42, vous trouvez 840 fr.; puis, sur la même ligne, dans la colonne 5, aux fractions, vous trouvez 10; total 850 fr.

Seizième exemple : Combien coûtent 15 bouteilles de vin à 75 cent. la bouteille?—Rép. 1125 cent. ou 11 fr. 25 c. (Voyez sur la ligne 75 dans la colonne 15). = 11 fr. 25 c. Vous séparez deux chiffres parce que il y a deux décimales aux facteurs.

Dix-septième exemple : Combien coûtera un gilet de velours à 28 fr. le mètre, s'il n'en faut que 64 centimètres?—Rép. le centimètre valant 28 cent., voyez sur la ligne 64, dans la colonne 28, vous trouvez 1,792 centimes ou 17 fr. 92 cent.

TOISÉ SUPERFICIEL.

Dix-huitième exemple : Quelle surface donnent 7 mètres

de large sur 13 de long ?—Rép. 91 mètres carrés. (Voir dans la colonne 13, sur la ligne 7. = 91. — Combien valent ces 91 mètres, à raison de 11 fr. le mètre?—Rép. 1001 fr. (Voir à la colonne 11, sur la ligne 91).

Dix-neuvième exemple : Quelle est la surface d'une fenêtre de 85 centimèt. de large sur 1 mètre 60 centimèt. (16 décim.) de long ?—Rép. 136 centimèt. (1 mètre 360 mill.) (Voir à la ligne 85, colonne 16.) Séparez 3 décim. Parce qu'il y en a deux au multiplicande 85, et une au multiplicateur 1,6.

Vingtieme exemple : Quelle est la surface d'une porte de 1 mèt. 60 centim. (16 décim.) de haut sur 1 mèt. 90 centim. (19 décim.) de large?—Rép. 304 centim. (3 mètr. 04 cent. (Voir colonne 16, ligne 19.) Les décim., mult. par des décim. produisent des cent.

Vingt et unième exemple : Quelle est la superficie d'une planche de 28 centimèt. de large sur 3 mèt. de long?—Rép. 84 centimèt. carrés (Voir lig. 28, col. 3.) Combien valent ces 84 centim., à raison de 1 fr. 50 c. (15 décimes) le mèt.?—Rép. 1260 mill., ou 1 fr. 26 c. (Voir lig. 84, col. 15.) Quand le mètre vaut des décimes, le centimètre ne vaut que des millimes.

Vingt-deuxième exemple : Quelle est la superficie d'une pierre ou d'un carreau de vitre de 30 centim. sur 40 centim. ? —Rép. 12 centim. carrés. (Voir lig. 30, col. 40.= 1200 dix millièmes ou 12 cent. — Combien ces 12 cent., à raison de 6 fr. le mètre?— Rép. 72 cent. (Voir lig. 6, col. 12). = 72.

Vingt-troisième exemple : Combien donnent 4 mètres 50 cent. sur 3 mètres 55 cent. ? — Rép. : prenez d'abord sur la ligne 45, dans la colonne 35; ce sont des décimètres qui produisent 15 mèt. 75 cent.; puis, encore sur la ligne 45, dans la colonne 3° aux fractions à droite, il y a 135 mill. Additionnez; total 15 mètres 88 centim. 5 mill.

Vingt-quatrième exemple : Combien donnent 20 mèt. 4

centim. sur 21 mèt. 75 centim.?—Rép. 443 mèt. 70 centim.
Cela ne peut s'opérer qu'en deux fois. (Voyez d'abord sur la
ligne 21, dans la colonne 20, plus à la colonne 4° des fractions ; puis ligne 75, colonnes 20 et 4° et additionnez :

1° 21 multipliés par 20 donnent. . . .	420 m. »»	cent.
Et sur la colonne 4°	8	40
2° Ligne 75, sur la colonne 20. . .	15	»»
Même ligne, sur la colonne 4° . . .		30
Total.	443 m. 70	cent.

Vingt-cinquième exemple : Combien produira de superficie
en planches un bout de bois de 26 centim. sur 3 mètres de
long, si l'on donne 5 coups de scie?—Rép. 1° 3 fois 26 = 78,
qui, multipliés par 6 planches, donnent une superficie en
planches de 468 centim. ou 4 mètr. 68 centim.

Vingt-sixième exemple : Quelle est la surface d'un plancher de 7 mèt. 40 cent. (74 décimètres) sur 9 mètres?—Rép.
666 décim. ou 66 m. 60 cent. — Combien valent ces 66 m.
60 centim. à 9 fr. le mètre.—Rép.: d'abord 594 fr. pour les 66
mètres, et 540 c. (5 fr. 40 c.) pour les 60 c. Total 599 fr. 40 c.

Vingt-septième exemple : Combien donnent 30 PIEDS sur
24 *pieds*?—Rép. 720 pieds que l'on trouve sur la ligne 30, dans
la colonne 24. — Si l'on veut réduire cela en toises, l'on divise 720 par 36, ce qui donne 20 toises, que vous trouvez en
prenant 720 sur la ligne du diviseur 36, et en remontant à
l'entête de la colonne qui contient ce dividende 720.—Quand
on a des pieds en plus, on divise le prix de la toise par 36. Si
la toise vaut 36 sous, le pied vaudra 1 sou ; si la toise vaut 5
fr. 40 cent. (540 cent.), le pied vaut 15 centimes. Sur la ligne 36, le nombre 540 donne 15 en tête de sa colonne.

Vingt-huitième exemple : 40 PANS sur 24 donnent 960 *pans*.
Divisez par la ligne 64, et vous aurez des cannes. 960 pans =
5 cannes, que vous trouvez en tête de la colonne où sont

960 sur la ligne 64. — Quand on a des pans en plus, on divise le prix de la canne par 64. Donc si la canne vaut 64 sous, le pan vaudra 1 sou ; si la canne vaut 16 fr. (1600 c.), le pan vaudra 25 cent.

MESURES AGRAIRES.

Vingt-neuvième exemple : 90 mèt. sur 45 m. = 40, 50 centiares, ou 40 ares 50 centiares. (Voir ligne 90, colonne 45.) — 90 mèt. sur 15 décamètres. = 1350 déciares, ou 1 hectare 35 ares. — 15 décamètres sur 20. = 300 ares ou 3 hectares.

Nota. Les mètres sur mètres produisent des centiares ; — les mètres sur décamètres produisent des déciares ; — et les décamètres sur décamètres produisent des ares.

CUBAGES.

Trentième exemple : Si c'est un mur dont vous voulez avoir le cube, prenez d'abord la surface que vous multipliez par l'épaisseur. Ainsi, un mur de 4 mètres de haut, de 23 m. de long et de 40 centimètres d'épaisseur, donne : 1° 4 fois 23 de superficie = 92 mètres. Multipliez ces 92 m. par 40 centim. d'épaisseur. (Voir ligne 92 sur la colonne 40 = 3,680 centim. cubes ou 36 mèt. 80 centim. cubes.

Trente et unième exemple : Quel est le cube d'un mur de 15 mèt. sur 20, et de 45 cent. d'épaisseur ?—Rép. D'abord 300 mèt. de superficie, puis 135 mètres cubes. (Voir lig. 15, col. 20, pour la surface = 300.) Suprimez un zéro par la pensée, puis multipliez 30 par 45 cent. (lig. 30, col. 45, pour le cube); séparez les deux zéros par la pensée, ou par une virgule.

Trente-deuxième exemple : Quel est le cube d'une fosse de 4 m. sur 6 m., et d'une profondeur de 2 mèt. 80 cent. (28 décim.)?—Rép. 24 de superficie, et 67 mèt. 20 cent. (672 décim), de cube. (Voir lig. 28, col. 24.)

Trente-troisième exemple : Quel est le cube d'une poutre ou d'une pierre de 30 cent. sur 40 cent. et de 5 mèt. de long? — Rép. 600 millist., ou 6 décist. (Voir 30 sur 40=1200 de surface) ; retranchez le dernier zéro qui n'exprime que des dix-mill., et multipliez 1,20 ou 12 par 5 (lig. 12, col. 5)=600 millist. — Combien, si cette poutre avait 60 centimèt. en plus? — Rép. 72 mill., pour les 60 cent. On a dû suivre encore la même ligne 12 jusqu'à la colonne 6° des fractions.

CUBAGES DES BOIS, *au 5° réduit.—Trente-quatrième exemple* : Prendre le pourtour de l'arbre dans la colonne 5. Si un arbre a 100 de pourtour, ôtez-en le 5°, c'e-t'à dire 20; s'il en a 150, ôtez-en 30, etc., le reste se voit immédiatement à côté de 100 et de 150 à gauche. Ainsi, si vous ôtez 20 de 100, il reste 80; c'est à dire 20 sur chacune des 4 faces; si de 150 vous ôtez 30, il restera 120, c'est à dire 30 sur chacune des 4 faces. Cet équarrissage se trouve sur la première colonne, tout-à-fait à gauche, sur la même ligne que le pourtour. Au carré de 20 sur 20, vous trouvez 400 dix mill. qui, multipliés par 2, 3 ou 4 mètres de long vous donnent votre contenu en bois équarri. — Au quarré de 30 à 30 vous trouvez 900 dix mill. ou 90 mill. qui, multipliés par la longueur, vous donnent toujours aussi votre cube.

Si vous avez 105 de pourtour, il faudra ôter 21, et le cube devra se prend de 21 à 21, ainsi de suite. — 21 sur 21 = 441 dix mill. ou 44 mill. Ces 44 mill. multipliés par 5 mètres de long. = 220 mill. ou 22 centim. cubes. (Voir colonne 5, ligne 44.

Nota. 1, 2, 3, 4, 5 dix millièmes s'effacent toujours quand le produit n'est que de trois chiffres; mais 6, 7, 8, 9 forcent de 1 le chiffre qui précède; et encore, quand le produit est de quatre chiffre, depuis 10 jusqu'à 50, les deux derniers chiffres ne comptent pas ; mais depuis 51 jusqu'à 99, ils forcent de 1 celui qui les précède. *Exemple* : 447 dix mill. = 45 mill.; — 10,89 dix mill. cube = 11 centim. cubes, mais 1015 dix mill. ne compteraient que pour 10 centim. cubes.

Combien cube un bout de bois de 14 à 15 centim.? — Rép. 210 dix mill. ou 21 mill. — Et s'il a 5 mètres de long? — Rép. 63 mill. cubes. (Voir ligne 21, colonne 3.)

Combien cube un bout de bois de 25 à 20? — Rép. 500 dix mill. ou 50 mill. — Et s'il a 5 mètres de long? — Rép. 250 mill. ou 25 centim. cubes. (Voir ligne 50, colonne 5.)

Combien cube une pièce de 33 à 33? — Rép. 1089 dix mill. ou 11 centim. cube, à cause de la valeur des deux derniers chiffres qui forcent de 1 celui qui les précède. — Combien cubent ces 11 centim. sur une longueur de 9 mèt.? — Rép. 99 centim. cubes.

Nota. Le pied a une petite chose de plus que 33 centim., c'est pour cela que notre produit n'est pas tout-à-fait un mètre cube qui égale 27 pieds cubes.

Combien cube un madrier de 55 centim. de large, sur 9 centim. d'épaisseur? — Rép. 495 dix mill. ou 5 centim. à cause de la valeur des deux derniers chiffres. — Combien cube-t-il s'il a 4 mètres de long? — Rép. 20 centim. cubes. — Combien cube-t-il s'il a 4 m. 50 centim. ou 45 décim. de long? — Rép. 225 mill. ou 22 centim. 5 mill. Mettez la virgule avant le dernier chiffre, à cause de la décimale.

Cubage au pouce. — *Trente-cinquième exemple :* 1° 6 pouces sur 6 pouces donnent 36 pouces. Prenez-en la moitié qui est 18 pour multiplier les pieds de la longueur, et afin de pouvoir diviser ensuite par 72, moitié de 144 pouces qui sont la contenance du pied cube. — Si l'arbre a 20 pieds de long, multipliez 18 par 20, cela fait 360 pouces doubles. Il suffit alors de diviser 360 par 72, ce qui donne 5 pieds cubes. Vous trouvez ce résultat en suivant la ligne du diviseur 72 jusqu'à 360; au-dessus de 360 en tête de la colonne est le quotient 5, votre valeur en pieds cubes.

2° 12 Pouces sur 18 donnent 216, dont vous prenez la moitié qui est 108. Si la pièce de bois a 18 pied, en multipliant 18, d'abord par cent, vous avez. . . . . . 1,800 p.

Ensuite par 8, vous avez. 144

Total. . . . . 1,944 p.

Sur la ligne du diviseur 72 cherchez 1,944; audessus de ce dividende vous trouvez en tête de la colonne votre quotient qui est 27 pieds cubes. — Quand on a des pouces en plus, il faut diviser le prix du pied par 72 ; si le pied vaut 360 centimes, le pouce double vaut 5 centimes.

CUBAGE DES VASES.

Trente-sixième exemple : Il faut prendre le terme moyen du diamètre ; multiplier le diamètre par lui-même, et diviser le produit par la colonne 4 du tableau ; la colonne 3 à côté donne chaque fois la somme réduite que l'on multiplie ensuite par la profondeur du vase. Ainsi, un vase ayant 40 centimètres de diamètre, multipliez 40 par 40, vous aurez 1,600 dix mill. ou 160 mill. ou 16 centimètres carrés. Prenez 16 dans la colonne 4, et le quart en étant ôté, il reste 12 que vous trouvez à la colonne 3, à côté de 16. Multipliez 12 par la profondeur du vase. Si elle est de 25 centimètres, le vase contiendra 300 décilitres ou 30 litres. (Le litre est la contenance du cube d'un décimètre sur chaque face, ou la millième partie du mètre cube.)

Si un vase a 30 sur 20, multipliez les deux diamètres l'un par l'autre; ôtez le quart du produit, puis multipliez le reste par la profondeur.

Un TONNEAU ayant 60 centimètres de diamètre donne 60 par 60 = 36 décimètres carrés qui, divisés par la colonne 4, donnent pour reste 27 à côté de 36. Si ce tonneau a 83 centimètres de profondeur, vous aurez 27 fois 83 = 224 litres et 1 décilitre.

CUBAGE ET POIDS DE FERS.

Trente-septième exemple : Le décimètre cube de fer ou millimètre pèse 73 hectogrammes ; le centimètre cube (dixième du décimètre cube) pèse 73 décagrammes (1), etc. Si une barre de fer a 8 centimètres de large et 2 centimètres d'épaisseur, multipliez 8 par 2 = 0016, 16 dix mill... Si cette barre a 10 mètres de long, elle donnera 160 dix mill. ou 16 mill. qui égalent 16 décimètres cubes. Multipliez ce produit par 73 hectogrammes, vous aurez 116 kilos 8 hectog.

Une barre de fer de 2 centim. sur 18 mill. = 36 cent mill. cubes, sur un mètre de long, et pèse 2 k. 628 gr. (Ligne 73, colonne 36.)

Une barre de fer de 18 mill. sur 2 mill. = 36 millionièmes. cubes sur un mètre de long, et pèse 2,628 décigrammes ou 26 décagr. 28 décig.

Une pièce de tôle de 5 mill. d'épaisseur sur 15 centimètres de large et de 1 mètre de long. = 750 cent mill. cubes ou 7 décimètres et demi cubes. Si elle n'a que 80 centimètres de long, elle ne cubera que 6 décimètres, qui, multiplés par 73 = 43 k. 8 hectos.

S'il s'agit de fers ronds, l'on multiplie le diamètre par lui-même; l'on déduit le quart du produit, et l'on multiplie ensuite le reste par la longueur de la barre sans perdre de vue que chaque décimètre cube pèse 73 hectogrammes, et chaque centimètre cube (10° partie du décimètre) pèse 73 décagr.

---

(1) POIDS DES MÉTAUX. Plusieurs expériences ont prouvé que le décimètre cube de plomb pèse 11 kilogr.; le décimètre cube de cuivre, 8 kilogr. 8 hectogr.; le décimètre cube de zinc, 7 kil.; le décimètre cube de fer fondu, 7 kil.; le décimètre cube de fer en barre, 73 hectogr. Donc, le fil de fer carré d'un mètre de long et d'un millim. d'épaisseur, doit peser 73 décigr., ou 7 gr. 3 déc.

CONVERSION DES MESURES ET MONNAIES ANCIENNES.

1° La toise métrique égale 2 mètres.

2° L'aune se convertit en mètres en multipliant par la colonne 12 ; et la canne en multipliant par la colonne 18 ; parce que l'aune vaut 12 dixièmes du mètre, et la canne 18 dixièmes du mètre. — Donc 9 aunes valent 108 décimètres, et 9 cannes valent 162 décimètres ; de sorte que si le mètre vaut 9 fr., l'aune vaut 108 décimes ou 10 fr. 80 cent., et la canne vaudra 162 décimes ou 16 fr. 20 cent., *et vice versâ.*

3° Les toises superficielles se convertissent en mètres superficiels en multipliant les toises par la colonne 4.

4° Les pieds superficiels sont convertis en mètres en divisant ces pieds par la colonne 9 ; s'il reste quelques pieds, on les convertit en centimètres en les multipliant par 11 centimètres et 1 neuvième de centimètre. — Ainsi 7 pieds = 77 centimètres et 7 neuvièmes de centimètre. — 90 pieds = 9 mètres 90 centimètres, plus 90 neuvièmes de centimètre ou 10 centim., à cause de la force du chiffre. Total 10 mètres. (Opérez sur le tableau.)

5° Les pieds cubes se convertissent en stères en multipliant ces pieds par 37 millistères. — Ainsi, 27 pieds cubes multipliés par 37 mill. = 999 millistères ; = 1 mètre cube. Il n'y a qu'un petit manque d'un millistère pour chaque stère.

6° Les cannes se convertissent en mètres en multipliant ces cannes par 3 mètres 24 centimètres. — Ainsi 12 cannes multipliées d'abord par 3 m. = 36 mètres, plus par 24 centim. = 2 m. 88 cent. ; total = 38 m. 88 cent.

Si l'on veut convertir des sous en francs, il faut les diviser par la colonne 20. — Les liards se convertissent en centimes par la colonne 5 en cherchant le nombre de liards dans la colonne 4.

Les pieds superficiels se convertissent en toises en les divisant par la colonne 36; — en brasses en les divisant par la colonne 25; — en mètres, en les divisant par la colonne 9.

Les deniers sont convertis en sous en les divisant par la colonne 12, et en liards par la colonne 3. — Les sous sont convertis en centimes en les multipliant par la colonne 5. — les liards sont convertis en centimes, en les multipliant par 1 centime 25 dix-millièmes (colonne 1 et 25).

DIVISIONS.

Trente-huitième exemple : Nous sommes 6 à partager 54 fr., combien revient-il à chacun?—Rép. 9 fr. Voir la colonne 6, descendre jusqu'au nombre 54; ce quotient est à gauche, en face, dans la 1re colonne.

Trente-neuvième exemple : Une pièce de drap de 29 mètres a coûté 290 fr.; à combien revient le mètre?—Rép. à 10 fr. (Voir colonne 29, la descendre jusqu'à 290; ce quotient est en face, dans la 1re colonne, à gauche.)

Quarantième exemple : Si l'on opère 8 traits de scie dans une bille de bois, on aura 9 planches; à combien reviendra chaque planche si cette bille et le sciage ont coûté 8 fr. 10 cent.?—Rép. à 90 cent. Descendre la colonne 9 jusqu'au dividende 810 cent.; ce quotient se voit à gauche, sur la même ligne, dans la 1re colonne.

Quarante-unième exemple : Si nous sommes 8 à partager 484 fr., combien à chacun?—Rép. 60 fr. 50 cent. Divisez d'abord 480 par 8 comme dans les exemples précédens; plus 400 cent. ou 4 fr. par 8 fr.=50 cent. Total 60 fr. 50 cent.

Quarante-deuxième exemple : Nous sommes 14 à partager 238 fr., combien à chacun ?—Rép. 17 fr. (Descendre dans la colonne 14 jusqu'au nombre 238; le quotient est à gauche en face sur la ligne 17.)

Quarante-troisième exemple : Un ouvrier travaille 11 heures par jour, combien gagne-t-il par heure, si sa journée est de 4 fr. 95 c. ou 495 centimes?—Rép. 45 c. (Prendre la colonne 11, descendre jusqu'au nombre 495, le quotient se présente au bout de cette ligne, première colonne à gauche.) — Combien sera-t-il dû à l'ouvrier s'il ne travaille que 6 heures au même taux?—Rép. 6 fois 45 centimes=2 fr. 70 cent.

Quarante-quatrième exemple : Une pièce de vin contient 230 litres ; elle a coûté 115 fr., combien vaut le litre? —Rép. 50 cent. (Prenez col. 23, (23 décalitres ou 250 lit.) descendez jusqu'à 1150, et ajoutez un zéro = 11500 c. ; le quotient est au bout de cette ligne à gauche.=50 centimes puisqu'on divise des centimes.

Quarante-cinquième exemple : Quatre personnes ont à partager 18,800 f.; combien revient-il à chacune?—Rép. 4,700 f. (Prenez colonne 4, descendez jusqu'à 188, supposez deux zéros au dividende et au quotient 47 qui est à gauche en face.)

Quarante-sixième exemple : Ces quatre personnes ont aussi 44,248 fr. à partager ; combien à chacune? Rép. 11,062 fr. Partagez d'abord la somme 44 (mille), et ensuite 248 fr., l'une après l'autre, par les procédés indiqués plus haut.

Quarante-septième exemple : Un veau a coûté 40 fr. 92 cent. et pèse 93 livres, à combien revient la livre?—Rép. à 44 cent. (Voir sur la ligne 93, jusqu'au nombre 4,092 qui se trouve dans la colonne 44; le quotient est en tête de cette colonne.)

PROPORTIONS ET AUTRES CALCULS.

Quarante-huitième exemple : Si, pour 40 mètres de maçonnerie il faut 160 sacs de plâtre, combien en faudrait-il pour 19 mètres?—Rép. 76 sacs. (Prenez ligne 40, suivez à droite jusqu'à 160; remontez au dessus de 160 jusqu'à la ligne 19, vous trouvez la réponse 76 sur cette ligne.)

Quarante-neuvième exemple: Combien faut-il de papier ou de toile de 50 cent. de largeur, pour couvrir une surface de 24 mèt. 50 cent.?—Rép. 49 mèt. (Prendre colonne 50 et la descendre jusqu'à 2450, le quotient est en face, première col. à gauche.=49.)

Cinquantième exemple : Combien faut-il de planches de 24 cent. de large et de 2 mètres de long, pour couvrir un plancher de 28 mètres 80 cent. de surface?—Rép. 60 planches. (Prendre col. 24, la descendre jusqu'au nombre 1440, (moitié de 2880), parce que les planches ont 2 mèt.; le quotient est en face, première colonne à gauche, ligne 60.)

Cinquante-unième exemple : Combien faut-il de zinc de 70 cent. pour couvrir une toiture de 42 mètres de superficie?—Rép. 60 mèt. (Prendre col. 7°(fractions) jusqu'au nombre 42, le quotient est à gauche ligne 42, à la première colonne.)—Combien, pour couvrir 22 mèt. 40 cent.?—Rép. 32 mètres.(Même opération.)

Cinquante-deuxième exemple : Combien faut-il de carreaux ou de pavés, de 20 sur 22 cent., pour couvrir 1 mèt. de surface?—Rép. 23. Opérez comme suit : 20 sur 22=440, dix mill. ou 44 mill. (Prenez donc la col. 44, et descendez-la jusqu'au nombre 1,000. On a presque toujours quelque minime fraction en plus.)

Cinquante-troisième exemple : S'il faut 216 décagrammes de viande pour faire la soupe à 9 hommes, combien en faudra-t-il pour 51 hom.?—Rép. 1224 décagr.—Combien pour 18 hommes?—Rép. 432. (Voir 1° sur la ligne 9 jusqu'à ce qu'on trouve 216; ce nombre se voit colonne 24; — 2° sur la ligne 51, dans la même colonne 24, vous trouvez le nombre cherché, 1224 décagr.;—3° sur la même ligne 18, même colonne 24, vous trouvez le nombre cherché 432.)

Cinquante-quatrième exemple : Combien faut-il de feuilles d'or pour couvrir une surface de 4 mèt. 80 cent.? — Rép. 750 feuilles ou 30 livrets. Opérez comme suit : les feuilles d'or ont 8 c. sur 8 c. = superficie 64 dix millièmes. Divisez par la ligne 64, où vous trouvez que le livret de 25 feuilles égale 16 c. superficiels. (Prenez donc la colonne 16, descendez jusqu'à ce que vous trouviez la somme demandée, 480 ; le quotient de livrets se trouve en face, première colonne à gauche, et le quotient de feuilles, col. 25 = 750.)

Trois personnes ont mis en commun, la première 5,000 fr., la deuxième 6,000 fr., la troisième 7,000 fr., total : 18,000 fr. — L'ensemble de ces mises a produit un bénéfice de 1,350 fr. Combien revient-il à chaque personne? — Réponse. Opérez en divisant 1,350 par la colonne 18 = 75 fr. par 1,000. Multipliez successivement 75 par 5, par 6, par 7 ; chacun de ses trois produits forme le dividende en rapport avec chaque mise partielle ; c'est à dire, 375 fr. pour les 5,000 fr.; — 450 fr. pour les 6,000 fr.; — et 525 pour les 7,000 fr. Ces trois bénéfices réunis égalent effectivement le boni commun de 1,350 fr.

INTÉRÊTS.

Cinquante-cinquième exemple : Combien 600 fr. par an, à raison de 8 p. cent?—Rép. 48 fr. (Voir lig. 6, col. 8.)—Combien 19 fr. par an, à raison de 7 p. cent?—Rép. 1 fr. 33 c.—Combien 220 fr. par an, à raison de 9 p. cent?—Rép. 19 fr. 80 c. Supposez 1 zéro à 22 et à la colonne 9.

Si l'on veut avoir l'intérêt par mois, il faut le diviser, ensuite par la colonne 12. Si l'on veut avoir l'intérêt par jour, il faut encore diviser ce quotient par la colonne 30.

Cinquante-sixième exemple : 1,800 fr. à 3 pour 100 par an donnent 54 fr. (Voir ligne 3, colonne 18.) — 1° Combien par mois? — Rép. divisez 54 fr. ou 540 décimes par 12, cherchez 540 sur la ligne 12, au dessus de ce dernier nombre vous trouverez 45 décim.; — 2° Combien par jour? — Rép. sur la ligne 30 cherchez 540 cent. Au dessus de ce dernier nombre, vous trouvez 18 cent. — Si maintenant vous cherchez l'intérêt pour 41 jour, voyez sur la ligne 18, dans la colonne 41, vous trouverez 738 cent. ou 7 fr. 38 c.

Cinquante-septième exemple : 1° 900 fr. à 4 pour 100 par an = 36 fr. 2° Divisez 36 par la colonne 12, vous avez 3 fr. par mois; 3° Divisez 30 décim. ou 300 centimes par 30 jours, vous avez 1 déc. ou 10 cent. par jour. — Si c'est pour 96 jours qu'il vous faut l'intérêt, voyez ligne 96, colonne 10 = 9 fr. 60 cent.

Cinquante-huitième exemple : 2,400 fr. à 5 pour 100 par an donnent 1° 120 fr. par an ; 2° 120 divisés par 12 donnent 10 fr. par mois; 3° 10 fr. divisés par 30 jours donnent 33 cent. 33 dix mille par jour.

Si l'on veut ajouter des 0 lors des multiplications et des divisions, les opérations peuvent devenir très considérables. Si vous avez 84 mètres ou centimètres à multiplier par 84, prenez 84 sur 42, et puis doublez le résultat.

Ces exemples sont suffisans pour quiconque voudra se donner la peine d'étudier le mécanisme de ce barême.

FORMULES DIVERSES.

D'ACHAT, DE VENTE ET D'ÉCHANGE DE BIENS MEUBLES ET IMMEUBLES, ET D'AUTRES ACTES SOUS SEING-PRIVÉ.

Vente de marchandises.

Entre les soussignés :

Auguste Beauvallon, négociant, demeurant à Arcis-sur-Aube. d'une part,

Et Joseph Courraud, marchand, demeurant à Soulaines, d'autre part,

A été faite la convention suivante :

Auguste Beauvallon s'engage, par les présentes, à livrer au sieur Joseph Courraud, dans le délai de quatre jours (*désigner les marchandises, à tant le mètre, le kilo, la mesure ou la pièce*), à prendre à..., moyennant la somme de..., que le sieur Courraud s'engage à payer comptant (*ou en effets de commerce*).

Fait et signé double, à Arcis-sur-Aube, le...

Vente de la récolte d'un jardin.

Entre les soussignés :

Charles Naudet, propriétaire à Villiers-le-Bel, d'une part,

Et Benjamin Nicollot, marchand fruitier à Saint-Denis, d'autre part,

Il a été convenu et arrêté ce qui suit :

M. Naudet vend, par le présent, au sieur Nicollot, la récolte des fruits de son jardin (*désigner la nature et l'espèce des fruits*), moyennant la somme de..., payable comptant, ou le.. , à condition que ladite récolte ne pourra être faite qu'en présence du jardinier, et que (*tels ou tels fruits*) ne feront point partie de ladite vente;

Que si ledit sieur Nicollot fait quelques dommages soit aux treilles, soit aux espaliers, le dommage causé sera, sur-le-champ, réparé à ses frais et avant l'enlèvement de ladite récolte, à lui appartenant au moyen de la présente vente.

Fait et signé double, à Villiers-le-Bel, le...

Convention pour acheter en société des marchandises
et les partager ensuite.

Entre nous soussignés :
Pierre Aubry, négociant à Boulogne, d'une part,
Et Jean Blanchard, marchand mercier, aussi audit Boulogne, d'autre part,
A été convenu ce qui suit :
Que nous faisons, en société, l'achat de... (*désigner les objets*), que nous paierons chacun par moitié, et, qu'après ledit contrat, il sera fait entre nous un partage en deux parts égales des marchandises achetées en commun, pour chacun de nous jouir et disposer de sa moitié comme il lui conviendra, sans que l'un de nous ait droit à répétition sur l'autre pour plus forte ou moindre valeur de la moitié qu'il aurait acceptée ou qui lui serait échue par le sort.
Fait et signé double, à..., le...

Convention pour acheter en société des marchandises
et les revendre ensuite à perte ou à gain.

Entre nous soussignés :
Jean-Baptiste Mallard, négociant à Paris, rue Meslay, d'une part,
Et Charles Couturier, marchand d'objets d'occasion, rue Saint-Antoine, à Paris, d'autre part,
A été convenu ce qui suit, savoir :
Que nous ferons en commun l'achat de... (*désigner les objets*), en fournissant, chacun pour moitié, la somme nécessaire à l'acquisition, pour, de suite après l'acquisition et livraison des objets achetés, en faire la revente ensemble et en présence l'un de l'autre, et que le gain qui en proviendrait serait, entre nous, partagé par portion égale, et que, dans le cas où, sur ladite revente, il y aurait perte, elle serait supportée, par moitié, par chacun de nous; que tous les frais, debours faits pour achats, transports et revente de...., seront remboursés par moitié à celui de nous qui en aura fait les avances.
Fait et signé double, à Paris, ce...

14*

Formule de vente de meubles faite purement et simplement.

Entre les soussignés :
Eugène Matagrin, menuisier, demeurant à..., rue..., n°....
Et Jean-Baptiste Duffet, cultivateur, demeurant à....
    A été faite la convention suivante :
Eugène Matagrin vend à Jean-Baptiste Duffet une armoire en acajou, un secrétaire et un bois de lit, aussi en acajou, lesquels objets ont été remis à l'instant à Jean-Baptiste Duffet qui le reconnaît.
    Cette vente a été faite moyennant le prix de.... que Jean-Baptiste Duffet a payé à l'instant à Eugène Matagrin qui le reconnaît ; dont quittance.
    Fait et signé double à..., le... mil huit cent.

Formule de vente de meubles avec délai pour le paiement.

Entre les soussignés :
Eugène Bondoux, cultivateur, demeurant à..., rue..., n°....
Et Jean-Baptiste Ravier, vigneron, demeurant à....
A été faite la convention suivante :
Eugène Bondoux vend à Jean-Baptiste Ravier cent hectolitres de froment de bonne qualité, qui seront livrés demain.
    Cette vente est faite moyennant le prix de.... que Jean-Baptiste Ravier s'oblige à payer dans le délai de.... à partir de ce jour, en sa demeure ci-dessus indiquée (*ou bien, si c'est avec paiement en billets*) : cette vente est faite moyennant le prix de... qu'Eugène Bondoux reconnaît avoir reçu à l'instant de Jean-Baptiste Ravier, en deux billets à ordre, souscrits par ce dernier et payables : l'un de la somme de... (*en toutes lettres*) le...; et l'autre de la somme de...., le...
    En payant lesdits billets aux échéances, Jean-Baptiste Ravier sera entièrement libéré du prix de la susdite vente.
    Fait et signé double à... le... mil huit cent.

Formule de vente d'une maison.

Entre les soussignés :
Eugène Bondoux, propriétaire, demeurant à..., rue..., n°....
Et Joseph Leroy, rentier, demeurant à..., rue..., n°...

A été faite la convention suivante :

Eugène Bondoux vend à Joseph Leroy une maison située à..., rue..., n"..., avec tous ses accessoires et dépendances. Cette maison est composée de.... étages qui comprennent : — 1" le rez-de-chaussée, avec... pièces ; — 2° le deuxième étage... (*faire l'énumération des pièces et indiquer les dépendances, cours, hangars, jardins, etc.*).

Eugène Bondoux est propriétaire de cette maison pour l'avoir achetée de Louis Baudouin, propriétaire, demeurant à..., par acte sous seing-privé, en date du .. enregistré le... (ou par acte notarié), moyennant la somme de... qui a été payée lors de l'acquisition ;

Ou pour l'avoir héritée de... (*établir régulièrement la propriété par titres jusqu'au-delà de trente ans*).

Joseph Leroy pourra jouir et disposer de ladite maison et de ses dépendances, comme plein propriétaire à dater de ce jour.

La présente vente est faite moyennant le prix total de.... que Joseph Leroy promet payer aux époques suivantes :

Mille francs après les formalités de la purge dont il va être parlé.

Deux mille francs le premier janvier mil huit cent... avec les intérêts au taux de cinq pour cent l'an, payables chaque année (*continuer ainsi pour les autres sommes à payer*).

L'acheteur fera transcrire le présent acte de vente au bureau des hypothèques dans le délai d'un mois, faute de quoi le vendeur pourra le faire transcrire aux frais de l'acheteur.

L'acheteur remplira les formalités requises pour la purge des priviléges et hypothèques dans le délai de six mois à partir de ce jour, époque où la somme fixée pour le premier paiement deviendra exigible, lors même que l'acheteur n'aurait point rempli les formalités de la purge.

S'il survient des inscriptions révélant des priviléges ou des hypothèques, Eugène Bondoux s'engage à en rapporter la main levée dans la quinzaine de la notification qui lui en sera faite.

L'acheteur aura le droit de réclamer contre le vendeur tous les frais nécessaires pour la purge, autres que ceux de la transcription de l'acte de vente.

Eugène Bondoux a remis actuellement à Joseph Leroy, qui le reconnaît, les actes dont le détail suit :

1° Son acte d'acquisition, *ou son titre d'héritage ;* 2° l'acte d'acquisition de Louis Baudouin, 3°.... *tout titre quelconque établissant la propriété jusqu'au-delà de trente ans.*

Fait et signé double, à... le... mil huit cent.

Formule de vente d'une terre, d'un pré, d'une vigne ou autre immeuble.

Entre les soussignés :

Louis Baudouin, propriétaire, demeurant à.., rue.., n°.., et Joseph Rousselot, menuisier, demeurant à ., rue.., n°.., a été faite la convention suivante .

Louis Baudouin vend à Joseph Rousselot une pièce de terre (*de pré, de vigne, etc.*), de la contenance d'un hectare quarante-cinq ares, située dans la contrée de... tenant d'un bout à... de l'autre bout à... touchant d'un côté à... de l'autre côté à...

Louis Baudouin est propriétaire de ladite pièce de.... comme l'ayant acquise de Jules Beauchamp, par acte sous seing-privé en date du..., enregistré le..., ou par acte de Me Julien, notaire à... en date du... moyennant la somme de... qui a été payée. Jules Beauchamp en était propriétaire en vertu de... (*établir ainsi régulièrement la propriété jusqu'au-delà de trente ans ; et le vendeur en remet les titres à l'acheteur*).

Ladite vente est faite moyennant la somme totale de... que ledit Joseph Rousselot s'oblige à payer le... ou qu'il a payée comptant et dont le vendeur consent quittance.

Fait et signé double à... le...

Nota. — Lorsque la femme vend ou échange son immeuble avec l'autorisation de son mari, on mentionne expressément cette autorisation du mari dans la désignation des parties, en disant :

« Julie Beauséjour, femme de Louis Baudouin qui auto-
» rise expressément à cet effet son épouse. »

Il faut aussi que la signature du mari soit au bas de l'acte de vente opérée par la femme.

Si le mari achète avec la *clause de remploi*, on ajoute à la disposition qui concerne le prix : « Joseph Rousselot, » acheteur, déclare que la présente acquisition est faite avec » l'argent provenant de l'aliénation de *tel bien fonds situé* » *à....* lequel lui appartenait personnellement et que la » présente acquisition est faite pour lui tenir lieu de » remploi. »

Lorsque c'est au nom de la femme et pour ui tenir lieu de remploi que l'acquisition est faite, on met après la disposition du prix : « la présente acquisition est faite avec » l'argent provenu de l'aliénation de l'immeuble... (*le dési-* » *gner*) situé à... qui appartenait personnellement à la dame » Rousselot, qui l'a vendu avec l'autorisation de son mari, » le..., à Pierre Durand, cultivateur, demeurant à... pour » le prix de... la présente acquisition est faite pour lui tenir » lieu de remploi. Ladite dame Rousselot déclare en ter- » mes exprès qu'elle accepte l'immeuble, objet du présent » contrat, en remploi de son immeuble propre qui a été » vendu.

Les signatures du vendeur, du mari et de la femme sont nécessaires au bas de l'acte.

Vente d'immeubles avec faculté de rachat.

Pour cette vente on suit d'abord les formes et conditions de la vente ordinaire d'un immeuble, puis on ajoute :

Mais Louis Baudouin, vendeur, se réserve pendant (quatre ou six) ans à partir de ce jour, la faculté de reprendre ledit immeuble en remboursant à Joseph Rousselot le prix de la vente, les frais que le présent contrat aura pu lui occasionner et les dépenses nécessaires ou utiles, celles-ci jusqu'à la concurrence de la plus-value de l'immeuble. Ce remboursement sera fait au domicile de Joseph Rousselot et en un seul paiement. Faute par Louis Baudouin, d'avoir exercé ladite faculté de rachat dans le délai ci-dessus fixé, il sera déchu de cette faculté, et Joseph Rousselot demeurera propriétaire obsolu et irrévocable dudit immeuble.

Fait et signé double à... le...

Acte de réméré.

Entre nous soussignés :
Joseph Rousselot, menuisier, demeurant à... d'une part,
Et Louis Baudouin, propriétaire, demeurant à... d'autre part,

Moi Joseph Rousselot, reconnais, par le présent, que ledit sieur Louis Baudouin m'a, cejourd'hui, remis la somme de... montant du prix de la vente de (*désigner l'objet*) qu'il m'a faite sous-seing privé, le... à charge de réméré pendant le temps de six ans; et qu'il m'a pareillement remis la somme de... montant des frais et faux frais que m'a occasionnés ladite vente ; et comme ledit sieur Baudouin est encore dans le temps de délai fixé par l'acte de vente pour le réméré stipulé à son profit, en le tenant quitte de ladite somme de... et de celle de... qu'il me remet, tant pour le montant du prix de ladite vente, que pour les frais, je lui fais, par le présent, rétrocession et remise de... (*désigner l'objet*) pour en jouir et disposer comme de sa propriété, de même que si ladite vente n'eût pas eu lieu, laquelle, par le présent, est déclarée nulle et non avenue.

Fait et signé double à... le...

Signatures.

Formule de vente à l'essai.

Entre les soussignés :
Louis Baudouin, cultivateur, demeurant à..., rue..., n°...,
et Joseph Rousselot, propriétaire, demeurant à.., rue.., n°..,
a été faite la convention suivante :

Louis Baudouin vend à Joseph Rousselot une paire de bœufs, de couleur rouge et âgés de quatre ans (ou un cheval de couleur blanche et âgé de trois ans); cette vente est faite moyennant le prix de cinq cents francs que Joseph Rousselot s'oblige à payer dans six mois à dater de ce jour et sans intérêts.

Mais cette vente est faite à l'essai et sous la condition que Joseph Rousselot se réserve d'éprouver ladite paire de bœufs (ou ledit cheval) pendant le délai de quinze jours; dans le cas où il trouverait que la paire de bœufs (ou le cheval) ne lui convient pas, il pourra les rendre à Louis Baudouin qui s'oblige à les reprendre, pourvu que la restitution des bœufs (ou du cheval) soit faite dans ladite quinzaine et qu'ils ne soient point endommagés par la faute de l'acheteur.

Passé le délai de quinzaine, l'acheteur deviendra propriétaire définitif et sera tenu de payer le prix ci-dessus fixé.

Fait double à.... le....

Formule d'échange de meubles ou d'objets mobiliers.

Entre les soussignés :

Louis Baudouin, architecte, demeurant à..., rue..., n°...., et Joseph Rousselot, mercier, demeurant à..., rue..., n°...., a été faite la convention suivante :

Louis Baudouin cède, à titre d'échange, à Joseph Rousselot, les meubles ci-après désignés, savoir : —1°...., 2°...., 3°.... (*désigner les meubles*).

Joseph Rousselot, de son côté, cède à Louis Baudouin les meubles ci-après désignés (*désigner pareillement les meubles*)

Cet échange est fait de part et d'autre sans droit de retour (*s'il y a retour en argent pour différence d'estimation, il faut en fixer la somme en toutes lettres, ainsi que l'époque et les conditions de paiement*).

Fait et signé double à... le...

Formule d'échange d'immeubles.

Entre les soussignés :

Louis Baudouin, propriétaire, demeurant à.., rue. , n°.., et Joseph Rousselot, cultivateur, demeurant à.., rue.., n°.., a été faite la convention suivante :

Louis Baudouin cède, à titre d'échange, à Joseph Rousselot qui accepte, quatre hectares de terres labourables, en une seule pièce située à... contrée de... tenant d'un bout à.., de l'autre à.., touchant d'un côté à.., de l'autre à...

Louis Baudouin est propriétaire de ladite pièce, comme

l'ayant acquise de Jules Beauchamp, par acte sous seing-privé en date du... enregistré le... Jules Beauchamp en avait acquis la propriété de... (*établir ainsi la propriété jusqu'au-delà de trente ans*).

De son côté Joseph Rousselot cède, à titre de contre-échange, à Louis Baudouin qui accepte, trois hectares de vigne emplantée, située à... (*désigner la situation et établir le droit de propriété en remontant au-delà de trente ans*).

Chacun des soussignés jouira de l'immeuble qui lui est donné en échange à partir de ce jour, et en paiera les contributions et autres charges annuelles, à partir du même jour.

Cet échange est fait de part et d'autre sans droit de retour, attendu que chacun de ces immeubles est estimé également à la somme de...(*s'il y a retour pour différence d'estimation, indiquer et fixer la somme, les moyens et les conditions de paiement*).

Chacun des soussignés a remis à l'autre les titres de propriété ci-dessus énoncés.

Fait et signé double à... le...

Séquestre conventionnel.

Entre les soussignés :

Adolphe Archambault, négociant à Dijon, d'une part,

Et Maximilien Montignon, négociant à Melun, d'autre part,

A été arrêté ce qui suit, savoir :

Que le sieur Archambault a expédié au sieur Montignon la quantité de... pièces de vin (*ou autres marchandises*), arrivées à la destination de...;

Que le sieur Montignon a refusé de recevoir ces marchandises pour le motif de... (*désigner le motif*);

Que le sieur Archambault a intenté action à Montignon pour le forcer à prendre livraison desdites marchandises, dont l'instance est pendante au tribunal de ..;

Dans cette circonstance, lesdits Archambault et Montignon ont consenti réciproquement que les marchandises

sus-désignées soient séquestrées dans les magasins de M.....,
à..., qui accepte, où elles resteront jusqu'à ce qu'il ait été
statué sur la contestation qui les divise, soit par arbitres,
soit par le tribunal ;

Il est bien convenu que les marchandises ne pourront
être retirées qu'après la décision et l'autorisation ou consentement, sous peine de payer la somme de... francs, à
titre de dommages-intérêts par celui qui y aura dérogé, sauf
les formalités ci-dessus indiquées.

Fait et signé triple, à...., le...

Séquestre volontaire d'un immeuble.

Le *séquestre* est le dépôt fait soit par ordre de l'autorité
judiciaire, soit volontairement, par une ou plusieurs personnes, d'une chose contentieuse, entre les mains d'un tiers
qui s'oblige de la rendre, après la contestation terminée, à
la personne qui sera jugée devoir l'obtenir.

Le séquestre peut avoir pour objet non-seulement des effets mobiliers, mais même des immeubles.

Le dépositaire chargé du séquestre ne peut s'en déchar-
ger, avant la contestation terminée, que du consentement
de toutes les parties intéressées ou pour une cause légitime.

Entre nous soussignés :

Emmanuel Germain, demeurant à..., département... ,
d'une part,

Et André Soupeau, demeurant à..., d'autre part,

A été convenu ce qui suit, savoir :

En attendant que le tribunal de... ait prononcé sur la
contestation qui nous divise relativement à la maison (*désigner le lieu où est située la maison et pourquoi il y a contestation pour cette maison*), de notre libre volonté et pour
épargner des frais, nous nommons, pour dépositaire du séquestre de ladite maison. le sieur Delmont, lequel sera
chargé de recevoir et garder en ses mains les loyers échus
et à échoir, de payer les contribution de ladite maison, sans
qu'aucun de nous puisse rien prétendre desdits loyers jusqu'à ce que le tribunal de... ait prononcé ;

Les frais de séquestre seront à la charge de celui contre les prétentions duquel le tribunal aura prononcé ;

A ce est intervenu le sieur Delmont, lequel a déclaré accepter ledit séquestre et a promis apporter tous ses soins à la conservation de ladite maison, en recevoir les loyers, en acquitter les impôts sur le produit desdits loyers et conserver entre ses mains les fonds qui en proviendront, pour être remis, d'après le jugement du tribunal de..., à qui il appartiendra.

Fait et signé triple, à..., le...

Séquestre volontaire d'un cheval.

Entre nous soussignés :

Rodolphe Mogitot, d'une part,

Et Anatole Raymond, d'autre part,

A été convenu ce qui suit, savoir :

Que le cheval, qui est l'objet de la contestation qui existe entre nous, lequel est maintenant dans l'écurie du sieur X., y sera mis en séquestre et y restera jusqu'à ce que la contestation qui nous divise soit terminée ;

Qu'aucun de nous ne pourra le retirer dudit séquestre qu'après y avoir été autorisé par la décision des arbitres que nous choisirons, sous peine de... francs pour dommages-intérêts envers l'autre ;

Que les frais de séquestre et de nourriture dudit cheval seront à la charge de celui contre qui les arbitres auront prononcé.

Fait et signé double, à..., le...

Engagement de paiement à des époques déterminées.

Entre les soussignés :

François Gautherot, d'une part,

Et Germain Vaillant, d'autre part,

A été convenu ce qui suit, savoir :

Le sieur François Gautherot, créancier du sieur Germain Vaillant de la somme de... (*énoncer la somme en toutes lettres*), en vertu d'une obligation sous seing-privé, en date du..., enregistrée à..., le..., exigible dès maintenant, consent, pour faciliter audit sieur Vaillant le paiement de cette somme par lui due, lui accorder un délai de deux ans, à compter de ce jour, à condition qu'il effectuera le paiement de la totalité de ladite somme en douze paiements égaux, de deux mois en deux mois, à compter du..., et qu'il paiera les intérêts de ladite somme à raison de six pour cent, lesquels intérêts seront joints à chaque paiement et diminueront au fur et à mesure des remboursements du capital ; à condition, en outre, qu'à défaut du paiement desdites portions du capital et des intérêts aux époques fixées, la totalité de la somme mentionnée en l'obligation ci-dessus et les intérêts échus seront exigibles de suite, nonobstant les délais accordés par le présent, lesquels délais, en ce cas, seront considérés comme nuls et non avenus ;

De son côté, le sieur Vaillant s'engage à l'exécution du présent et promet d'y satisfaire dans tout son contenu.

Ainsi arrêté, fait et signé double, à..., ce...

Engagement de paiement d'une somme pour dommages-intérêts.

Entre les soussignés :

Louis Baudouin, d'une part,

Et Antoine Simonet, d'autre part,

A été convenu et arrêté ce qui suit, savoir :

Le sieur Baudouin consent à restreindre à deux mille francs la somme de quatre mille francs, montant des dommages-intérêts qui lui ont été adjugés contre le sieur Simonet, par jugement contradictoire rendu par le tribunal de..., le.., à condition que ledit Simonet paiera la somme de deux mille francs en quatre paiements égaux, de chacun cinq cents francs, dont le premier aura lieu dans six mois, à compter de ce jour, et ainsi de suite de six mois en six mois ;

Dans le cas où ledit sieur Simonet n'effectuerait pas lesdits paiements aux époques ci-dessus fixées, il serait déchu du bénéfice de la remise présentement consentie et le sieur Baudouin reprendrait tous ses droits ; à l'effet de quoi le jugement ci-dessus mentionné conservera toute sa force et vigueur jusqu'audit paiement ;

De son côté, le sieur Simonet s'engage au paiement ci-dessus fixé, promet d'y satisfaire aux époques déterminées, sous les peines de déchéance stipulées au présent.

Fait et signé double, à..., le...

Promesse de livrer des ouvrages à une époque déterminée.

Entre les soussignés :

Joseph Bourgoin, d'une part,

Et Nicolas Jossier, d'autre part,

A été convenu et arrêté ce qui suit, savoir :

Le sieur Bourgoin s'engage, par le présent, à fournir et livrer au sieur Jossier, dans le délai de deux mois, à partir de ce jour, *tant* de *pièces* de..., payables comptant au moment de la livraison, à raison de *tant* de francs par chaque pièce, et si, à l'expiration des deux mois, ledit sieur Bourgoin n'a pas fourni audit sieur Jossier le nombre des *pièces* mentionnées ci-dessus, il promet de fournir, dans le suivant, ce qui restera pour compléter le nombre promis, mais alors le prix de ces pièces ne sera plus que de... francs, au lieu de... francs;

Faute par le sieur Jossier, lors des livraisons, de n'en pas payer le prix comptant, le prix desdites pièces augmentera de... francs par chaque quinzaine de retard, et, dans ce cas, le sieur Bourgoin aura même le choix de reprendre les pièces fournies non payées et de résoudre le présent marché, sans néanmoins qu'aucune des deux parties puisse exiger des dommages-intérêts de l'autre.

Ainsi arrêté, fait et signé double, à..., ce...

Promesse avec stipulation de dommages-intérêts en cas d'inexécution.

Entre les soussignés :

A été convenu et arrêté ce qui suit, savoir :

Le sieur A... promet fournir et livrer, dans le courant

d'un mois, à partir de ce jour, au sieur G...., *(désigner les objets)*, à raison de *tant* de francs par chaque;

· Le sieur G... promet payer comptant lesdits *objets*, aussitôt la livraison faite;

Si le sieur A.. n'a pas fait au sieur G... la livraison desdits objets dans le délai fixé, ces objets resteront à la charge du sieur A..., qui, en outre, sera tenu de payer au sieur G... la somme de... francs, pour lui valoir de dommages-intérêts faute d'exécution de la présente convention;

Si le sieur G..., au moment de la livraison, ne satisfait pas au paiement desdits objets, le sieur A... pourra les reprendre et le sieur G... sera tenu de lui payer la somme de... francs pour lui valoir pareillement de dommages-intérêts faute d'exécution de la présente convention.

· Ainsi arrêté, fait et signé double, à..., ce ..

Caution simple pour le paiement d'une somme.

Je soussigné, Pierre-Louis Testu, promets et m'engage par le présent, comme caution de Jean Thierry, payer à M. Théodore Morel, la somme de six cents francs, qui lui est due par le sieur Jean Thierry, en vertu d'une obligation sous-seing privé en date du... payable le quinze du mois de septembre prochain, dans le cas où ledit Jean Thierry ne satisferait pas à cette obligation.

A Paris, le 5 mai 1854.

Caution solidaire pour le paiement d'une somme.

Je soussigné, Etienne Morisson, promets et m'engage en mon nom personnel, comme caution solidaire de Modeste Champion, de payer à M. Amable Bosc la somme de douze cents francs que ledit sieur Champion lui doit en vertu d'une obligation sous-seing privé, en date du... payable le..., dans le cas où ledit Modeste Champion n'effectuerait pas le paiement de ladite somme au temps fixé; renonçant au bénéfice de discussion, et déclarant n'entendre en rien profiter quant à la présente caution.

A Paris, ce...

Convention avec caution solidaire pour paiement.

Entre nous soussignés :

Joseph Morand, demeurant à .. d'une part,

Et Athanase Régaldier, demeurant à. . d'autre part ;

Moi, Joseph Morand, promets et m'engage, par le présent, à fournir et livrer, *à telle époque*, au sieur Régaldier (*désigner les objets*) moyennant la somme de... pour le paiement de laquelle je consens à accorder audit sieur Régaldier un délai de trois mois, à compter de ce jour, sous la condition que ledit sieur Régaldier me tiendra compte des intérêts de ladite somme de.,. à raison de six pour cent par an, et me donnera une caution solvable pour ladite somme.

Ce que ledit sieur Régaldier a accepté et consenti.

A ce est intervenu le sieur Henry Mercadet, présent, lequel a déclaré se rendre caution solidaire dudit sieur Régaldier, et s'est obligé, en son nom personnel, d'acquitter, envers moi Joseph Morand, ladite somme de... (*en toutes lettres*), dans le cas où le sieur Régaldier ne satisferait pas au paiment auquel il s'engage par le présent, renonçant ledit sieur Mercadet, au bénéfice de discussion, dont il n'entend en rien profiter quant au présent cautionnement.

Fait et signé triple, à... ce...

Reconnaissance et promesse de paiement avec caution simple.

Je soussigné Valère Coffinet, reconnais devoir à M. Denis Boisselat la somme de trois cents francs pour (*exprimer la cause*); laquelle somme je promets et m'engage de payer audit M. Boisselat, en un seul paiement, dans trois mois, à compter de ce jour, avec intérêts à raison de six pour cent par an, *ou sans intérêts*, en son domicile.

Et pour sûreté de paiement de ladite somme, moi Maximilien Grandmaison promets et m'oblige en mon nom personnel de payer audit M. Boisselat ladite somme de trois cents francs, avec les intérêts dus, dans le cas où le sieur Valère Coffinet n'effectuerait pas ce paiement à l'époque fixée.

A Compiègne, ce... 1854.

Reconnaissance et promesse de paiement avec plusieurs
cautions solidaires.

Je soussigné Ambroise Messager , reconnais devoir à
M. Célestin Lecomte la somme de cinq cents francs pour
(*désigner la cause*); laquelle somme je promets et m'oblige,
par le présent, lui payer en un seul paiement, et son domicile, dans six mois à compter de ce jour, sans intérêts, ou
avec les intérêts à raison de six pour cent par an.

Et pour garantie du paiement de ladite somme de cinq
cents francs, moi Xavier Moutonnet, et moi François Car-
rier, nous nous rendons conjointement et solidairement cautions dudit sieur Ambroise Messager, et nous obligeons
conjointement et solidairement de payer audit sieur Célestin Lecomte la somme de cinq cents francs, avec les intérêts dus, dans le cas où ledit sieur Messager n'effectuerait
pas ce paiement à l'époque fixée.

A Montereau, ce... 1854.

Signatures.

Obligation solidaire de mari et femme.

Nous soussignés :

Anastase-Maximilien Leprévost,

Et Henriette-Adélaïde Dubreuil, mon épouse, que j'autorise à l'effet du présent,

Reconnaissons devoir à M. Anatole-Germain Grandmaison, la somme de deux mille sept cent soixante-quinze
francs, qu'il nous a prêtée, laquelle somme nous nous engageons solidairement à lui payer intégralement dans le délai
de six mois, à dater de ce jour, à son domicile;

Ou, nous nous engageons solidairement à lui payer en six
paiements égaux. de six mois en six mois, à partir du...,
c'est-à-dire le premier paiement le..., et ainsi de suite pour
les cinq autres paiements.

A Brienne-le-Château, ce...

(Signatures du mari et de la femme.)

Obligation solidaire d'un père et de ses enfants.

Nous soussignés :

Auguste Marescot,

Et Jean-Baptiste-Maximilien et Louis-Joseph Marescot, mes fils majeurs, avec moi associés dans le commerce de rouennerie, *ou* faisant valoir en commun la ferme de La Granville ;

Reconnaisons devoir à M. Maximilien-Joseph Lemarquant la somme de quatre mille neuf cents francs, qu'il nous a prêtée pour être employée dans ledit commerce de rouennerie, *ou* dans l'exploitation de ladite ferme de La Granville, laquelle somme nous nous engageons à payer solidairement audit M. Lemarquant en quatre paiements égaux, chacun de mille cent douze francs cinquante centimes, de trois mois en trois mois, à commencer du premier octobre prochain.

A..., le...

(Signatures du père et des trois fils.)

Cession de servitude.

Entre nous soussignés :

Eugène Sarrazin, demeurant à.. d'une part,

Et Georges Mounier, demeurant à... d'autre part,

A été convenu et statué ce qui suit, savoir :

Que moi, Eugène Sarrazin, cède audit Georges Mounier le droit de servitude de *(énoncer la nature de la servitude)* sur le... à moi appartenant, aux conditions que ledit Mounier ne pourra en jouir que par lui ou ses héritiers ou personnes de sa maison, que *(énoncer les autres causes de réserves et prohibitions, s'il y en a)*; à la charge de payer à moi Eugène Sarrazin la somme de... comptant, que ledit sieur Mounier m'a effectivement payée cejourd'hui et dont le présent lui vaudra titre et quittance.

Fait et signé double à... ce...

Paris.—Imprimerie H. Simon Daintreville et C⁰, r. N.-des-Bons-Enfans, 3.

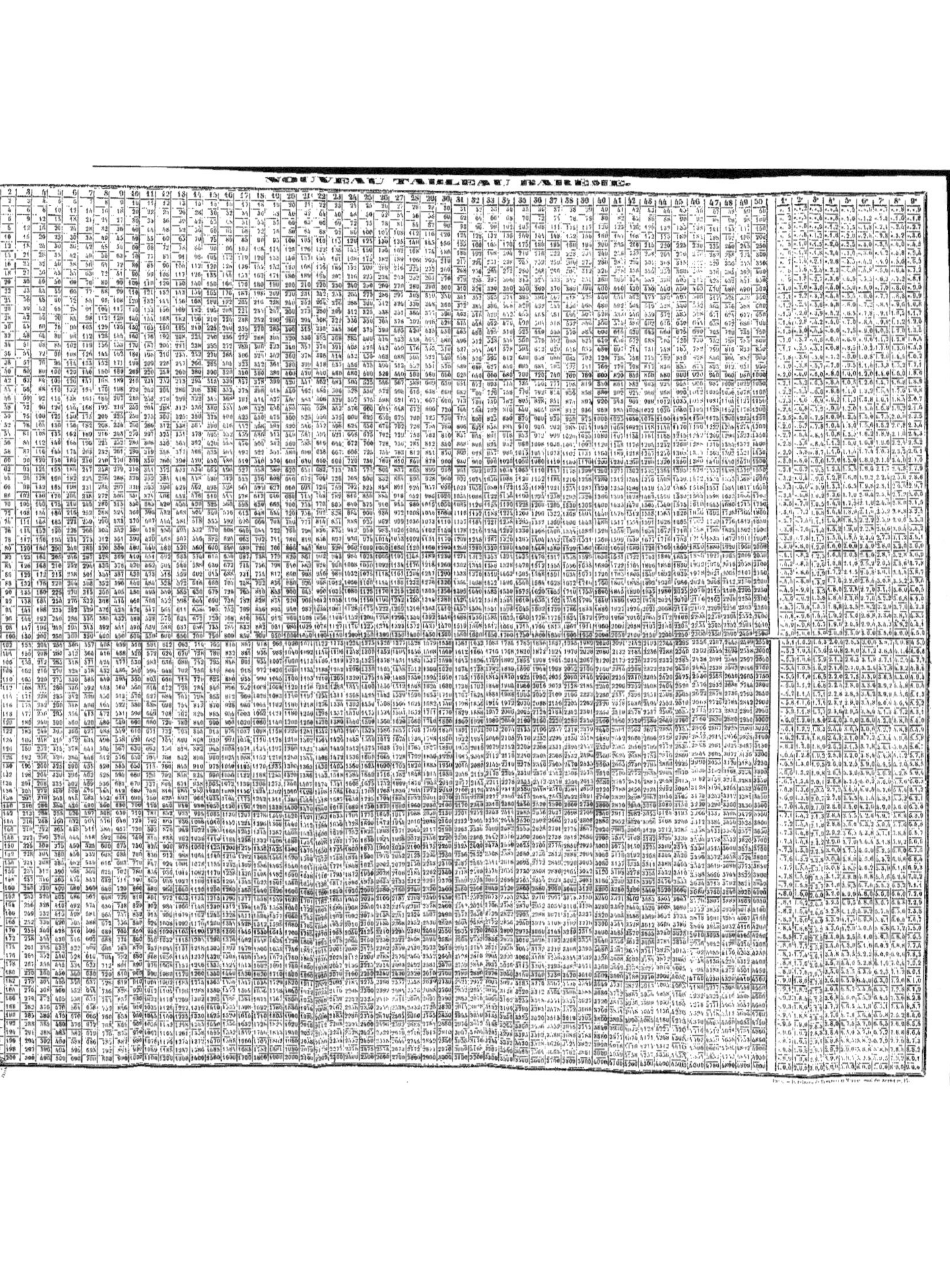
NOUVEAU TABLEAU BARÊME.

www.ingramcontent.com/pod-product-compliance
Lightning Source LLC
LaVergne TN
LVHW020605060726
842526LV00003B/607